STRATEGIC MANAGEMENT OF GLOBAL ENTERPRISE

글로벌 기업의 전략경영

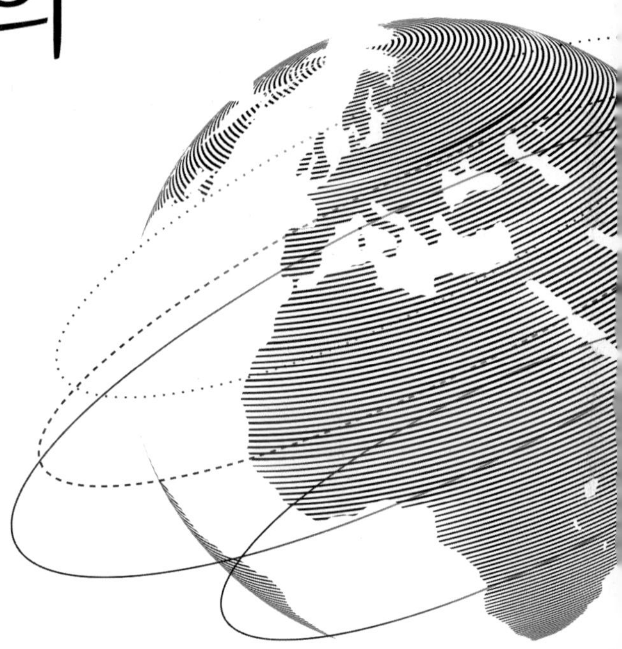

김길성 저

전남대학교출판문화원

머 리 말

저자가 2009년에 집필했던 '경영 전략'이라는 교재로 대학 강의를 하는 동안, 미처 책에 담지 못했던 내용들 때문에 개정 작업에 대한 고민을 멈출 수 없었다. 10년 넘게 고민만 하는 사이 새로운 전략 기법과 사례들이 속속 등장했고, 결국 그 고민은 개정판을 넘어 새로운 교재를 발간하는 작업으로 이어졌다.

저자가 경영 전략을 집필할 당시에는 그 내용이 세월의 흐름에도 쉽게 변하지 않을 거라고 생각한 적도 있었다. 물론 수십 년이 흘러도 오늘날 그대로 적용되는 기법들이 많다. 그래서 경영 환경이 변화해도 쉽게 바뀌기 어려운 기본 개념과 원리들은 '경영 전략'의 내용을 인용했다. 대신 이 책은 글로벌 경영에 초점을 맞추었다. 글로벌 시대에 많은 기업들의 경영 전략이 이미 글로벌화를 지향하고 있기 때문이다.

특정 환경 요소의 변화가 그것과 무관하게 보이는 것들조차 함께 바꿔 버리는 경우가 많다. 두 차례의 세계대전과 인터넷의 등장만으로도 경영을 둘러싼 많은 것들이 변모했다. 경영 전략도 예외가 아니다. 과거에 전혀 상상할 수 없었던 경쟁 기업들 간의 전략적 제휴가 등장하더니, 이제는 ESG가 경영 성과를 좌우하고 있다. 심지어 시행착오를 의도적으로 경험하기 위한 적응 전략과 같은 창발적 경영 전략들도 등장했다. 저자는 새롭게 등장한 전략 기법들을 적절한 공간에 가능한 많이 담고 관련 사례도 많이 소개하려고 노력했다.

이 책은 5부 15장으로 구성되어 있다. Ⅰ부에서는 독자들이 글로벌 기업을 쉽게 이해할 수 있도록 글로벌화와 글로벌 기업의 개념적 내용을 소개하였다. Ⅱ부는 경영 전략의 역사와 전략 경영에 관한 내용을 소개했다. 독자들이 경영 전략에 조금이라도 더 가깝게 다가갈 수 있도록 전략 기법들과 전략 추진 과정을 정리하였다. Ⅲ부에서는 글로벌 기업의 경영 환경을 소개하였다. 경영 환경은 경영 전략에 중대한 영향을 미친다. 방대한 환경 요인을 유형별로 살펴보고 분석 도구들도 함께 소개하였다. Ⅳ부는 경쟁 우위에 관한 내용이다. 경쟁 우위는 기업이 전략을 성공적으로 추진하기 위해 반드시 필요한 무기이다. 경쟁 우위의 유형과 결정요인들을 구체적으로 설명하였다. Ⅴ부에서는 기업 수준의 전략들을 소개하였다. 전략의 방향을 성장과 안정으로 구분해서 대표적인 전략들을 사례와 함께 설명하였다. 글로벌 전략에 대해서는 주요 의사결정 영역인 해외 시장의 선택, 진입 방식의 선택, 글로벌화와 현지화의 균형, 자회사 통제 수준을 중심으로 내용을 정리하였다.

모든 학문이 그렇듯 경영 전략도 결코 쉬운 분야가 아니다. 독자들이 경영 전략에 조금이라도 더 쉽게 다가갈 수 있도록 전략 경영의 흐름에 따라 이론을 정리하고 가능한 많은 사례를 소개하려고 노력했다. 이 책이 경영 전략을 공부하는 학생들의 지식 습득과 경영 전략에 관심 있는 사람들의 전략적 사고 배양에 도움이 되길 소망한다. 지금 우리는 극심한 격변기에 살고 있다. 급격한 환경 변화는 새로운 경영 전략의 등장을 예고한다. 새로운 내용에 대해서는 지속적으로 보완할 것을 다짐한다.

2022년 2월

김길성

차 례

I

글로벌 기업

글로벌화와 글로벌 기업

제1장

1.1. 글로벌화의 개념
1.2. 글로벌화의 촉진 요인
1.3. 글로벌 기업의 정의와 명칭
1.4. 글로벌 기업의 비즈니스 환경
1.5. 글로벌 경영 전략의 방향
1.6. 기업의 글로벌화 차원

1.1 글로벌화의 개념

글로벌 기업을 이해하기 위해서는 먼저 글로벌화(Globalization)에 대한 이해가 필요하다. 그 이유는 글로벌화의 주요 대상이 시장이고 글로벌화를 주도하는 주요 주체가 기업이기 때문이다. '세계무역기구(WTO)'와 같은 국제기구나 유명 K-팝 그룹인 'BTS'와 같은 개인 등의 역할도 무시할 수 없지만, 이들 역시 대부분 기업과 관련되어 있다. 따라서 글로벌화와 글로벌 기업은 매우 긴밀한 관계라 할 수 있다.

역사적으로 글로벌화는 제2차 세계대전 이후 경제·사회·문화·기술 등 다양한 차원에서 동시에 진행되어 왔다. 그럼에도 불구하고 우리는 글로벌화를 경제적 차원에서 국가 단위의 수많은 시장들이 국경 구분 없이 하나의 세계적인 시장으로 통합되는 과정이라고 일반화한다. 그 이유는 기업이 주도하는 경제적 글로벌화가 다른 차원들의 글로벌화도 동시에 추동하는 기본 동력이라고 할 만큼 기업의 역할이 중요하기 때문이다.

글로벌화란 용어는 1983년 하바드 비즈니스 리뷰(Harvard Business Review: 이하 HBR)에 실린 Theodore Levitt의 논문을 통해 세상에 더 많이 알려지기 시작했다. Levitt은 기업들이 글로벌화된 해외 시장에서 표준화된 마케팅 활동을 통해 훨씬 더 효율적이고 효과적인 성과를 얻을 수 있다고 주장하였다.[1] 실제로 글로벌화는 전 세계 시장을 대상으로 경쟁하는 초우량 글로벌 기업들의 제품이나 마케팅 활동을 표준화시키면서 규모의 경제 효과를 크게 높였다. 뿐만 아니라 글로벌화는 물류비 등 기업의 다양한 비용을 절감시키는 데에도 기여하였다. 특히 정보통신 기술이 비약적으로 발전하자 수많은 글로벌 기업들이 생산을 비롯한 다양한 가치 활동을 전 세계적으로 재배치하는 '글로벌 공급 체인 관리(Global Supply Chain Management: 이하 GSCM)'를 활용해 물류비의 절감과 시장에 대한 통제를 강화할 수 있었다.

이처럼 기술의 진보 등 다양한 요인들이 세계 경제를 하나로 연결하면

1) Levitt, T.(1983), The Globalization of Markets, *Harvard Business Review*, May-June. pp.92-102.

서 기업의 글로벌화를 촉진시키고 있지만, 한편으로 국가마다 독자성을 유지하려는 힘 또한 강하게 작용하고 있다. 예를 들면 국가 간의 경제적·법률적 차이, 생활 및 건강 수준의 차이, 문화적 다양성 등을 볼 때 세계가 단일 시장에 가까워지고 있다고 단언할 수 없다. 글로벌화의 효과에 대한 논쟁이 심해지자 Levitt은 글로벌화가 완전한 표준화를 의미하는 것이 아니고 경우에 따라 현지화, 즉 차별화도 필요하다는 주장을 하게 되었다. 이후 'Glocalization'이나 'Semi-Globalization'과 같은 용어들이 등장하기 시작하였다.

만약 세계가 모든 것이 동일한 상태라면 기업의 글로벌 경영 전략을 따로 검토할 필요가 없을 것이다. 하지만 현실은 그렇지 않다. 세계적인 다양성이 존재하고, 기업들은 시장의 다양성에 따라 전략을 표준화와 차별화 사이에서 결정해야 하며, 이를 효율적으로 실행하기 위해 조직의 형태도 달리 구축해야 한다. 결국 '국제'나 '글로벌'이 붙는 경영 전략은 세계 시장 간의 이질성을 고려하지 않을 수 없기 때문에 경영 전략을 구축할 때 더 복잡한 검토가 필요해진다. 따라서 복수 국가에서 복수 사업을 운영하는 글로벌 기업의 전략을 검토할 때는 발생 가능한 긍정적 측면, 즉 시장 확대로 인한 매출 증대, 위험 분산, 규모의 경제뿐만 아니라 현지 적응을 위한 어려움도 포함해 포괄적으로 다룰 필요가 있다.

1.2 글로벌화의 촉진 요인[2)]

1960년대에 글로벌 기업들은 시장 확대를 위한 강한 의지와 함께 사업 다각화 등의 경영 전략을 통해 글로벌화를 적극 추진하기 시작했다. 이후 인터넷을 포함한 정보통신기술(Information and Communications Technology: 이하 ICT)의 발전과 컨테이너선 등 운송 수단의 보급 등에 힘입어 기업의 글로벌화는 급속도로 확대되어 나갔다. 이와 같이 기업과 관련된 다양한 내적·외적 환경 요인이 기업의 글로벌화에 영향을 크게 미쳤다. 여기에서는 외부 환경 요인을 중심으로 기업 글로벌화의 주요 촉진 요인들을 살펴보고자 한다.

■ 정보통신과 미디어의 성장

인터넷이나 모바일 기기 등 ICT의 혁신과 세계적인 미디어의 성장은 소비자의 구매 결정 과정뿐만 아니라 기업의 경영 활동에도 획기적인 변화를 가져왔다. 무엇보다도 기업들은 커뮤니케이션 기술의 발달로 인해 마케팅을 비롯한 다양한 경영 활동을 신속하게 처리함으로써 글로벌 경영을 더디게 했던 지리적·시간적 장벽을 극복할 수 있게 되었다. 결국 ICT의 발달은 소비자의 글로벌화와 함께 기업의 글로벌화를 촉진시키는 주요 계기와 수단이 되었다.

■ 운송 수단의 진화

첨단 운송 수단의 개발과 진화, 공항과 항만의 표준화와 대형화는 기업들이 글로벌 경영을 하는 데에 소요되는 경제적·시간적 비용을 크게 절감시켰다. 특히 대형 컨테이너 선박의 보급과 제트 여객기의 대중화는 제품과 사람의 안전하고 신속한 이동 등을 보장하면서 기업의 글로벌화를 더욱 가속화시키는 계기가 되었다.

2) 고토사카 마사히로(2020), 경영 전략의 역사(김정환 옮김), 센시오, pp.301-304; 김길성(2013), 국제마케팅전략. 전남대학교출판부. pp.149-151.

■ 시장 개방

각국의 시장 개방은 글로벌화의 주요 요인으로 작용했다. 특히 각국 정부의 규제 완화와 WTO 출범과 같은 외부 환경의 변화로 무역 및 외국인 투자 장벽이 철폐되면서 교역을 통한 글로벌화 속도가 더욱 빨라질 수 있었다. 오늘날 글로벌 기업 또는 초국적 기업들은 국제 무역 및 해외직접투자와 같은 국제 경영 활동을 통해 기업 규모를 더욱 늘려나가고 있다. 규모의 경제와 범위의 경제를 확대하려는 기업의 욕구가 시장 개방과 맞물리면서 글로벌화가 더욱 촉진될 수 있었던 것이다.

■ 글로벌 소비자

전 세계적으로 소비자들의 교육과 경제 수준이 대체로 향상되고 소비의 고급화 경향이 두드러지면서, 국적과 무관하게 소비자들의 소비 행태가 유사해졌다. 특히 전 세계 GDP의 상당 부분을 차지하고 있는 선진국 소비자들의 라이프 스타일이나 브랜드의 선택은 거의 차이가 없을 정도로 유사해지고 있다. 그들은 아침에 Nike(이하 나이키) 운동화를 신고 달리며, 갈증을 해소하기 위해 유명 브랜드의 스포츠 음료를 마신다. 틈나는 대로 아이폰을 통해 정보를 공유하며, 저녁에는 LG의 스마트 TV로 Netflix(이하 넷플릭스) 영화를 즐긴다. 그리고 Airbnb(이하 에어비앤비)를 이용해 여름 휴가를 보낼 호텔과 식당을 예약한다. 결국 시장 또는 소비자의 동질화가 기업의 글로벌화를 가속화시키고, 이와 함께 글로벌 브랜드의 개발도 촉진되는 것이다.

■ 세계 자본 시장의 통합

각국 정부의 시장 개방과 금융 규제 완화 그리고 급속한 ICT의 혁신은 국제 금융 시장과 국내 금융 시장 간의 상호 의존성을 높여주면서 세계 자본 시장의 통합을 촉진시켰다. 특히 1970년대부터 글로벌 은행들이 고도의 국제 금융 기법과 상품 등을 이용해 각국 금융 시장의 연계성을 강화하면서 자본 시장의 글로벌화가 더욱 촉진되었다. 글로벌 은행들은 세계적인 네트워크를 이용하여 국제적인 자본 결제 및 투자 서비스 등을 제공함으로써 국가 간의 자유로운 자본 이동을 확대시켰다. 결국, 세계 자본 시장의 통합이 기업의 글로벌 포트폴리오 전략을 활성화시켰고, 이는 곧 기업의 글로벌화를 촉진시키는 요인이 되었다.

■ 국제 표준의 제정

ISO(국제표준화기구)나 IEEE(미국 전기전자학회) 등의 국제 표준이 정비되고 모듈화가 이루어지면서, 낯선 기업이 모르는 장소에서 만든 제품이나 자재일지라도 일정 기준을 충족하면 고객의 신뢰를 담보할 수 있게 되었다. 따라서 국제 표준의 제정으로 전 세계 어느 곳이든 공통의 고객 인터페이스와 플랫폼으로 사업 진행이 가능해졌고, 또 국경을 초월한 협업 등이 수월해지면서 글로벌 제품이나 서비스의 등장이 더욱 앞당겨질 수 있었다.

1.3 글로벌 기업의 정의와 명칭

글로벌 기업(Global Enterprise)이란 기업이 경영 목표를 달성하기 위해 전 세계적으로 사업 활동을 전개하는 공적·사적·혼합 형태의 기업을 포괄하는 광의의 개념으로 정의할 수 있다. 글로벌 기업은 경영 활동의 글로벌화 수준에 따라 다양한 명칭으로 불린다. 예를 들면 글로벌 기업 대신 다국적 기업(Multinational Enterprise)이란 명칭은 국제 경영 활동을 수행하는 기업이 국가별로 차별화된 전략을 수행하기 위해 분산형 조직 형태로 운영되는 기업을 의미한다. Christopher A. Bartlett과 Sumantra Ghoshal(1989)은 기업의 조직 모형을 경영 전략과 관리시스템 그리고 시대적 환경에 따라 다음과 같이 정의하였다.[3]

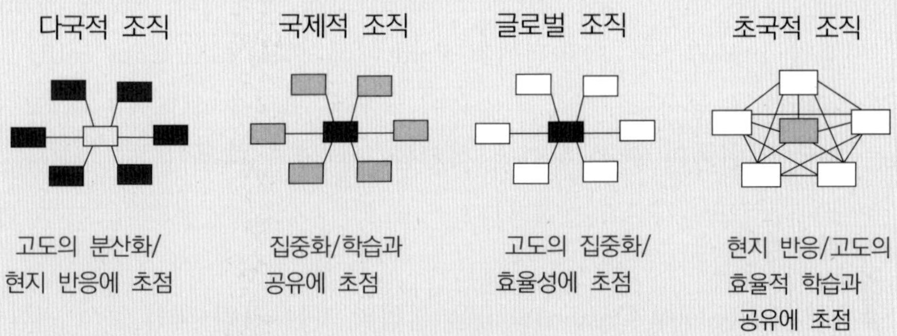

출처 : Bartlett, C. A. & Ghoshal, S.(1989), *Managing Across Borders: The Transnational Solution*, Harvard Business School Press, pp.48-55.

그림 1.1. 조직 모델의 유형

▪ 다국적 조직

다국적 조직(Mutinational Organization)은 현지 시장의 차별화와 정치적 요구에 매우 민감하게 반응하기 때문에 기업의 전체 가치 활동이 현지에

3) Bartlett, C. A. & Ghoshal, S.(1989), *Managing Across Borders: The Transnational Solution*, Harvard Business School Press, pp.48-55.

서 이루어지고 본사의 통제나 간섭이 약한 조직 형태이다. 다시 말해 본사가 해외 자회사에게 자산과 책임 등 자율적 권한을 위임하는 분권형(Decentralized) 조직이라고 할 수 있다. 다국적 기업은 제2차 세계대전 이전인 1900년부터 1939년까지 국제 경영 활동을 했던 글로벌 기업들의 고전적인 조직 형태로, 조직이나 관리 시스템이 당시의 높은 무역 장벽과 낙후되었던 운송 수단과 통신 기술의 상황을 반영하고 있다. 당시에는 Unilever(이하 유니레버)·Phillips(이하 필립스)·Royal Dutch/shell(이하 로열더치쉘) 등 유럽 기업들이 주로 다국적 조직 모델을 채택했다.

■ 국제적 조직

국제적 조직(International Organization)은 다국적 조직의 변형으로서, 본사가 자회사에게 자산·자원·책임 등의 권한을 위임하지만, 기술이나 제품 개발을 주도하면서 재무 등 주요 기능 측면에서 자회사와 공식적이고 긴밀한 관계를 유지하는 등위형(Coordinated) 조직 형태이다. 제2차 세계대전 이후인 1945년부터 1970년까지 Ford(이하 포드)·GM·Coca cola(이하 코카콜라)·IBM 등 주로 미국 기업들이 국제적 조직을 선호했는데, 그 이유는 미국 기업들의 관리 문화에 적합한 형태였기 때문이다.

■ 글로벌 조직

글로벌 조직(Global Organization)은 기업의 자산·자원·책임 등의 권한이 대부분 본사에 집중되어 있는 집중형(Centralized) 조직 형태이다. 다시 말해 본사가 막강한 전략적 권한을 가지고 있으며, 해외 자회사는 글로벌 시장의 한 유통망 정도로 간주된다. 글로벌 조직은 본사에서 관리자를 해외 자회사에 파견하여 각각의 사업 단위 간 조정을 용이하게 할 수 있는 특징을 가지고 있다. 또 세계 시장을 하나의 단일 시장으로 간주하고 본사 주도의 표준화된 글로벌 제품을 생산함으로써 규모의 경제 효과를 효율적으로 제고할 수 있는 장점을 가지고 있다.

글로벌 조직은 1960년대 이후 전 세계적으로 무역 장벽이 낮아지고 운송과 통신 기술이 발전하던 당시의 경영 환경 변화를 잘 반영한 조직 형태이다. Toyota(이하 토요타)·Matsushita(이하 마쓰시다)·NEC 등 일본 기업들이 1970년대부터 1980년대까지 주로 선택했던 조직 구조로, 집단주의적인 일본 기업들의 관리 기준과 절차에 적합한 형태라고 할 수 있다.

■ 초국적 조직

글로벌 조직은 규모의 효율성을 추구할 수 있지만 현지 시장의 요구를 적절하게 반영하기 어렵다. 반면 다국적 조직은 현지 차별화에 적절하게 반응할 수 있지만 효율성이 떨어진다. 국제적 조직도 글로벌 기업보다는 효율성이 떨어지고 다국적 기업보다는 현지 적응이 더디다는 단점을 가지고 있다. 이러한 딜레마를 해결하기 위해 1980년대 중반 새롭게 등장한 조직 형태가 '통합 네트워크형 조직'이다. 이 조직은 글로벌 통합과 현지 차별화를 동시에 추구하는 초국적 기업(Transnational Corporation)의 조직 형태이다.

초국적 기업은 각각의 사업 단위들이 독립적으로 활동하지만, 상호 긴밀한 협력과 함께 전략적 의사결정 과정을 공유하는 특징을 가지고 있다. 다시 말해 본사가 사업 단위 간의 협력 관계를 조정하고, 해외 자회사들은 전체의 이익을 위해 특정 제품과 활동 등에서 차별화된 아이디어·기술·능력 등을 제공한다. 따라서 본사와 자회사 등 각각의 사업 단위 간에 상당한 규모의 기술·정보·인력·자본·자재·제품의 이동이 발생하면서 상호 긴밀한 협력 관계가 유지된다. 통합 네트워크형 조직의 구축과 유지가 용이해진 이유로 글로벌 인수·합병의 활성화, 운송비와 통신비의 인하, 새로운 정보 기술의 발달 등 경영 환경의 변화를 들 수 있다.

결론적으로 글로벌 기업은 비즈니스 환경에 적합한 전략적 대안과 조직 형태를 선택하게 되며, 이에 따라 명칭도 다국적 기업·국제 기업·글로벌 기업·초국적 기업 등 다양하게 명명된다고 할 수 있다. 다음 절에서는 글로벌 기업의 비즈니스 환경에 대해 살펴보고자 한다.

1.4 글로벌 기업의 비즈니스 환경

Sumantra Goshal과 Nitin Nohria(1993)는 다국적 기업들을 대상으로 한 연구에서 글로벌 통합 압력과 현지 적응 압력의 크기를 기준으로 글로벌 기업의 비즈니스 환경을 네 가지 범주로 구분하였다. 통합(Integration)과 적응(Responsiveness)은 글로벌 경영에서 사업의 성패를 좌우하는 중대한 문제로, Coimbatore Krishnarao Prahalad와 Yves Doz가 1987년에 출간한 공저 'The Multi-national Mission'에서 소개된 '통합-적응 모델(I-R Framework)'로 널리 알려지기 시작했다.

출처: Goshal, S. & Nohria, N.(1993), Horses for Courses: Organizational Forms for Multinational Corporations, *Sloan Management Review*, Winter, pp.27-31.

그림 1.2. 글로벌 기업의 비즈니스 환경 범주

▪ 국제 환경

국제 환경(International Environment)이란 글로벌 통합과 현지 적응 압력이 약한 사업 환경을 말한다. 주로 금속·기계·제지·섬유·인쇄업 등이 여기에 해당된다. 이들 사업에서는 국가 간 고객 취향이나 산업 구조 차이가 큰 장벽이 되지 않지만, 국제 경영을 추진하는 기업들도 한정적이다.

■ 다국적 환경

다국적 환경(Multinational Environment)은 글로벌 통합 압박이 약한 반면, 현지 적응 압력은 강한 비즈니스 환경을 의미한다. 주로 식품·음료·담배·법률 서비스 등이 이 범주에 해당한다. 최근에는 정부 규제가 심하거나 현지 문화 등이 영향을 끼치는 통신이나 콘텐츠 사업들도 다국적 환경에 해당된다. 이런 사업 영역은 각 시장에서 습득한 노하우와 자원 등으로 조직 전체가 성장할 수 있는 이점이 있기 때문에 한 국가보다는 여러 국가에서 사업을 운영하는 것이 유리할 수 있다.

■ 글로벌 환경

글로벌 환경(Global Environment)은 글로벌 통합 압력이 강한 반면, 현지 적응 압력은 약한 비즈니스 환경을 말한다. 이런 환경에서는 글로벌 경쟁이 치열하게 벌어지면서 시장의 과점화가 활발하게 진행되기 때문에 규모의 경제를 활용하지 못하면 성공하기 어렵다. 주로 건설·광업 기계·화학·엔진·과학 측정 기구·비철 금속·항공업 등이 여기에 해당한다.

■ 초국적 환경

초국적 환경(Transnational Environment)은 글로벌 통합 압력과 현지 적응 압력이 모두 강한 비즈니스 환경을 말한다. 주로 제약·통신·컴퓨터·자동차·사진 장비 등이 여기에 해당하지만, 오늘날 많은 산업이 초국적 환경에 가까워지고 있다.

1.5 글로벌 경영 전략의 방향

통상 글로벌 기업은 사업의 글로벌 효율성(Global Efficiencies), 다국적 유연성(Multinational Flexibility), 세계적 학습(Worldwide Learning) 효과 등의 균형적 조화를 이루기 위해 글로벌 통합 압력과 현지 적응 압력을 근거로 국제 전략, 멀티도메스틱 전략, 글로벌 전략, 초국적 전략 중 하나를 선택한다.[4] Michael Porter도 이들 기준과 유사한 가치 활동의 배치(Configuration)와 조정(Coordination)이라는 두 개의 변수를 이용해 글로벌 기업의 전략적 방향을 세 가지로 제시하였다.

여기에서는 고토사카 마사히로(Masahiro Kotosaka)의 산업별 특성에 따른 국제 경영 전략의 기본적 방향을 중심으로 전략을 살펴보고자 한다. 그는 글로벌 통합 압력과 현지 적응 압력의 크기를 기준으로 네 가지 국제 경영 전략의 방향을 다음과 같이 제시하였다.[5]

■ 모국 복제 전략

만약 기업 환경이, 앞에서 살펴봤던 비즈니스 환경 가운데, 국제 환경에 속한다면 '모국 복제 전략'을 선택하는 것이 바람직하다. 모국 복제 전략은 Ricky Griffin과 Michael Pustay가 제시했던 국제 전략과 같은 의미이다. 이 전략을 수행하는 기업은 국제 사업을 부차적 사업으로 간주하고 본사로부터 분리한다. 그런 후 국내 시장에서 창출된 핵심 역량이나 기업 특유의 경쟁 우위를 해외 시장에서의 주요 경쟁 무기로 활용한다.

■ 멀티도메스틱 전략

기업의 사업 환경이 다국적 환경에 속한다면 자회사에게 권한을 대폭 이양하고 본사는 전사적 자원 관리에 주력하는 멀티도메스틱 전략(Multidomestic Strategy)이 바람직하다. 이 전략을 수행하는 기업들은 자신

---

4) Griffin R. W. & Pustay M. W.(1999), *International Business: A managerial perspective* (2nd), Addison-wesley, p.379.

5) 고토사카 마사히로, 전게서, p.314.

을 특정 국가 시장에 각각 초점을 맞추고 있는 독립된 자회사들의 집단으로 간주한다. 이들 자회사들은, 앞에서 살펴본 다국적 조직과 같이, 현지 고객의 니즈에 최대한 부응할 수 있도록 자신들만의 제품을 주문받고 마케팅 활동을 수행하며 기술을 운영한다. 이 전략은 국가 시장 간의 차이가 현저하고 규모의 경제가 낮으며 기업 간 조정비용(Coordination Cost)이 클 때 효과적이다.

■ 글로벌 전략

글로벌 전략은 글로벌 통합 압박이 강한 반면, 현지 적응 압력이 약한 상황, 즉 글로벌 환경에 적합한 전략이다. 글로벌 전략을 선택한 기업은 세계를 하나의 시장으로 보고, 전 세계 고객들의 동일한 니즈를 충족시킬 표준화된 제품 및 서비스의 창출을 마케팅 목표로 삼는다. 따라서 글로벌 전략은 멀티도메스틱 전략과 반대로 본사가 강력한 권한을 가지고 통합된 전략을 추진한다.

■ 초국적 전략

초국적 전략(Transnational Strategy)은 글로벌 통합 압박과 현지 적응 압력이 모두 강한 상황인 초국적 환경에 적합한 전략이다. 글로벌 기업이 추구하는 규모의 효율성과 다국적 기업이 추구하는 현지 적응의 혜택을 동시에 추구하기 때문에 글로컬 전략이라고도 불린다. 초국적 전략을 추진하는 기업은 효율성과 유연성의 두 가지 목표를 달성하기 위해 경영 기능과 의사결정에 관한 권한을 완전히 본사에 집중화하거나 또는 자회사에 분산시키지 않는다.

한편 기업이 초국적 전략을 검토할 때는 전사 층위뿐만 아니라 사업 층위와 기능 층위에서도 각각 실시할 필요가 있다. 예를 들면 Apple(이하 애플)은 전사 층위에서 전 세계적으로 단일 상품을 판매하지만, 사업 층위에서는 나라와 지역에 따라 유연한 방식을 채택한다. 일본의 경우 아이폰을 판매할 때 이동통신 사업자와 제휴를 맺는 사업 모델을 채택하지만, 전자결제 서비스인 '애플페이(Apple Pay)'는 국제적으로 통용되는 단일 모델을 도입했다. 기능 층위에서도 마찬가지로 마케팅은 세계적으로 동일하게 진행되지만 제품 판매 방법은 현지화를 따르고 있다.

1.6 기업의 글로벌화 차원

글로벌 기업들의 전략적 방향이 동일할지라도 기업 간의 글로벌화 수준은 다를 수 있다. 기업의 글로벌화 수준은 본사가 해외 자회사를 통제하는 수준 등 여러 차원에서 측정 가능하다. 기업의 글로벌화 차원은 크게 시장의 범위, 핵심 활동의 배치, 본사와 자회사 간의 관계, 경영 활동의 현지화 등 네 개로 구분할 수 있다. 이들 차원 가운데 시장 범위와 핵심 활동 배치는 기업의 유형적 행동을 의미하는 반면, 관계와 활동의 현지화는 무형적 성격을 띠고 있다.[6]

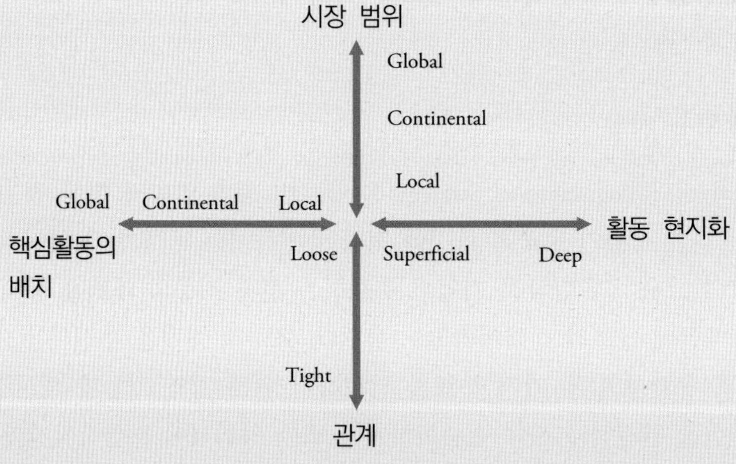

출처: Lessard D. R.(2003), Frameworks for Global Strategic Analysis, *Journal of Strategic Management Education*, 1(1), pp.81-92.

그림 1.3. 기업 글로벌화 차원

6) Lessard D. R.(2003), Frameworks for Global Strategic Analysis, *Journal of Strategic Management Education,* 1(1). pp.81-92.

■ 시장 범위

시장 범위(Market Spread)란 기업이 제품을 판매하는 시장의 지리적 범위를 의미한다. 시장의 범위, 즉 판매 시장이 한 국가로부터 대륙과 글로벌 시장 순으로 확대될수록 기업의 글로벌화 수준도 높아진다.

■ 핵심 활동의 배치

핵심 활동의 배치(Configuration of Core Activities)란 기업이 핵심 역량을 가지고 있는 기능 및 활동의 지리적 배치를 의미한다. 글로벌 기업의 가치 활동은 운송비나 조정비 등을 고려하여 지역 구분 없이 가장 적합한 장소에서 적합한 규모로 수행된다. 핵심 활동이 한 국가에서 대륙, 글로벌 시장으로 배치되어 갈수록 기업의 글로벌화 수준이 높아진다.

■ 관계

관계(Connectedness)란 본사와 자회사 등 조직 내 기업 상호 간의 협력, 조정, 노하우의 공유 및 공동 개발을 의미한다. 기업의 글로벌화 수준이 높아질수록 본사와 자회사 상호 간에 협력과 조정 등이 강하게 이루어지고, 긴밀한 관계가 유지된다.

■ 활동의 현지화

활동의 현지화(Localization of Activities)란 기업이 다양한 해외 시장 환경에 반응하고 개입하는 정도를 의미한다. 이것은 특정 시장에서 제품이나 서비스를 단순히 적응하는 것보다 훨씬 강도 깊은 시장 개입의 개념으로 이해해야 한다. 기업 활동의 현지화는 강도가 매우 약한 단계에서 가장 강한 단계, 즉 현지 시장의 게임 규칙에 상당한 영향을 미칠 정도의 충분한 현지화 단계까지 다섯 단계로 구분된다.

네 가지 글로벌화 차원 변수들은 글로벌 기업의 전략적 선택 영역에 해당되는 것들이다. 시장 범위는 목표 소비자와 시장 그리고 사업 영역을 결정하는 것과 관련이 있고, 핵심 활동 배치는 무역이나 해외직접투자 등 시장 진입 방식의 결정과 관련된 것이라고 할 수 있다. 관계는 본사와 자회사 간의 관계를 의미하기 때문에 제품과 전략의 표준화 또는 차별화와 관련성이 높다. 활동의 현지화도 현지에서의 통합과 적응의 압력에 따라 전략의 표준화 및 차별화 수준이 결정되고, 세부적으로 마케팅이나 인사 등 기능별 실행의 수준과 관련되어 있다고 할 수 있다. 결국 글로벌 전략은 주로 이들 네 가지 차원에 관한 의사결정이고, 전략 경영은 이러한 전략적 결정들이 순차적으로 계획되고 실행되는 과정이라고 할 수 있다.

Ⅱ

경영 전략

제2장 경영 전략의 역사

2.1. 포지셔닝 이론

2.2. 케이퍼빌러티 이론

2.3. 컨피규레이션 이론

2.4. 21세기 창발적 경영 전략론

경영 전략의 본질을 잘 이해하기 위해서는, 먼저 그 역사를 되돌아보면서 개념의 다양한 측면을 이해할 필요가 있다. 사실 누구나 동의할 수 있는 정형화된 경영 전략은 존재하지 않는다. 그 이유는 경영 전략이 환경과 함께 변화하기 때문이다. 경영 환경은 제2차 세계대전 이후 급변하기 시작했다. 특히 1960년대 세계 경제의 급팽창과 1970년대 오일 쇼크(Oil Shock)와 같은 충격 등이 계속 반복되면서 경영 환경의 복잡성과 불확실성은 더욱 커져 갔다. 그 크기만큼 경영 전략의 기법이나 유형도 다양해졌다. 이들 경영 전략 기법들은 글로벌 경영 전략에도 그대로 적용이 가능하다.

전략의 역사는, 어원으로 보면, 고대 그리스까지 거슬러 올라간다. 전략의 직접적인 어원이 군사 지도자를 의미하는, 고대 그리스어 'Strategos'이기 때문이다. 군사 용어인 전략이 "환경의 변화 속에서 조직의 목표를 달성하기 위한 것"이라는 의미로 경영학에서 사용되기 시작한 것은 1962년 Alfred Chandler가 자신의 저서인 'Strategy and Structure'를 출간하면서 부터이다. 따라서 여기에서는 경영 전략의 역사를 1960년대부터 살펴보고자 한다.

1960년대 이후 수많은 학자와 경영 컨설턴트들이 경영 전략의 목표를 달성하기 위한 방법으로 외부 환경과 내부 자원의 분석을 기반으로 삼았다. 따라서 경영 전략의 큰 줄기는 산업 구조 기반의 포지셔닝(Positioning)파와 자원 기반의 케이퍼빌러티(Capability)파의 양대 축으로 구성되어 있다고 할 수 있다. 이후 경영 전략의 역사는 두 이론을 혼합한 컨피규레이션파로 이어졌고, 21세기에 들어서면서 시행착오 접근법 등 다양한 기법의 창발적 경영 전략론으로 발전되어 오고 있다.

여기에서는 미타니 고지(Koji Mitani)의 '경영전략 논쟁사'와 고토사카 마사히로(Masahiro Kotosaka)의 '경영 전략의 역사'를 주로 참조해, 포지셔닝 이론부터 시행착오 접근법 등 현대 경영 전략까지 그 역사를 간략하게 정리하고자 한다.[1)]

---

1) 고토사카 마사히로, 전게서; 미타니 고지(2020), 경영전략 논쟁사(김정환 옮김), 메가스터디북스.

2.1 포지셔닝(Positioning) 이론

1960년대부터 시작되었던 포지셔닝 이론의 핵심은 "외부 환경이 중요하고, 이익을 낼 수 있는 시장에서 이익이 나는 위치를 차지하면 경쟁에서 승리할 수 있다"라는 것이다. 대부분의 포지셔닝파는 Frederik Taylor가 그랬던 것처럼 경영 전략을 정량적 분석 또는 정형적 계획 프로세스를 통해 설명한다. 포지셔닝 이론의 대표적인 전략 도구로 앤소프 매트릭스, SWOT 분석, 경험 곡선, 제품 포트폴리오 관리 매트릭스, 5 Forces 모델, 비즈니스 시스템 등을 들 수 있다.

2.1.1. 앤소프 매트릭스

앤소프 매트릭스(Ansoff Matrix)는 1965년 Igor Ansoff의 저서, 'Corporate Strategy'를 통해 소개되었다. Ansoff는 의사 결정의 대상을 전략(Strategy)·조직구조(Structure)·시스템(Systems)의 관점에서 생각한 '3S 모델'을 제시하였고, 이 가운데 가장 중요한 것이 전략적 의사 결정이며, 경영 전략은 현재와 미래를 연결하는 방침(Gap Analysis)이라고 주장하였다.[1] 그는 경영 전략을 사업 전략과 기업 전략으로 구분하였고, 기업 전략을 기업 성장 벡터인 다각화의 방향을 앤소프 매트릭스로 결정한 후 사업 포트폴리오를 관리하는 것이라고 정의하였다. 앤소프 매트릭스는 훗날 다각화 연구의 기반이 되었다.

2.1.2. SWOT과 TOWS

'SWOT 분석'은 하바드 비즈니스 스쿨(Harvard Business School: 이하 HBS) 교수였던 Kenneth Andrews에 의해 널리 알려졌다. 하지만 이 매트릭스는 원래 SRI(Stanford Research Institute)의 Albert Humphrey가 개발했던 'SOFT 분석'의 축과 내용만 조금 바뀐 것이다. SWOT 매트릭스는 오늘날에도 많이 사용되고 있지만 환경 요소들을 단순히 정리한 도구에 불과하

1) Ansoff, I. H.(1965), *Corporate Strategy*, McGraw-Hill.

다는 단점이 있다. 이를 보완한 것이 스탠포드 대학 교수였던 Heinz Weihrich가 제기한 'TOWS 매트릭스'이다. TOWS의 특징은 SWOT에서 도출된 기회와 위기에 강점과 약점을 각각 조합해 네 가지 전략적 방안을 제시할 수 있다는 것이다.

2.1.3. 성장·점유율 매트릭스

앤소프 매트릭스의 사업 포트폴리오 관리라는 개념은 보스턴 컨설팅 그룹(Boston Consulting Group: 이하 BCG)이 개발한 '성장·점유율 매트릭스'로 이어졌다. 이 도구는 '제품 포트폴리오 관리(PPM)' 또는 'BCG' 매트릭스라고도 불린다. 이것이 개발되기 전까지 경영 전략이란 막연한 지침에 불과했다. 하지만 BCG가 성장·점유율 매트릭스나 경험 곡선과 같은 분석 도구들을 개발하면서 경영 전략이 정량적으로 분석 가능한 작업으로 발전되었다.

2.1.4. Michael Porter의 이론

포지셔닝 이론은 Michael Porter에 의해 더욱 발전되었다. Porter는 '5 Forces 프레임워크'와 '전략의 세 가지 유형', '가치 사슬'이라는 세 가지 분석 도구를 개발함으로써 경영 전략의 역사에 큰 공적을 남겼다. 그는 박사 학위 논문에서 제시한 5 Forces 프레임워크 외에 전략의 세 가지 유형을 1980년 'Competitive Strategy'라는 저서를 통해 소개하였다. 그리고 1985년에는 'Competitive Advantage'라는 저서를 통해 가치 사슬을 소개하였다. 가치 사슬은 McKinsey & Company(이하 맥킨지)가 1980년에 발표한 '비즈니스 시스템'과 거의 동일하다. 비즈니스 시스템은 기업이 고객 가치를 전달하기 위해 추진하는 주요 활동들을 공식화하기 위한 프레임워크로서, 제품의 설계나 개발부터 고객에게 전달하는 활동까지 모든 단계를 차트로 만든 분석 도구이다. Porter는 이것을 조금 더 발전시킨 형태로 가치 사슬을 제안하였다.

2.2 케이퍼빌리티(Capability) 이론

1980년대 중반부터 등장했던 케이퍼빌리티파는 “내부 환경이 중요하고, 자사의 강점이 있는 곳에서 경쟁하면 승리할 수 있다”고 주장한다. 케이퍼빌리티 이론은 Jay Barney 등 많은 전문가들에 의해 발전되었는데, 그 발원지는 맥킨지였다. 맥킨지의 컨설턴트였던 Richard Pascale은 1984년 ‘Perspectives on Strategy’라는 논문을 통해 미국 시장에 진출한 Honda(이하 혼다)의 성공을 ‘혼다 효과’로 소개하였다. 혼다 효과에서는 인간적인 요소, 계획보다는 창조의 중요성을 강조하였다.[2] 혼다를 비롯한 토요타와 Canon(이하 캐논)과 같은 일본 기업들이 Xerox(이하 제록스)나 GM과 같은 미국 기업들의 시장을 잠식하자, 기업 능력을 기반으로 경영 전략을 만드는 케이퍼빌리티파가 등장하기 시작했다. 케이퍼빌리티파의 상당수는 인간관계론을 개발한 George E. Mayo처럼 기업 활동도 인간적 요소가 강하기 때문에 정성적 논의가 필요하다는 생각을 하게 된다.

2.2.1. 7S 모델

케이퍼빌리티 이론의 실질적인 출발로 알려진 경영 전략 도구 ‘7S’가 1982년 맥킨지의 Tom Peters와 Robert Waterman에 의해 개발되었다. 7S란 전략(Strategy)·조직구조(Structure)·시스템(Systems)·직원(Staff)·기술(Skills)·스타일(Style)·공유가치(Shared Value) 등 초우량 기업들의 일곱 가지 성공 요인을 의미한다. 7S 모델은 당시 경영 전략을 대표하던 포지셔닝 이론에 대한 강력한 공격이었다. 하지만 성공 요인들에 대한 조사와 분석이 어렵다는 단점을 가지고 있어서 명성만큼 활용되지는 못하였다.

2.2.2. 벤치마킹

7S 모델이 소개되기 전에 케이퍼빌리티와 관련된 기법으로 ‘벤치마킹

2) Pascale, R. T.(1984), Perspectives on Strategy: The Real Story behind Honda’s Success. *California Management Review*, 26, pp.47-72.

(Benchmarking)'이 있었다. 제록스는 시장 점유율이 급락하자 기업 혁신을 위해 TQM(Total Quality Management) 외에 벤치마킹을 도입했다. 1979년 '리버스 엔지니어링'으로 시작된 벤치마킹은 경영 전략이라고 할 수 없지만, 기업의 케이퍼빌러티를 향상시키는 데 큰 역할을 하였다.

2.2.3. 타임베이스 전략

1990년대에 들어서면서 측정과 분석이 가능한 케이퍼빌러티 이론들이 등장하기 시작했다. 먼저 일본 기업의 성공 요인들을 바탕으로 케이퍼빌러티를 중시하는 전략 이론인 '타임베이스 전략'이 1988년 BCG의 George Stalk Jr.에 의해 소개되었다. 타임베이스 전략은 시간을 측정하고 단축함으로써 비용을 낮추고 부가가치를 높일 수 있다는 이론이다. 이 이론은 1990년 출판된 'Competing Against Time'을 통해 더욱 유명해지기 시작했다.

2.2.4. 리엔지니어링

1990년에는 IT 계열 컨설팅 회사인 CSC인덱스의 Michael Hammer가 업무의 혁신적 재구축을 의미하는 '리엔지니어링(Reengineering)'에 관한 연구를 HBR에 발표했다. 그리고 1993년 James Champy와 공저로 'Reengineering the Corporation: A Manifesto for Business Revolution'을 내놓으면서 '비즈니스 프로세스 리엔지니어링(Business Process Reengineering)'이라는 개념이 세상에 널리 알려지게 되었다. 하지만 실행상의 난이도가 너무 높은 탓에 리엔지니어링 열풍은 오래 가지 못했다.

2.2.5. 핵심 역량 전략

1994년에는 런던 비즈니스 스쿨의 Gary Hamel과 Coimbatore Krishnarao Prahalad가 공저인 'Competing for The Future'을 통해 '핵심 역량(Core Competence)'을 제시하였다. 그들은 리엔지니어링이나 포지셔닝 전략이 효과를 발휘하지 못한 이유를 핵심 역량에 대한 이해가 부족했기 때문이라고 설명했다. 핵심 역량 전략의 주장은 기업이 미래 경쟁 상대와 비교해 자사의 핵심 역량을 파악한 후, 이것이 효과를 발휘할 수 있는 미래 시장을 개척해야 한다는 것이었다.

2.2.6. 학습 조직

미래가 점점 더 불확실해지면서 경영계에서는 기업 성장에 반드시 필요한 혁신(Innovation)이 화두로 떠오르기 시작했다. 스탠퍼드 대학의 Frederick Terman이나 HBS의 Howard Stevenson 교수 등이 '앙트레프레너(Entrepreneur)론'을 통해 혁신 창조를 위한 기업가의 육성을 강조했지만 기업에 큰 도움을 주지 못했다. 그러자 혁신을 새로운 지식의 창조 케이퍼빌러티 문제로 보고, 개인보다는 조직의 학습 능력을 키우기 위한 학습론이 등장하기 시작했다. 먼저 MIT 교수인 Peter Senge의 '학습 조직'을 들 수 있다. 그는 1990년에 출간된 'The Fifth Discipline: The Art and Practice of the Learning Organization'에서 개인이 낡은 사고방식을 버리고 숙련과 함께 시스템 사고를 통해 공유 비전을 만들며, 이를 달성하기 위해 협력할 수 있는 조직을 학습 조직이라고 설명하였다. Senge는 기업의 경쟁 우위가 개인과 집단의 지속적인 학습을 통해서만 만들어질 수 있다고 주장하였다.

2.2.7. SECI 모델

사실 기업이 지속적인 학습을 하려고 해도 구체적으로 무엇을 해야 할지 파악하는 것 자체가 어렵다. 히토쓰바시 대학 교수인 노나카 이쿠지로(野中 郁次郎)는 1990년 'SECI 모델'을 발표하면서 학습의 구체적인 대상을 제시하였다. 노나카는 높이뛰기 방법을 예로 들면서, 지식을 문장화 할 수 있는 형식지와 문장화 할 수 없는 주관적 암묵지로 구분한 후, 지식 창조의 순환형 프로세스로서 SECI 모델을 제시하였다. 이 모델은 Internalization(개인이 형식지를 보고 암묵지로 만드는 내면화), Socialization(개인과 개인이 암묵지를 공유하는 공동화), Externalization(개인의 암묵지를 그룹의 형식지로 확산하는 표출화), Combination(다른 그룹의 형식지와 조합해 형식지를 강화하는 연결화)으로 연결되며 이들 단계 중 어디에서나 혁신이 발생할 수 있다고 설명한다. SECI 모델은 1995년에 출간된 'The Knowledge-Creating Company'를 통해 세계적으로 널리 알려지기 시작했다.

2.2.8. 자원 기반 관점

케이퍼빌러티 이론 중 가장 기대를 모았던 이론은 1984년 이후 Birger

Wernerfelt, Richard Rummelt, Margaret Peteraf, Jay Barney 등의 학자들이 주장했던 자원 기반 관점(Resource-Based View: RBV)이다. 이 이론에서는 기업 간 수익 등의 성과 차이를 이해하기 위해 경제 이론을 사용했다. 자원 기반 관점의 토대는 1984년 매사추세츠 공대 교수인 Wernerfelt의 논문, 'A Resource-Based View of the Firm'에서 마련되었다. 그는 제품 시장뿐만 아니라 자원 시장의 독점을 통해서도 기업은 수익성을 향상시킬 수 있다고 주장하였다. 자원 시장이란 기업 활동에 필요한 경영 자원을 획득하는 시장을 의미한다.

케이퍼빌러티파의 대표적 학자인 Barney는 경영 자원이 지속적인 경쟁 우위의 원천이 될 수 있다고 주장하면서, 이를 판단하는 기준으로 경제 가치(Value)·희소성(Rarity)·모방 곤란성(Imitability)·조직(Organization) 등 네 가지를 제시하였다. 이를 'VRIO 프레임워크'라고 부른다. Barney의 논의는 Ingemar Dierick와 Karel Cool이 1989년에 발표한 논문을 통해 한층 더 발전되었다. 자원 기반 관점은 앞에서 설명했던, Hamel과 Prahalad의 핵심 역량을 통해 세상에 널리 알려지게 되었다.

2.3 1. 컨피규레이션(Configuration) 이론

2.3.1. 전략의 5P

포지셔닝과 케이퍼빌리티 중 어느 것이 더 전략적으로 중요한지는 기업의 경영 상황에 따라 달라진다고 주장하는 컨피규레이션파가 1990년대 후반 등장하기 시작했다. 캐나다 맥길 대학의 Henry Mintzberg, Bruce Ahistrand, Joseph Lampel 등이 1998년 'Strategy Safari'라는 공저를 통해 기업의 발전 단계에 따라 전략과 조직 형태 또 그것을 어떻게 조합하는지가 달라진다고 주장하였다. 예를 들면 초기의 발전기에는 포지셔닝 이론을 중시하고 안정기에는 케이퍼빌리티를 중시하며 모색기에는 학습론으로 방향을 정하고 혁명기에는 앙트레프레너론으로 혁명을 신속하게 진행하는 식이다. 이러한 주장은 1979년 Ansoff의 저서 'Strategic Management'에서 이미 제기된 바가 있다.

사실 Mintzberg는 1987년에 발표한 논문에서 '전략의 5P'라는 개념을 통해 컨피규레이션을 기반으로 경영 전략의 의미를 새롭게 제시하였다. 5P의 각각은 경영 전략에 대한 별개의 접근법이며, 내용에 따라 크게 '무엇(What)'과 '어떻게(How)'로 분류할 수 있다. 미래의 행동과 계획을 의미하는 플랜(Plan), 그리고 과거 행동 체계인 패턴(Pattern)은 전략이 무엇인가에 해당된다. 외부 요인과 관련된 포지션(Position), 내부 요인과 관련된 퍼스펙티브(Perspective), 이 둘과 관련짓기 곤란한 독특한 성격의 책략, 즉 플로이(Ploy) 등 3P는 전략을 실현하는 방법에 포함할 수 있다. 특히 플로이는 경쟁자를 의식해서 감정적 의사 결정을 하는 인간적 요소나 경쟁 중 시행착오를 경험하는 휴리스틱(Heuristic)적 요소가 포함된 창의적 전략 기법들을 설명할 수 있는 개념이라고 할 수 있다.

2.3.2. BSC

Ansoff와 Mintzberg 등이 주장한 포지셔닝·케이퍼빌리티·환경의 통합 주장을 뒷받침한 전략 도구 중 하나가 'BSC(Balanced Scorecard)'이다. 1970년대 이후 미국의 기관 투자가들이 기업 주식을 소유하게 되면서 오직 재무 지표만이 경영자의 행동 기준이 되었다. 그 이유는 기관 투자가들이 단기적 주가 상승만을 요구하였기 때문이다. Nolan Norton Institute의 David Norton은 재무 지표를 바탕으로 하는 실적 관리 방법은 과거의 정보에 의존하기 때문에 환경 변화가 극심한 21세기에는 적합하지 않을 것이라고 판단하고, HBS의 Robert Kaplan과 함께 1996년 Balanced Scorecard를 발표했다. BSC는 과거 재무의 시점뿐만 아니라 포지셔닝(고객의 시점)과 케이퍼빌러티(업무·학습의 시점) 등 미래 시점까지 포함해 경영을 평가하고자 하는 전략 프레임워크이다.

2.3.3. 블루 오션 전략

2005년에 포지셔닝과 케이퍼빌러티를 융합한 '블루 오션 전략(Blue Ocean Strategy)'이 프랑스 INSEAD 교수인 W. Chan Kim과 Renee Mauborgne에 의해 발표되었다. 그들은 좋은 전략이란 경쟁자가 없는 새로운 시장을 만들어 내는 것이고, 포터의 주장과 달리, 고부가가치와 저비용을 양립시킬 수 있다고 주장하였다. 그리고 전략을 실행하기 위한 도구로서 새로운 가치 세트를 표현한 '전략 캔버스'와 '없애고·줄이고·늘리고·만드는(ERRC) 구성표' 등 열두 가지를 소개하였다.

2.4 21세기 창발적 경영 전략론

21세기가 되면서 경영 환경에 많은 변화가 일어났다. 예를 들면 인터넷을 비롯한 디지털 기술의 비약적인 발전, 경영 환경의 불확실성 확대, 신흥국의 대두와 세계의 복잡화, 산업·기업·기능 경계의 붕괴와 융합 확산 등을 들 수 있다. 이러한 변화 속에서 기업이 경쟁 전략을 분석할 때 전략 구조를 분석하거나 내부 역량을 파악하는 작업이 크게 중요하지 않을 수 있다. 특히 인터넷의 성장과 함께 생겨난 과점 기업이나 신흥 기업에게는 기존 전략의 구축이 아닌 경쟁자 간의 수읽기 게임이나 플로이에 근거한 줄다리기가 경쟁의 향방을 결정할 가능성이 커진다. 여기에서는 21세기에 세계가 주목했던 경영 주제인 이노베이션·리더십·학습·인터넷 등을 중심으로 창발적 경영 전략들을 각각 살펴보고자 한다.

2.4.1. 파괴적 이노베이션

이노베이션, 즉 혁신은 기업의 경쟁력을 결정하는 주요 결정 요인으로서 많은 학자들의 관심을 모았다. HBS의 Clayton Christensen은 1997년에 출판된 'The Innovator's Dilemma'를 통해 '파괴적 이노베이션(Disruptive Innovation)'을 제기하였다. 그는 기업들이 혁신에 실패하는 이유로 지나친 고객 지향성을 들었다. 선도 기업들이 주요 고객의 니즈 충족을 위해 기존 기술 및 시스템의 발전에만 집착하다가 결국 새로운 것을 놓치게 된다는 것이다. 현재의 것을 전부 부수는 파괴적 이노베이션을 창조하기 위해 Christensen은 2003년 Michael Raynor와의 공저인 'The Innovator's Solution'에서 소규모 별동대를 제안하였다. 그리고 2011년 Jeffrey Dyer, Hal Gregersen과의 공저인 'The Innovator's DNA'를 통해 조직이 아닌 창조적 리더십을 해결책으로 제시하였다.

2.4.2. 리버스 이노베이션

파괴적 이노베이션의 지역 버전(Version)이라고 할 수 있는 '리버스 이노베이션(Reverse Innovation)'이 2012년 다트머스 대학 교수인 Vijay

Govindarajan과 Chris Trimble의 공저인 'Reverse Innovation'을 통해 소개되었다. 일반적으로 혁신은 선진국에서 창조된 후 신흥국이나 개발도상국으로 전파된다. 반면 리버스 이노베이션은 개발도상국에서 혁신이 탄생한 후 선진국 등 전 세계로 확산되는 역혁신을 의미한다. 예를 들면 GE가 중국 시장을 목표로 개발한 저가의 초음파 진단장치가 미국 응급 의료 센터에 진입한 경우 등을 들 수 있다. Govindarajan은 리버스 이노베이션의 활성화를 위해, Christensen이 제기한 소규모 별동대처럼, 현지에 작은 기능의 횡단형 기업 조직인 '현지 성장팀(Local Growth Team)'을 둘 필요가 있다고 주장하였다.

2.4.3. 퓨처 센터

앞에서 언급한 바와 같이 학습은 기업 경쟁력 제고에 중요한 역할을 한다. 미래 사회의 변화에 따라 학습 형태도 변화하고자 하는 새로운 움직임이 북유럽에서 시작되었다. 1996년 스웨덴 룬드 대학 교수인 Leif Edvinsson이 미래의 지적 자본을 만드는 수단으로, 다양한 전문가와 이해관계자(Stakeholder)들이 참여하는 수평적이고 창조적인 대화의 장, '퓨처 센터(Future Center)'를 제안했다. 이 센터는 곧바로 네덜란드와 덴마크 공공 부문에 도입되었고 유럽 전역에 확산되기 시작했다. 미래의 지적 자본은 미래의 인적·구조적·관계성 자본으로 구성된다. 따라서 퓨처 센터는 사람이 성장하고 비즈니스 모델 등의 아이디어가 창출되며 사람 간의 유대 관계가 만들어지는 장이라고 할 수 있다.

유럽과 달리 일본에서는 후지제록스와 같은 민간을 통해 퓨처 센터가 보급되기 시작했다. 기업들은 인구 감소와 시장 축소 등의 한계를 극복하기 위해 대학과 오픈 이노베이션의 장으로 퓨처 센터를 활용했다. 2011년 동일본 대지진을 계기로 수많은 사람들이 대화를 통해 수십 년 후를 준비할 수 있는 장이 필요해지면서, 퓨처 센터는 각계의 다양한 이해관계자들이 참여하는 사회의 혁신 시스템으로서의 역할도 수행하고 있다.

한편 퓨처 센터에서 만들어진 미래의 지적 자본을 이용해 최대의 수익을 올리기 위한 '지적 재산 전략'도 기업들에게 매우 중요한 전략이 되었다. 지적 재산 전략은 단순히 유력한 특허의 취득 여부가 아니라 압도적인 기술과 시장 개척으로 사실상 산업표준을 차지하고 상품 수입이나 로열티 수입을 올리는 등 다양한 패턴으로 이루어져 있다.

2.4.4. 시행착오 접근법

인터넷의 확산은 2010년대 이후 기업들에게 또 다른 전략들을 만들어내는 계기가 되었다. 예를 들어 성공적인 스타트업들은 제품이나 서비스의 개선 사항을 수시로 모니터링하고 반영해서 성장을 유도하는 '그로스 해킹(Growth Hacking)'과 같은 온라인 마케팅 기법을 활용한다. 그로스 해킹의 상징적인 분석 기법이 'A/B 테스트'이다. A/B 테스트란 A와 B라는 방식을 모두 시험해보고 결과가 좋은 쪽을 채용하는 방법이다. 2011년 Google(이하 구글)은 A/B 테스트를 약 7,000회 실시했다. 이 테스트는 업무 외에도 사업 및 서비스의 도입과 철수에도 적용되었다. 예를 들면 2006년에 인수한 YouTube(이하 유튜브)처럼 성공 사례도 많지만 새로운 사업과 서비스가 모두 성공한 것은 아니다. 2005년에 서비스를 시작했던 '구글 비디오'나 개발 중이던 '구글 노트북'은 중지되었고, 2013년에 인수했던 Boston Dynamics(이하 보스턴 다이나믹스)도 현대자동차에 매각하면서 로봇 개발 사업에서 철수했다. 구글의 A/B 테스트는 '시행착오 접근법'의 기반이 되었다고 할 수 있다. 창발적 경영 전략의 전형인 시행착오 접근법에는 '디자인 사고(Design Thinking)'·'린스타트업(Lean Startup)'·'적응 전략' 등이 있다.

2.4.4.1. 디자인 사고

혁신과 디자인 기업인 IDEO의 CEO, Tim Brown 등이 1980년대에 제안했던 디자인 사고는 고객 니즈, 기술의 실현 가능성, 비즈니스의 성공을 연결시키기 위해 디자이너의 감성과 방법론을 활용하고자 하는 전략 기법이다. 디자인 사고의 특징은 Empathy(이해·공감)-Define(문제 정의)-Ideate(아이디어)-Prototype(시작품)-Test(시험)가 반복되는 순환 프로세스에 있다. 다시 말해 디자인 사고는 타깃 사용자를 대상으로 관찰과 인터뷰 등을 통한 이해와 함께 문제를 정의하고, 이를 해결하기 위한 아이디어를 제시한 후 시제품 제작과 시험을 통해 해결책을 찾을 때까지 프로세스를 반복하는 시행착오 중심의 접근 방식이다.

2.4.4.2. 린 스타트업

린 스타트업은 Steve Blank와 Eric Ries 등을 통해 알려졌다. 먼저 스타트업의 성공 마법사로 불리는 Blank는 2005년 발간된 'The Four Steps to the Epiphany: Successful Strategies for Products that Win'에서 4스텝 17단계 64항목으로 구성된 고객 개발 모델을 소개했다. 4스텝은 고객 발견-고객 실증-고객 개척-조직 구축으로 이어지며, 만약 고객 실증에서 문제가 있으면 바로 궤도 수정(Pivot)해서 앞 단계로 돌아가야 한다. Blank는 스타트업에는 일단 상품 개발팀과 고객 개발팀 두 팀만 필요하다고 주장했다. 수많은 스타트업이 상품 개발에만 매진하다 고객이 없어서 실패하는 경우가 허다했기 때문이다.

Blank의 강의를 수강하기도 했던 Ries는 IMVU의 창업에서 Blank의 주장을 실천했다. 그는 신상품 버전이 고객을 확실히 사로잡을 수 있을지 구글 애드워즈 등을 이용해 시행착오를 거듭했다. 그리고 토요타의 '린 생산방식' 개념을 스타트업 매니지먼트에 도입해 성과 검증에 필요한 최소한의 것만 만들었다. 그는 성과 검증을 중요하게 생각하고 Build(구축)-Measure(계측)-Learn(학습)으로 구성된 검증 사이클을 만들었다. 이때 검증을 위해 만든 시작품을 최소 기능 제품(Minimum Viable Product)을 의미하는 MVP라고 불렀다. Ries는 IMVU에서 검증 사이클을 신속하게 돌려 시행착오를 반복했다. 많을 때는 하루 50회나 돌렸던 적도 있다. IMVU는 린 스타트업을 통해 변혁을 거듭하였다.

2.4.4.3. 적응 전략

BCG의 Martin Reeves는 Michael Deimler와 함께 2011년 HBR에 게재했던 'Adaptability: The New Competitive Advantage'를 통해 '적응 전략'을 소개하였다. 적응 전략이란 기업이 예측하기 어렵고 지배하기도 쉽지 않은 환경 속에서 사업 환경 변화에 신속하게 대응하는 것을 경쟁력의 원천으로 삼는 전략이다. 적응 환경에 속하는 대표적 산업으로 패션 의류 산업이다. 그 이유는 산업 가치 사슬의 시간적 길이가 유행의 변화 속도와 일치하기 않기 때문이다. 그래서 ZARA(이하 자라)와 같은 기업은 기존의 업계 관행처럼 유행을 선도하기 위한 담합을 하지 않고, 대신 신제품을 지속적으로 시장에 출시해서 일주일 동안 판매가 저조하면 점포에서 철수하는 소위, 시행착오 방식을 취했다. 아무리 잘 팔려도 한 달 이상 점포에 진열하지 않고 바로바로 소비자들이 패스트푸드를 즐기듯이 '패스트 패션' 방식을 고수했다. 이런 전략을 성공적으로 실행하기 위해서는 Reeves가 제시했던 네 가지 케이퍼빌러트, 즉 신호를 읽고 행동하는 능력, 실험 능력, 복합기업 시스템 관리 능력, 동원 능력들이 필요하다. 특히 그는 실험 능력에서 실패에 대한 대응을 강조하였다. 실패를 받아들이고 거기에서 배우는 능력이 시행착오 전략의 핵심 중 하나라고 할 수 있다.

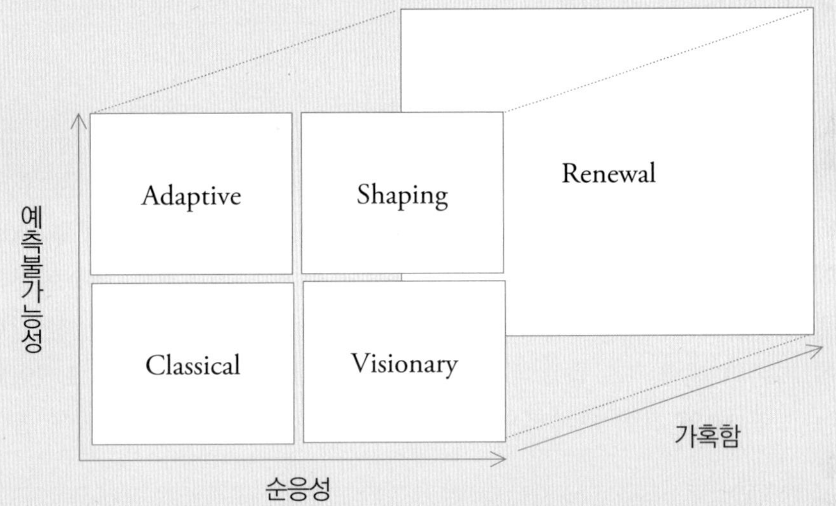

출처: https://www.bcg.com/capabilities/corporate-finance-strategy/strategy-palette, 2021.December.22.

그림 2.1. BCG 전략 팔레트

한편 BCG는 '전략 팔레트(Strategy Palette)' 프레임워크를 통해 환경의 예측 불가능성(Unpredictability)과 기업 행동의 순응성(Malleability)을 기준으로 사업 환경 또는 전략을 다음과 같이 다섯 가지로 분류했다.

- **전통적(Classical) 전략**

환경을 예측할 수 있지만, 변혁/순응하기 어려운 경우

■ 선구적(Visionary) 전략

환경을 예측할 수 있고, 변혁/순응하기 쉬운 경우

■ 개척(Shaping) 전략

환경을 예측하기 어렵지만, 변혁/순응하기 쉬운 경우

■ 적응(Adaptive) 전략

환경을 예측할 수 없고, 변혁/순응하기 어려운 경우

■ 재생(Renewal) 전략

환경이 지나치게 가혹한 경우

2.4.5. B3C 프레임워크

K.I.T 도라노몬 대학원 교수인 미타니 고지(三谷宏治)는 1996년경 'B3C 프레임워크'를 소개하였다. 이것은 포지셔닝 이론과 케이퍼빌러티 이론의 단점을 보완하기 위해 사업 환경과 기업 능력을 융합하고, 측정과 전략 수립에 기존의 전략 도구들을 활용하는 경영 전략 기법이다. B3C 프레임워크는 그림 2.2와 같이 기본적으로 상하 3칸씩 모두 6칸으로 구성되어 있다.

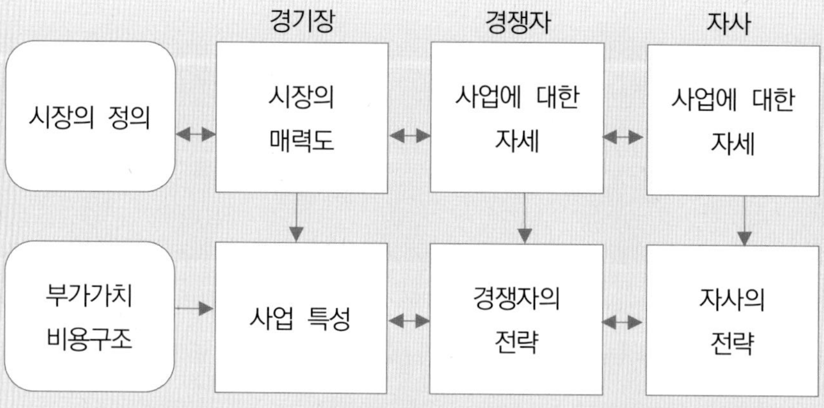

출처: 미타니 고지(2020), 경영전략 논쟁사(김정환 옮김), 메가스터디북스. p.432.

그림 2.2. B3C 프레임워크

가로는 경기장(Battle Circle)·경쟁자(Competitor)·자사(Company) 세 가지로 구성되어 있는데, Kenichi Ohmae의 3C(Customers·Competitors·Company)와 유사하다. 먼저 경기장은 시장의 매력도와 사업 특성을 나타낸다. 그리고 경쟁자는 사업에 대한 경쟁 기업의 자세와 전략, 강점과 약점을 나타내고, 자사는 사업에 대한 우리 기업의 자세와 전략, 강점과 약점을 나타낸다.

세로의 하단은 일반적인 사업 전략을 의미한다. 사업 전략이란 사업에서 승리하기 위한 방법과 관련이 있다. 상단은 기업 전략으로, 사업의 실행 또는 사업에 대한 투자 여부를 결정하기 위한 공간이다. 따라서 경기장 상단은 시장의 매력도를 측정하기 위해 존재한다. 매력도는 시장규모·성장성·수익성 등 세 가지로 평가한다. 이때 성장성은 '제품 수명 주기'를 이용하고, 수익성은 '5 Force 분석'을 사용해 측정한다.

경기장 하단의 사업 특성은 시장이 누구에게 유리한가를 이해하기 위해 존재한다. 예를 들면 규모가 큰 플레이어가 유리한 시장인가 아니면 속도가 빠른 플레이어가 유리한 시장인가 등을 파악하는 것이다. 이를 위해 BCG의 '어드밴티지 매트릭스'나 '경험 곡선' 등을 사용할 수 있다. 이 전 단계에서 진짜 고객, 즉 구매 의사 결정자가 누구이고 그가 바라는 가치는 무엇인지, 그것을 제공하기 위해 업계는 어떤 비용 구조로 되어 있는지 파악하는 것이 전제되어야 한다.

전략 경영의 이해

제3장

3.1 전략 경영과 경영 전략

전략에 대한 정의는 이에 관한 서적 수만큼이나 다양하다는 말이 있다. 하지만 큰 틀에서 보면 어떤 정의든 다른 정의들과 부딪치는 경우가 드물다. 전략 경영(Strategic Management)이라는 용어도 경영 전략(Business Strategy)과 다른 듯 보이지만 결국은 같은 의미라고 할 수 있다. 두 용어 모두 "기업이 급변하는 경영 환경 속에서 기업 목표를 효과적으로 달성하고 고객 가치를 높일 수 있는 경쟁 우위를 획득하기 위해 제한된 자원을 효율적으로 배분하는 의사결정 과정"이라는 측면에서 내용상 차이가 없기 때문이다. 굳이 두 용어를 구분한다면 경영 전략은 사업 선정과 관련된 기업 전략(Corporate Strategy)이나 경쟁 우위의 선택과 관련된 사업부 전략(Business Strategy) 등과 같이 기업이 선택하는 전략 그 자체에 초점을 맞추고 있고, 전략 경영은 경영 전략을 중심으로 전사적 차원에서 계획부터 실행까지의 프로세스에 초점을 맞추고 있다고 할 수 있다. 따라서 전략 경영이란 경영 전략을 조직 시스템 내에서 선정·수행·평가하는 프로세스라고 정의할 수 있다.

경영 전략과 혼용되는 경영 정책이라는 용어도 구분할 필요가 있다. 1970년대 오일 쇼크 이후 기업들이 경영 환경의 변화에 효과적으로 대응하기 위해 경영 전략을 본격적으로 도입하기 전까지 경영 정책이 경영 전략이라는 용어와 같은 역할을 했다. 경영 정책이란 경영자가 정한 경영의 기본 방침이라고 정의할 수 있다. 기본 방침이란 방향 제시를 위한 일정한 목적의 설정과 그 목적을 실현시키기 위한 방법이나 수단의 결정을 의미한다. 기업 목표 달성을 위해 경영 전반을 포괄하는 최종적 의사결정이라는 측면에서 경영 전략과 유사하지만, 경영 정책은 환경 변화를 전제로 하지 않는다는 점에서 경영 전략과 개념상 차이가 있다. 경영 정책은 기업에서 반복적으로 일정하게 발생하는 다양한 활동에 대한 결정 원칙이다. 그리고 환경 변화에 관계없이 항상적(恒常的)인 특성을 가지고 있다. 따라서 경영 정책은 기업의 가치 창출 활동인 판매·조달·생산·인사·재무 등 모든 분야에 걸쳐 일관적이고 통일된 명확한 기본 방침을 의미한다. 예를 들면 "사적 관계를 배제하고 공평과 능력을 우선시 하는 인사 정책" 등과 같이 환경의 변화와 무관하게 적용하는 기업의 기본적인 방침을 경영 정책이라고 할 수 있다.

3.2 경영 전략의 유형

전략이 기업의 어떤 계층 및 수준에서 수립되고 추진되는가에 따라 경영 전략을 크게 기업 전략, 사업부 전략, 기능별 전략으로 구분할 수 있다.

기업 전략은 기업이 종합적인 관점에서 비전과 목표를 제시한 후 그것을 달성하기 위해 사업 영역을 결정하고 자원을 배분하며 조직 구조 등을 설계하는 일련의 활동을 의미한다. 예를 들면 다각화, 인수·합병(M&A), 아웃소싱, 글로벌 경영, 신규 사업 진출 등이 기업 전략에 해당된다.

사업부 전략은 기업이 선택한 각 사업 단위에서 경쟁 우위를 확보하기 위한 구체적이고 실천적인 경쟁 전략을 의미한다. 기업 전략이 사업 영역의 결정과 관련이 있다면, 사업부 전략은 선택된 사업이나 산업 단위별 경쟁 방법과 관련이 있다. 따라서 전략적 사업 단위(Strategic Business Unit)가 많은 기업들은 각 사업 단위별로 상이한 전략을 수립하게 된다.

기능별 전략(Functional Strategy)은 생산·마케팅·인사·재무 등 기업의 주요 기능별로 수립되는 세부 전략을 의미한다. 기능별 전략은 기업이나 사업 단위의 특별한 능력 또는 생산성의 원천을 극대화 시키는 역할을 한다.

3.3 전략적 의사결정 분야

경영 전략은 유형별로 성격이 다르지만 결국은 기업이 전략적 경영을 할 수 있도록 이들 전략이 순차적으로 이루어진다. 즉 경영 환경에 따라 기업이 유리한 사업 영역을 정하고, 이어서 그 사업에서 경쟁 우위를 창출하기 위한 경쟁 방법을 선택한 후 각 기능별로 추진 일정을 결정하는 것이다. 따라서 경영 전략에서의 의사결정은 기업의 일상적 업무가 아닌 기업의 미래가 달린 전략적 분야에 관한 것이다. 그 분야를 다음과 같이 세 가지로 구분해볼 수 있다.[1)]

▪ 사업 영역

사업 영역의 결정은 기업의 전략적 자원 배분과 관련된 주요 의사결정 분야이다. 기업이 자신에게 유리한 사업 영역을 결정하기 위해서는 산업의 매력도 평가, 제품 및 고객 믹스, 판매 지역 및 유통 채널 등에 대한 전략적 선택이 필요하다.

▪ 경쟁 방법

경쟁 방법은 기업이 선택한 사업 영역에서 어떻게 경쟁할 것인가를 결정하는 문제이다. 고객을 위한 가치 명제(Value Proposition)의 설정, 가치 전달을 위한 비즈니스 프로세스의 구축, 핵심 역량에 의한 성장 방식의 선택 등과 같은 의사결정들을 포함한다.

▪ 경쟁 시기 및 속도

시기나 속도는 기업이 동태적인 관점에서 전략 실행의 타이밍, 업무 추진 일정, 실행 속도 등을 결정하는 문제이다. 결국 계획을 행동으로 옮기기 위한 의사결정 문제이기 때문에 기업 전략의 성패에 중대한 영향을 미친다고 할 수 있다.

---

1) 이승주(1999), 경영 전략 실천 매뉴얼, Sigma Insight Group, p.17.

3.4 전략 경영 과정

전략 경영은 경영 전략을 시스템 내에서 선정·실행·평가하는 프로세스를 의미한다. 기업이 좋은 전략을 수립하고 잘 수행하기 위해서는 순차적 과정을 따를 필요가 있다. 전략 경영의 기본적인 프로세스는 크게 환경 분석, 목표 설정, 전략 선정, 전략 실행, 전략 평가로 구분해볼 수 있다.

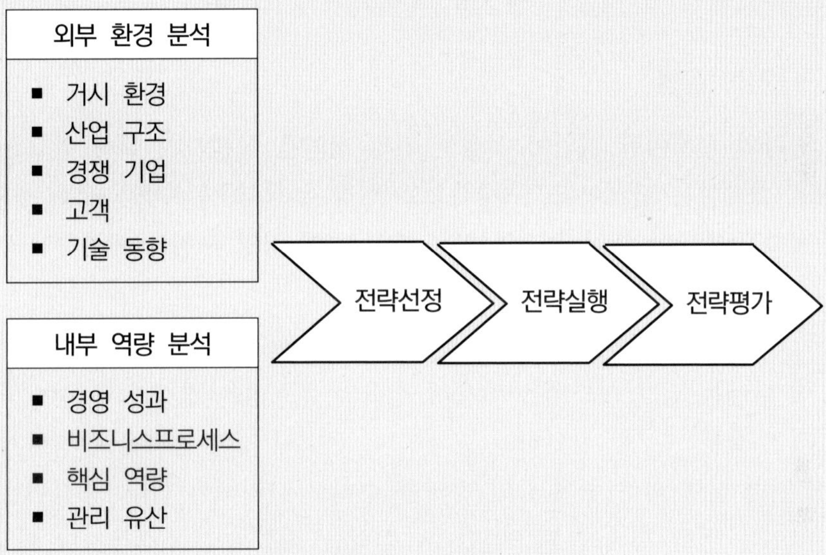

출처: 김길성(2009), 경영전략, 전남대학교출판부, p.28.

그림 3.1. 전략 경영 과정

■ 외부 환경 및 내부 역량 분석

포지셔닝과 케이퍼빌러티 이론에서 살펴본 바와 같이, 기업들은 전략 수립 전에 현상에 대한 객관적인 분석을 위해 외부 환경과 내부 역량을 분석한다. 기업은 외부 환경 분석을 통해 기회 요인과 위협 요인을 분류하고, 내부 역량에 대한 분석을 통해 기업의 강점과 약점을 파악한다.

■ 기업 목표 설정

기업이 올바른 경영 전략을 수립하기 위해 가장 먼저 해야 할 일은 기업 목표를 설정하는 것이다. 목표는 첫 단추를 정확히 끼우는 것과 같이 경영 전략의 방향을 설정하는 데에 중요한 역할을 한다.

■ 전략 선정

기업은 환경을 분석하고 목표를 설정한 후 복수의 전략적 대안들을 도출하게 된다. 그리고 대안별로 예상되는 재무적 효과, 실행상의 난이도, 위험 요소 등을 평가한 후 최적의 전략안을 선정한다.

■ 전략 실행

전략의 실행이란 기업이 선정한 경영 전략을 실행하기 위해 필요한 자원을 배분하는 단계이다. 구체적으로 현장 부서의 세부적인 활동 계획을 준비하고 명확한 책임 소재와 일정 계획 하에 경영 자원을 배분하게 된다.

■ 전략 평가

이 단계는 평가 시스템을 이용해 전략의 유효성을 평가한 후 전략의 지속적인 실행 여부를 판단하는 단계이다. 선정된 경영 전략을 실행하게 되면, 전략 실행 과정 중에 중간 결과를 수시로 관리해야 한다. 중간이든 마지막이든 실행 결과를 피드백한 후 전략을 적절하게 조정하거나 아니면 실행 중인 전략을 중단하고 재선정하게 되는 경우도 발생한다.

3.5 전략 선정: 환경 분석

기업이 전략을 잘 선정하기 위해서는 무엇보다도 환경을 정확하게 분석하는 중요하다. 그 이유는 환경 분석을 통해 전략 수립의 기본 방향을 설정할 수 있기 때문이다. 환경 분석은 크게 외부 환경과 내부 역량으로 구분해 진행된다. 외부 환경 분석의 주요 대상은 일반 거시 환경, 산업 환경, 산업 구조, 경쟁 기업, 고객, 기술 동향 등이다. 여기에서 산업 환경은 산업의 규모·전망·원가 구조·유통 구조·성공요인·수명주기 등을 포함한다. 그리고 내부 역량 분석에는 주로 경영 성과·비즈니스 프로세스·핵심 역량·관리유산 등이 포함된다.

3.5.1. SWOT 분석

환경 분석에 가장 많이 이용되는 방법 중 하나가 SWOT 분석이다. SWOT 분석은 외부 환경의 기회(Opportunities)와 위협(Threats)요인, 기업 내부의 강점(Strengths)과 약점(Weaknesses)을 분석한 후 전략적 대안을 도출하는 방법이다.

내부 역량 / 외부 환경	강점(S)	약점(W)
기회(O)	SO(MAX-MAX) 적극 공세	WO(MIN-MAX) 약점 강화
위협(T)	ST(MAX-MIN) 차별화	WT(MIN-MIN) 방어/철수

그림 3.2. TOWS 매트릭스

SWOT 분석은 1960년대 사용되었던 SOFT 분석에서 발전되었다. SOFT 매트릭스는 Albert Humphrey에 의해 개발되었다. SOFT는 긍정적 요소인 만족(Satisfactory)과 기회(Opportunity), 부정적 요소인 단점(Fault)과 위협(Threat)으로 구분된다. SWOT 매트릭스는 후에 여기에서 축과 내용이 바뀐 것이다. 오늘날에도 SWOT 매트릭스가 환경 분석의 주요 도구로 이용되고 있지만 사실은 외부 환경과 자사 의 강·약점을 정리한 단순한 프레임워크에 불과하다.

1982년 Heinz Weihrich가 SWOT을 응용해 TOWS 매트릭스를 고안하였다. TOWS 매트릭스는 전략 옵션을 만드는 데 더 유용하다. SWOT에서 제기된 기회와 위협에 각각 강점과 약점을 조합하면 아래와 같이 네 개의 전략 옵션이 도출된다. SWOT 매트릭스도 TOWS 매트릭스처럼 전략 옵션 도출에 활용할 수 있다. 기업은 이들 매트릭스를 통해 강점을 최대화하고 약점을 최소화하면서 외부의 기회를 살리고 위협 요인에 대처하는 전략을 수립하는 데 유용한 아이디어를 얻을 수 있다.

- SO 전략

강점을 가지고 기회를 최대한 활용하는 적극 공세 전략

- ST 전략

강점을 활용하면서 위협을 회피하거나 최소화하는 차별화 전략

- WO 전략

약점을 보완하면서 기회를 살리는 약점 강화 전략

- WT 전략

약점을 보완하면서 위협을 회피하거나 최소화하는 방어 또는 철수 전략

3.5.2. 3C 분석

SWOT 분석과 함께 환경 및 경쟁력 분석에 많이 이용되는 도구가 3C 분석이다. Kenichi Ohmae에 의해 개발된 3C 분석은 C로 시작하는 세 개의 요인을 분석하는 비교적 단순한 분석 도구이다. 3C는 고객(Customers)·

경쟁자(Competitors)·자사(Company)를 의미하며 '전략적 트라이앵글'이라고도 불린다.

Ohmae는 1982년에 발간한 'The Mind of the Strategist'에서 기업이 어떤 전략을 입안하든 3C를 고려해야 한다고 주장하였다. 기업들은 이 세 가지 요소들에 대한 분석을 통해 기업 내부와 외부의 핵심적 요소들을 도출하고, 이들에 대한 정보를 기반으로 전략을 수립하게 된다. 하지만 Ohmae는 2000년에 자신의 저서, 'The Invisible Continent: Global Strategy in the New Economy'를 통해 사이버(Cyber)·복합(Multiple)·무경계(Borderless)의 출현으로 이제는 3C가 통용되지 않게 되었다고 설명하기도 했다.

3.6 전략 선정: 전략적 대안 평가

경영 환경에 대한 분석이 끝나면 복수의 전략적 대안을 도출한 후, 이들 가운데서 최적의 전략을 선정하게 된다. 이 때 기존 관행이나 고정 관념에서 벗어나 과감하고 혁신적인 사고, 즉 전략적 사고(Strategic Thinking)를 하는 것이 무엇보다 중요하다.

전략적 사고란 사실에 근거한 논리적 분석을 기반으로 고정 관념을 타파하고 획기적인 아이디어와 통찰을 추구하면서 지속적인 학습과 적용을 통해 개발되는 행동 지향적이고 성과 지향적인 사고방식이라고 할 수 있다. 따라서 전략적 사고란 객관적인 분석 능력과 주관적인 직관력(intuition)의 합성체라고 할 수 있다.[2)]

복수의 전략적 대안들을 도출하고 나면 다음과 같이 대안별로 재무적 기대 효과, 실행상의 난이도, 위험 요소와 같은 객관적 기준들을 평가한 후 최적의 전략안을 선정한다.[3)]

■ 재무적 효과

대안별로 예상되는 수익성이나 현금 흐름을 단기 또는 장기로 구분하여 추정한다.

■ 실행상의 난이도

기업이 전략을 실행하는 데 필요한 자금과 조직 역량 등을 고려하여 평가한다.

■ 위험 요소

예상 위험은 경쟁 기업의 반응과 기술 혁신에 따른 위험 요인들을 예측하여 평가한다. 특히 변동성이 큰 산업의 경우에는 위험 요소가 전략적 대안을 평가하는 데 중요한 기준이 된다.

---

2) Ohmae, K.(1982), *The Mind of the Strategist*, McGraw-Hill, pp.84-87.

3) 이승주, 전게서, p.28.

3.7 전략 실행

전략 대안의 선정, 즉 사업과 그 방향이 결정되고 나면 바로 전략을 실행하기 위한 구체적이고 세부적인 계획이 만들어져야 한다. 전략 자체가 기업의 목적이나 방향을 정하고 이를 달성하기 위해 자원을 배분하는 의사결정이라면, 계획은 개념적인 전략을 현실적으로 실행하기 위한 구체적 활동과 관련이 있다. 그래서 전략 경영이란 전략적 의사결정과 업무상 일상적 활동을 통합하기 위해 조직 구조·조직 문화·관리 시스템 등을 통합적으로 관리하는 경영 활동이라고 할 수 있다.

전략 실행을 위한 계획은 운영 계획과 예산 계획 등 매우 구체적으로 수립된다. 운영 계획은 인사·재무·연구개발·생산·마케팅 등 각 기능별로 구체적인 활동 내용·책임 소재·일정 등을 명시한 세부 계획을 말한다. 예를 들어 마케팅에서 운영 계획은 목표 고객 선정과 리스트 개발, 촉진 활동은 누가 책임을 맡고 언제 진행할 것인지, 목표 시장 점유율 달성을 위한 판촉 활동은 누가 언제 할 것인지 등등 마케팅의 기능별 세부 활동 일정을 구체적으로 결정하게 된다.

예산 계획은 부서별 운영 계획을 효율적으로 실행하기 위한 자금을 뒷받침해주기 위해 예산을 적절하게 배분하는 과정을 의미한다. 이런 측면에서 보면 계획은 전략적 경영 내에서 단기에 이루어지는 기능별·개별 계획으로 전술적 성격이 강하다고 할 수 있다.

3.8 전략 평가

전략 평가는 기업이 전략 선정 및 실행 단계에서 계획했던 목표와 전략 실행 후 발생한 실제 성과 간의 차이를 비교하는 단계이다. 과거에는 성과 평가가 단기적인 재무 평가 중심으로 이루어졌지만, 최근 기업 환경의 다양성을 고려하여 전사 차원에서 장기적 경쟁력 확보를 위한 성과 평가로 발전하였다. 이러한 전략 평가에서 무엇보다 중요하게 여기는 것이 시스템이다. 그 이유는 평가 대상인 사업이나 그 주체인 조직이 하나의 시스템이고, 평가 자체도 시스템의 특징을 지니고 있어야 되기 때문이다. 시스템의 특징이란 조직의 유효성 측면에서 보면, 첫째 시스템의 목적이 명확하고, 둘째 시스템 내에 하위 요소가 존재하며, 셋째 이들 간에 상호작용이 있어야 한다는 점이다. 따라서 평가가 성공적으로 이루어지기 위해서는 시스템적 요소를 고려한 '전략 평가 시스템 프레임워크(Strategy Evaluation System Framework)를 이해할 필요가 있다.

전략 평가 시스템 프레임워크는 다음과 같은 특징 또는 조건들을 가지고 있다. 첫째, 평가 자체는 전략 수립 과정의 마지막 단계이지만 평가 결과가 새로운 전략 수립으로 피드백되기 때문에 계획(Planning)·실행(Doing)·평가(Seeing)로 이어지는 연속 과정으로 이해해야 한다. 따라서 전략 평가는 해당 사업 등에 대한 평가뿐만 아니라 결과의 피드백을 통해 새로운 전략 수립에 필요한 정보를 제공하는 중요한 역할을 하게 된다.

둘째, 전략 평가 시스템은 평가의 여건, 평가의 내용, 평가의 반영이라는 측면을 포함해야 한다. 평가의 여건은 평가에 대한 준비가 되어 있는지, 평가를 하는 데 조직의 특성이 고려되어 있는지 등이 포함된다, 예를 들어 전략 수립의 특징, 권한 위양 정도, 평가제도 유무 등에 따라 평가시스템은 달라질 것이다. 평가의 내용은 평가 대상을 정하는 것으로, 경영 활동에 따라 대상이 달라지고 축소될 수 있다. 평가의 반영은 평가 결과를 어디에 어떻게 반영하는가와 관련된 내용으로, 특히 평가 결과가 인센티브 등에 반영되어 구성원의 동기 부여를 높이는 등 중요한 역할을 하게 된다.

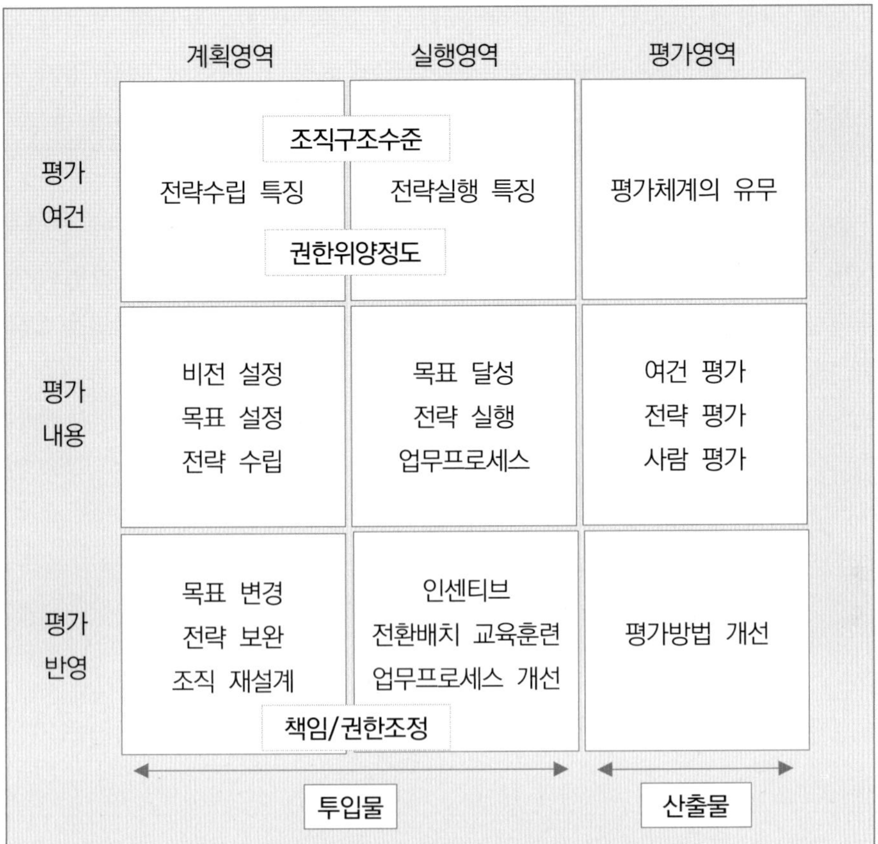

출처: 조동성(1998), 21세기를 위한 전략경영, 서울경제경영, p.601.

그림 3.3. 전략 평가 시스템 프레임워크

셋째, 조직의 계층(Hierarchy)별로 계획·실행·평가 요소를 달리할 필요가 있다. 최고 경영자는 전략에 대한 계획·실행·평가를 책임지고, 중간 관리자는 관리에 대한 계획·실행·평가를 담당하며, 하위 관리자나 기능부서 구성원들은 기능에 대한 계획·실행·평가를 담당해야 한다. 따라서 평가 시스템은 적용 대상이 기업 전체, 사업 단위, 기능 부서까지 전체적으로 연결되어 있다.

넷째, 전략 평가는 전략 실행 후 경영 전반에 대한 평가뿐만 아니라 전략을 실행하는 도중에도 기능별로 계획이 잘 실행되고 있는지 중간 점검이 필요하다. 평가가 전략의 성공과 장기적인 경영 성과 제고에 기여할 수 있도록 전략상 오류를 사전에 예방하거나 혹은 발생된 오류를 조기에 수정할 수 있도록 하는 기능을 갖추는 것도 중요하다. 따라서 전략 평가 시스템은 산출(Output) 중심이 아니라 투입(Input) 요소까지 평가에 반영되어 있다.

결국 전략 평가 시스템이란 경영 환경의 변화 요인을 고려하여 전략의 실행 및 결과를 평가해주고, 전체 조직의 관점에서 장기적으로 기업의 경쟁력을 향상시킬 수 있도록 평가의 여건, 평가의 내용, 평가의 반영을 고려한 평가 시스템이라고 할 수 있다.[4)]

4) 조동성(1998), 21세기를 위한 전략경영, 서울경제경영, pp.599-602.

Ⅲ

환경 분석

외부 환경 분석

제4장

4.1 외부 환경

외부 환경이란 기업이 경영 활동을 하면서 직·간접적으로 직면할 수 있는 거시 환경과 미시 환경을 의미한다. 외부 환경에 속하는 요인들은 개별 기업이 통제하기 어렵다는 공통점을 가지고 있다. 이들 요인은 성격에 따라 기업의 경영 활동에 기회 또는 위협 요인으로 작용하면서 기업의 의사 결정과 경영 성과에 중대한 영향을 미친다. 따라서 기업은 외부 환경 요인을 현재의 상황에서 위협과 기회 요인으로 명확하게 구분하고 미래의 변화까지 예측할 필요가 있다. 결국 경영 전략은 기업들이 외부 환경에 적응하기 위한 수단으로 등장한 것이라고 할 수 있다.

기업들이 외부 환경의 중대성을 실감하게 된 사건은 1929년 10월 24일 '검은 목요일'이라 불리는 미국 주식 시장의 주가 폭락과 함께 시작된 세계 공황이었다. 미국 다우존스 평균 주가는 1/5로 추락했고, GDP는 공황 전의 30%도 채 못 되었다. 이들이 예전 수준으로 회복되기까지 주가는 25년이 걸렸고 GDP는 10년이 걸렸다. 영국도 경제에 큰 타격을 입고 1931년 이후 구 식민지 국가들의 블록 경제화를 추진했지만 부작용만 키웠다. 제1차 세계대전 패전으로 거액의 배상금을 물어야 했던 독일은 미국과 프랑스 자본의 철수로 경제가 파탄나기 시작했고 실업률은 40%를 넘었다. 그 정도로 미국이 세계 경제에 끼친 영향력은 대단했다. 기업의 힘만으로는 어떻게 할 수 없는 외부의 힘이 수많은 기업들의 도산이라는 비극을 초래한 것이다.[1)]

1) 미타니 고지, 전게서. pp.66-67.

4.2 거시 환경

외부 환경 중 거시 환경은 기업이 참여하는 산업의 종류에 관계없이 모든 기업들의 경영 활동에 영향을 줄 수 있는 환경을 의미한다. 거시 환경 요인은 그 종류가 다양하고 내용들이 복잡하기 때문에 제한된 자원을 가진 기업들이 모든 요인들을 체계적으로 분석하기는 어렵다. 따라서 기업들은 자사와 직접 관계가 있거나 또는 기업의 전략 수립에 중대한 영향을 미치는 요인들을 선별하여 정확하게 분석할 필요가 있다.

4.2.1. PEST 분석

일반적으로 거시 환경 분석은 다음과 같이 정치·법적 요인(Political-legal), 경제적 요인(Economic), 사회·문화적 요인(Social-cultural), 기술적 요인(Technological) 등 네 가지 요인들을 분석하기 때문에 'PEST 분석'이라고도 불린다.

■ 정치·법적 요인

정치 체제, 무역 정책, 외교 정책, 재정 정책 그리고 다양한 지원 정책, 법규와 규제, 조세, 민영화 등이 여기에 해당한다.

■ 경제적 요인

경제적 요인은 경제 성장률, 물가 상승률, 실업률, 가처분 소득 수준, 국제수지, 금리, 환율, 에너지 가격 등이 주요 분석 대상이다.

■ 사회·문화적 요인

글로벌 경영에서 그 중요성이 더욱 커지고 있는 사회·문화적 요인에는 인구 통계(출생률·사망률·평균 수명·연령분포·인구분포), 종교, 교육 수준과 문맹률, 소비자의 행동 양식과 라이프 스타일, 환경에 대한 관심 등 다양한 요인들이 있다. 그 중 무엇보다 중요한 요인은 고객이다. 이에 대한 내용은 다음 절에서 살펴보고자 한다.

■ 기술적 요인

ICT와 뉴미디어 등 첨단 기술의 진화, 기술 수명주기의 변화 속도, 특허의 보유 정도, 정부 및 학계의 R&D 예산, 대학과 연구 기관의 숫자, 기술 클러스터 등이 기업 성과에 중대한 영향을 미치는 기술적 요인에 해당된다.

최근 환경에 대한 관심이 높아지면서 생태학적(Ecological) 환경 요인을 추가해서 다섯 가지 영역으로 분류한 'STEEP 분석'도 널리 사용되고 있다. 생태학적 환경 요인에서 주요 고려 사항은 천연자원 소진율, 재활용 비율, 원자재 대체 가능성, 먼지·소음 공해 정도 등이다. 또 환경적(Environmental) 요인과 법적(Legal) 요인을 따로 분류해 여섯 가지 영역으로 세분화한 'PESTEL 분석'이 사용되기도 한다.

4.2.2. 고객

4.2.2.1. 고객의 영향력

거시 환경 요소 가운데 고객은 기업에게 위협과 기회를 직접 제공함으로써 시장에 중대한 영향을 미치기 때문에 기업이 특별한 관심을 기울일 필요가 있다. 예를 들어 고객의 인구 통계적 변화는 많은 기업들에게 새로운 기회를 제공하기도 한다. 1958년부터 매년 80만 명 이상 태어났던 신생아들이 사회에 진출하기 시작했던 1980년대 중반에는 국내 주택난이 가중되면서 신도시 개발과 함께 건축 붐이 일어났었다. 이들이 중년이 되기 시작한 2000년대 이후에는 '보톡스'와 '비아그라'와 같은 상품들이 시장에서 큰 인기를 끌었다. 일본에서도 제2차 세계대전 이후 1947년부터 1949년 사이에 출생했던 '단카이(團塊)' 세대가 은퇴하기 시작하면서 시니어를 대상으로 한 각종 상품들이 인기를 끌기 시작했다. 예를 들면 시니어들이 주요 고객인 여행사의 초고가 해외 일주 크루즈 상품은 일찌감치 매진이 될 정도였다.

고객 또는 소비자의 트렌드나 가치관 등의 변화도 시장 변화에 중대한 영향을 미친다. 소비 행태의 변화를 읽지 못했다가 큰 위험에 봉착했던 기업들도 많다. 대표적인 사례로 미국의 자동차 기업 Big3(포드·GM·Chrysler)를 들 수 있다. 당시 자동차 산업에서 가장 두드러진 외부 환경의 변화는 생산자 중심에서 시작했던 자동차 시장이 소비자 중심으로 이동했고, 유가 상승과 경기 침체로 자동차 소비자의 니즈 및 욕구가 크게 바뀌었다는 점이었다. 이러한 변화를 읽고 적절히 대응했던 토요타나 혼다는 승용차 중심의 포트폴리오를 구축하였다. 반면 Big3는 수익성은 높지만 연료 효율성이 낮은 SUV나 픽업트럭과 같은 라이트(Light) 트럭 중심의 포트폴리오 전략을 유지했다. 소득 수준이 떨어진 미국 소비자들은 고유가 부담을 극복하기 위해 고비용·비효율 차종을 외면하기 시작했고, Big3는 급격한 판매 부진과 함께 최악의 위기에 빠지게 되었다.[2] 그 결과 2009년 Chrysler(이하 크라이슬러)는 Fiat(이하 피아트)에 인수되었고 GM은 파산했다. 포드는 미국 정부의 공적 자금을 지원받고 회생할 수 있었다.

4.2.2.2. 고객의 변화

고객은 시대의 흐름과 함께 변화한다. 기업이 그 변화를 정확히 분석하지 못한다면 적절한 전략의 수립도 불가능해진다. 고객 변화의 좋은 예로 2007년 통계청이 발표한 한국의 '블루슈머(Blue Ocean + Consumer)'를 들 수 있다. 당시 통계청은 사회적 변화를 반영하여 '이동족, 무서워하는 여성, 20대 아침 사양족, 피곤한 직장인, 3050 일하는 엄마, 살찐 한국인'을 블루슈머로 선정하고 유망 산업까지 함께 발표하였다. 그 전까지는 고객의 동태적 변화에 대한 관찰이 거의 없었기 때문에 블루슈머는 고객과 산업을 연계한 좋은 사례라고 할 수 있다.

고객의 변화는 환경의 변화와 함께 계속된다. 글로벌 시장 조사 기업인 유로 모니터 인터내셔널(Euromonitor International)은 향후 시장 변화가 어떤 방향으로 이뤄질지 예측할 수 있는 '2020 글로벌 소비자 트렌드'를 발표했다. 소비자 트렌드는 크게 스마트 인간(Beyond Human), 시선 사냥(Catch Me in Seconds), 자랑스러운 로컬의 글로벌화(Proudly Local, Going Global), 모빌리티 혁명(Frictionless Mobility), 취향 존중 시대(Inclusive for All), 멘탈 웰빙(Minding Myself), 다기능 주택(Multi-functional Homes), 개인 정보 보호의 진화(Private Personalization), 재활용 혁명(Reuse Revolutionaries), 깨끗한 공기와 더 나은 지구(We Want Clean Air Everywhere) 등 열 가지로

2) 박종석(2009), 자동차 Big3의 실패로부터 배우는 교훈, *LGERI 리포트*

이루어져 있다. 이 트렌드에는 소비자 만족을 위한 편의성의 범위가 더욱 강조되면서 기업들을 위한 전략적 시사점도 함께 제시되었다고 할 수 있다.

표 4.1. 한국의 블루슈머

구분	관련 통계	유망 산업
이동족	■ 하루 평균 이동 시간 5분 증가 (1999년 1시간 35분 → 2004년 1시간 40분) ■ 건강을 위한 걷기 5분 증가 (1999년 6분 → 2004년 11분)	▶ 이동형 엔터테인먼트 (무료 신문, DMB, PMP)
무서워하는 여성	■ 강간 68% 증가 (2000년 6982건 → 2005년 1만1727건) ■ 살인 13% 증가 (2000년 964건 → 2005년 1091건)	▶ 싱글 여성들을 위한 안전 상품/서비스 (호신용 충격기, 휴대전화 호신 서비스)
20대 아침 사양족	■ 20대 아침식사 거르는 비율 49.7% (2006년 기준, 370만 8,000명)	▶ 20대가 간편하게 즐길 수 있는 아침식사 대용식 (생식용 두부, 커피전문점 모닝 세트)
피곤한 직장인	■ 피로감 느끼는 취업자 수 3.7% 증가 (1999년 85.4% → 2004년 89.1%)	▶ 직장인 스트레스 지수 낮추는 '휴(休)&탈(脫)스트레스' 상품/서비스 (차 전문점, 스파, 펜션, 댄스 학원)
3050 일하는 엄마	■ 30~50대 여성 취업자 수 16.8% 증가 (2000년 547만명 → 2006년 639만명)	▶ 엄마 주부의 역할 대행 상품/서비스 (에듀시터, 플레이 튜터, 로봇 청소기)
살 찐 한국인	■ 1인당 지방질 공급량 10.6% 증가 (2000년 80.1g → 2005년 88.6g)	▶ 제로 칼로리, 제로 지방 식품 (무칼로리 차, 무지방 우유)

출처: 통계청(2007).

4.2.2.3. 마케팅 4.0

고객은 PEST 요인과 밀접하게 관련되어 있다. 고객이 외부 환경 요소이자 동시에 이들의 영향을 강하게 받기 때문이다. 특히 디지털 기술의 발전 등 기술적 요인은 고객들의 소비 행태 변화에 중대한 영향을 미치고 있다. 과거에는 기업이 제공하던 정보에만 의존했던 고객들이 이제는 제품 관련 정보를 스스로 생산하고 커뮤니티에 공유할 수 있게 되었다. 이러한 변화는 마케팅의 패러다임까지 바꿔가고 있다. Philip Kotler는 이러한 변화를 마케팅 4.0이라고 표현했다.

마케팅 4.0의 가장 큰 특징 중 하나는 인터넷을 통한 연결성(Connectivity)이다. 인터넷이 인간의 삶에 연결성과 투명성을 더 많이 확보해줌으로써 고객과 기업 간에 힘의 극적인 변화를 이끌어냈다. 고객은 이제 더 이상 기업이 주도했던 마케팅 활동의 수동적 수용자가 아니다. 과거에는 소비자들이 브랜드를 선택할 때 광고 등 기업 정보에 의존했지만, 연결성의 시대에는 고객들끼리 주고받는 정보나 평가에 더 많은 신뢰감을 주고 의지한다.[3)]

결국 디지털 기술의 발달로 소비자의 구매 경로 등이 바뀌면서 기업의 마케팅 전략도 변하고 있다. 기존 마케팅은 구매 경로를 주의(Aware)-태도(Attitude)-행동(Act)-반복 행동(Act again)으로 보고, 마케터가 세분화·타기팅·포지셔닝을 위해 제품(Product)·가격(Price)·유통(Place)·촉진(Promotion)의 4P로 구성된 마케팅 믹스 전략을 구축하였다. 하지만 디지털 마케팅은 연결된 마케팅 전략이고, 기업이 고객에게 접근하기 위해서는 커뮤니티의 허락을 받아야 한다. 이를 위해 마케터는 구매 경로를 인지(Aware)-호감(Appeal)-질문(Ask)-행동(Act)-옹호(Advocate)로 재정의 하고, 더 많은 고객들이 참여할 수 있도록 4C, 즉 공동 창조(Co-creation)·통화(Currency)·공동체 활성화(Communal Activation)·대화(Conversation)로 구성된 연결된 마케팅 믹스 전략을 구축할 필요가 있다.[4)]

---

3) Kotler, P., Kartajaya, H., & Setiawan, I.(2017), 필립 코틀러의 마켓 4.0(이진원 옮김), 더 퀘스트, pp.47-64.

4) 상게서, pp.109-120.

4.3 미시 환경

거시 환경과 달리 미시 환경은 특정 산업에 참여하는 기업들에게만 영향을 미치는 환경 요인을 의미한다. 기업들은 산업의 매력도를 측정하는 데에 주로 미시 환경 요인을 이용한다. 대표적인 변수로 산업의 구조적 특성, 산업수명주기, 산업의 규모와 전망, 원가 구조, 유통 구조, 주요 성공 요인 그리고 경쟁 기업 등을 들 수 있다.

4.3.1. 산업 구조

4.3.1.1. 5 Forces Model

미시 환경 요인 가운데 산업 구조는 경쟁 구조에 대한 것으로, 기업이 전략을 수립하기 전에 반드시 분석해야 하는 요소들 가운데 하나이다. 산업 구조 분석을 위한 대표적 도구로 Michael Porter가 제시한 5 Forces Model을 꼽을 수 있다. 이 모델은 전략적 관점에서 산업 내 경쟁 구조에 대한 분석을 통해 산업의 매력도를 평가하는 데에 유용하다. 이 모델에서는 특정 산업 내 경쟁을 기존 경쟁 제품군뿐만 아니라 공급자(Suppliers), 구매자(Buyers), 대체품(Substitutes) 그리고 잠재적 진입자(Potential Entrants)까지 경쟁 범위에 포함시켰다.[5)]

만약 어떤 산업에서 잠재적 진입자가 존재한다면, 기존 기업들은 수익 구조의 악화를 방지하기 위해 미리 가격 인하나 제품 차별화와 같은 진입 장벽을 구축하게 된다. 그만큼 기업의 이익 감소 또는 비용 부담이 발생함으로써 산업의 매력도는 떨어질 수밖에 없다. 또 구매자 입장인 기업보다 상대적 우위에 있는 공급자가 가격 인상 등의 위협을 통해 교섭력을 발휘하거나, 역으로 구매력이 큰 구매자가 가격 인하나 품질 향상을 요구하는

5) Porter, M. E.(1979), How competitive forces shape strategy, *Harvard Business Review*, 57(2), pp.137-145; Porter, M. E.(1985) *Competitive Advantage*, Free Press, p.5; Porter, M. E.(2008), The Five competitive forces that shape strategy, *Harvard Business Review*, 86(1), pp.78-93.

경우 공급자의 입장에 있는 기업은 그 산업에서 수익성이 떨어질 수밖에 없다. 만약 대체품이 가치나 가격 측면에서 더 유리하다면 위협적인 경쟁자가 될 수 있다.

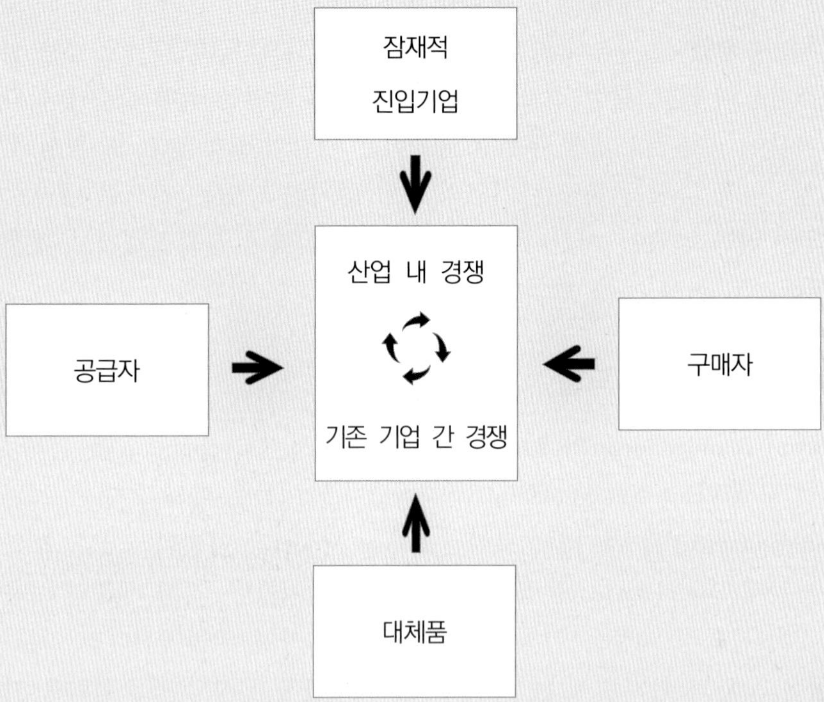

출처: Porter, M. E.(1985) *Competitive Advantage*, Free Press, p.5; Porter, M. E.(2008), The Five competitive forces that shape strategy, *Harvard Business Review*, 86(1), pp.78-93.

그림 4.1. 5 Forces Model

따라서 매력적인 산업 구조는 다음 조건들이 충족되어야 한다. 첫째, 기존 경쟁자의 보복 가능성이 낮아야 한다. 둘째, 안정된 공급선을 확보하고 있어야 한다. 셋째, 시장 진입에 대한 정부의 규제나 규모의 경제 등으로 시장 진입 장벽이 높아야 한다. 넷째, 제품 차별화로 대체품의 위협이 미약해야 한다. 다섯째, 구매자의 브랜드 전환 비용이 높아야 한다. 이와 같은 조건들이 충족되는 경우 그 산업은 매력적이고, 기업은 그 안에서 지속적인 경쟁 우위를 가질 가능성이 커진다.

한편 5 Forces Model과 지속적 경쟁 우위에 의구심을 제기하는 연구들도 있다. Robert Wiggins와 Timothy Ruefli는 미국의 40개 산업의 6,772개 기업을 대상으로 지속적 경쟁 우위를 유지하는 기업이 얼마나 되는지 실증 분석을 수행했다. 지속적 경쟁 우위는 경쟁 기업보다 10년 이상 높은 실적을 조건으로 했다. 분석 결과, 조건을 충족하는 기업은 극히 소수에 불과하고 시간이 흐를수록 경쟁 우위를 유지하는 기간이 짧아졌다. 또 경쟁 우위를 잃었다가 다시 회복하는 기업의 수가 증가하고 있는 것으로 나타났다. 이러한 연구 결과는 시간이 흐를수록 경영 환경이 불확실해지고 경쟁이 치열해지는 현상 등을 반영한 것으로 평가할 수 있다.[6]

4.3.1.2. 밸류 넷 모델

Adam Brandenburger와 Barry Nalebuff는 저서 'Co-opetition'을 통해 '밸류 넷 모델(Value Net Model)'을 소개하였다.[7] 이들은 대체재 대신 '보완자(Complementor)'를 추가함으로써 5 Forces Model과 차별화하였다. 보완자란 보완재(Complement)를 공급하는 업체를 의미한다. 자사 제품만 사용하는 것보다 특정 제품을 함께 사용할 때 제품 가치가 높아진다면 이들 두 제품은 보완적 관계에 있는 것이다. 만약 보완자가 상당한 교섭력을 가지고 가격 인상을 요구한다면 기업의 수익성은 떨어지고 산업의 매력도도 하락할 가능성이 커진다. 기업은 밸류 넷 모델을 통해 비즈니스의 주요 참가자들의 행동을 더 정확하게 예측할 수 있기 때문에 산업의 매력도 평가뿐만 아니라 새로운 시장 기회를 발견하기 위한 전략적 의사결정을 하는 데에 도움을 받을 수 있다.

5 Forces Model이 경쟁 관계를 중시한다면, 밸류 넷 모델은 산업 내 모든 참가자들의 가치를 높일 수 있도록 협력과 경쟁 관계(Co-opetition:

---

6) Wiggins, R. R. & Ruefli, W. T.(2002), Sustained Competitive Advantage: Temporal Dynamics and the Incidence and Persistence of Superior Economic Performance, *Organization Science*, 13(1), pp.82-105.

7) Brandenburger, A. M. & Nalebuff B. J.(1997), *Co-opetition*, Profile Books.

Competition+Cooperation)를 함께 고려하고 있다. 예를 들어 기업이 고객뿐만 아니라 수직 차원의 대칭 관계에 있는 공급업체의 의견도 경청하고, 수평 차원에 있는 경쟁업체와 보완자를 고려해 전략을 수립할 수 있는 구조라면 모두의 가치가 높아지면서 산업 매력도도 높아질 것이다. 특히 경쟁업체와 상호 이익이 되는 파트너십을 형성할 수 있다면 그 산업의 매력도는 더욱 높아질 것이다. 이런 사례는 자동차 업계에서 쉽게 찾아볼 수 있다. 1991년 포드와 Folksvagen(이하 폭스바겐)이 협력하여 폭스바겐 Sharan과 포드 Galaxy 등에 사용된 단일 차체를 생산했다. 비록 이들 차종은 훗날 시장에서 서로 경쟁하게 되지만, 두 회사는 서로의 디자인과 기술 등 전문 지식을 교류함으로써 이익을 얻었을 뿐만 아니라 생산 비용을 절감할 수 있었다.

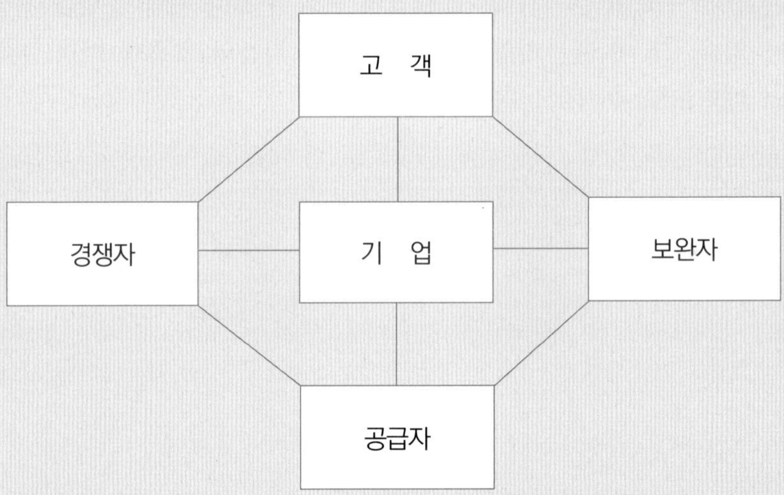

출처: Brandenburger, A. M. & Nalebuff B. J.(1997), *Co-opetition*, Profile Books.

그림 4.2. 밸류 넷 모델

한편 밸류 넷 모델은 주요 참가자들 간의 대칭을 강조하는 데에 사용될 수 있다. 고객과 공급업체는 수직적 차원에 위치해 있다. 원자재나 노동력이 공급업체에서 기업으로 유입되고, 고객에게 전달되기 전에 제품 및 서비스로 전환된다. 따라서 기업의 입장에서 공급자와 고객은 모두 중요하다. 하지만 많은 기업들이 고객의 의견 청취가 중요하다는 것은 이해하지만 공급업체의 의견 청취에 대한 가치는 간과해버린다. 경쟁업체와 보완자 간의 수평 차원도 마찬가지다. 기업은 종종 경쟁업체의 업무만을 중심으로 해서 전략을 수립한다. 그러다보면 잠재적 보완업체와 연결할 수 있는 기회를 놓치게 된다. 기업은 이러한 대칭의 불균형을 개선함으로써 시장 기회를 더욱 확대할 수 있게 된다.

4.3.2. 산업수명주기

산업 구조 분석은 경쟁 요소에 대한 분석을 통해 기업이 시장 진입 여부를 결정하고 경영 전략을 수립하는 데에 중대한 영향을 미친다. 하지만 5 Forces Model과 같은 분석 기법은 특정 시점의 정태적 분석이기 때문에 시간의 흐름에 따른 동태적 분석이 불가능하다. 따라서 전략을 추진하는 기업은 산업 구조의 분석과 함께 산업의 변화 추세나 기술 동향을 분석할 필요가 있다. 그 이유는 기업의 경쟁 상황이 시간의 흐름에 따라 변하고 산업의 매력도도 수시로 바뀌기 때문이다.

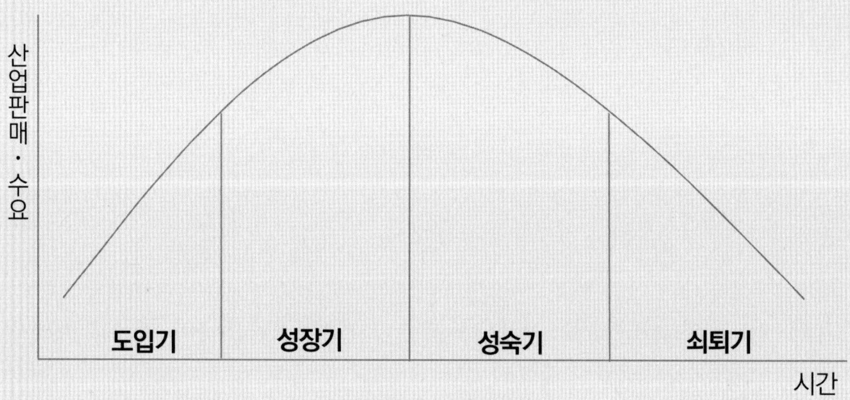

경쟁	소수 경쟁, 기술	신규 진입/합병	표준화, 가격 경쟁	가격 전쟁, 철수
기술	신속한 제품 혁신	제품/공정 혁신	점진적 혁신	보편화

출처: Grant, R. M.(2018), *Contemporary Strategy Analysis(10th)*, WILEY, pp.191-196.

그림 4.3. 산업수명주기

산업의 동태적 흐름을 효과적으로 분석할 수 있는 방법 중 하나가 '산업수명주기(Industry Life Cycle)' 분석이다. 산업도 제품의 수명주기처럼 일정한 진화 과정을 겪는다. 산업이 초반의 도입기(Introduction)를 지나면 수요가 급증하는 성장기(Growth)에 이르게 되고, 이후 산업의 성장은 성숙기(Maturity)를 거쳐 수요가 급감하는 쇠퇴기(Decline)를 맞이하게 된다. 산업이 성장하면서 수요는 고소득층 중심에서 점차 대중화되기 시작하고, 경쟁상태는 신규 업체들의 진입이 확산되면서 더욱 치열해진다. 이때 경쟁력이 없는 기업이나 제품이 도태되면서 궁극적으로 산업의 재편이 이루어지게 된다.

산업수명주기는 각 단계별로 기업에게 새로운 전략적 기회를 제공한다. 먼저 도입기에는 기업들이 기술 선도, 산업표준의 주도, 전략적 자산의 선점, 미래 유망 사업에 대한 옵션 구축과 같은 전략들을 추진할 수 있다. 성장기에는 제품 라인을 정교화하거나 확대하는 전략, 그리고 성숙기에는 제품/고객 믹스의 합리화나 해외 시장 진출 등을 고려할 수 있다. 마지막 쇠퇴기에는 인수·합병을 통한 산업 구조 조정, 틈새시장의 이동, 철수 등을 통한 경영 자원의 재배치를 통해 새로운 전략적 기회를 창출할 수 있다.

그러나 전략의 선택은 산업 내에서 기업의 경쟁적 위치가 어디에 있는가에 따라 달라질 수 있다. 경영 컨설팅업체인 Arthur D. Little은 내부 역량 요인에 해당하는 기업의 경쟁적 위치와 미시 환경 요인인 시장의 수명주기 단계를 이용하여 '수명주기 포트폴리오 매트릭스'를 개발하였으며, 기업의 경쟁적 위치를 다음과 같이 여섯 단계로 구분하였다.

- 지배적 위치(Dominant)
- 강한 위치(Strong)
- 양호한 위치(Favorable)
- 방어가능 위치(Tenable)
- 약한 위치(Weak)
- 생존 불능 위치(Nonviable)

기업의 경쟁적 위치가 지배적 위치로 올라갈수록 기업들은 수명주기 단계별로 다양한 전략의 선택이 가능하지만, 생존 불능으로 내려가는 기업들은 위험 상태가 확대되면서 틈새시장 개발이나 철수 외에 달리 선택의 여지가 없게 된다.

4.3.3. 경쟁 기업

경쟁 기업은 외부 환경 요인 가운데 기업의 경영 활동에 직접 영향을 주는 중대 요인이다. 따라서 기업은 자신의 핵심 역량을 극대화할 수 있는 경쟁 전략을 수립하기 위해 경쟁 기업이 누구인가를 먼저 명확하게 정의해야 한다. 현재와 미래의 경쟁 기업을 정의한 후, 기업은 경쟁 기업 분석을 위해 필요한 경쟁자 정보를 획득한다. 일반적으로 경쟁 기업의 주요 정보는 경쟁 기업 내부에서 보안으로 취급하기 때문에 필요와 목적에 따라 적절한 정보원(Source)을 찾는 노력이 필요하다.

4.3.3.1. 빙산 모델

경쟁 기업에 대한 분석에서 주로 사용되는 정보는 기본적인 사업 구조, 주요 제품, 조직 구조, 경영 성과, 전략과 목표, 강점 및 약점 등이다. 이와 같은 경쟁자 정보는 '빙산 모델(Iceberg Model)'을 통해 더 많이 더 체계적으로 분석이 가능하다. 빙산이 보이는 부분과 보이지 않는 부분이 서로 연결되어 있는 것처럼, 빙산 모델도 가시적 부분과 비가시적 부분 간의 인과관계를 분석하는 데에 이용된다. 일반적으로 경쟁자의 경영 성과, 마케팅 전략, 사업 영역 등은 수면 위에 드러나는 가시적 요소에 포함되고, 경쟁 우위 원천인 기업 자원과 역량, 전략과 조직 등은 비가시적 요소에 포함된다.

4.3.3.2. 전략 집단

경쟁 기업을 분석할 때는 '전략 집단(Strategic Group)'이라는 개념의 이해와 적용이 필요가 있다. 전략 집단은 특정 산업 내의 모든 경쟁 기업들 가운데 제품을 비롯해 시장의 유통망이나 기술 수준 등의 측면에서 동일 또는 유사 전략을 추구하는 기업들의 집단을 의미한다.[8] 전략 집단을 이용한 경쟁 기업 분석은 특정 산업 내의 기업들이 동질적인 산업 구조를 반영하여 동일한 전략을 구사하게 된다면 기업 능력상 차이를 제외하고는 거의 동일한 성과를 거두게 될 것이라는 비현실적 가설에 대한 비판적 시각이라고 할 수 있다. 실제로 동일한 산업에 속한 기업들이 동일 또는 유사 전략을 추진한다고 해도 대부분 성과는 다르게 나타난다. 따라서 산업 내에 제품·조직·기술·시장·재무 등의 특성에서 유사한 기업끼리 경쟁하게 되는 이질적 전략 집단이 존재하게 된다.

동일 집단에 포함되는 기업들은 상호 경쟁 관계 속에서 유사한 경쟁 전략을 구사하게 된다. 만약 산업 내 모든 기업들이 유사 또는 동일한 전략을 추구한다면 단 하나의 전략 집단이 존재하는 것이고, 각각 다른 전략을 추구한다면 개별 기업 하나하나가 별개의 전략 집단이 될 것이다. 하지만 산업 내에는 기본적인 전략상의 차이로 복수의 전략 집단들이 존재한다. 예를 들면 국내 화장품 시장은 크게 글로벌 브랜드, 대기업 브랜드, 중견 브랜드, 저가 브랜드의 네 개 전략 집단으로 구분할 수 있다. Loreal(이하 로레알)이나 Shiseido(이하 시세이도) 등 글로벌 브랜드는 고가 제품을 대상으로 면세점이나 백화점 판매를 고수한다. 아모레퍼시픽과 같은 국내 대기업 브랜드는 고가부터 저가까지 다양한 제품을 가지고 백화점뿐만 아니라 방문 판매 등 다양한 유통 채널을 활용한다. 김정문알로에나 코리아나 등 중견 브랜드들은 중고가 제품을 가지고 방문 판매 중심의 유통 전략을 취한다. 미샤와 더페이스샵 등 저가 브랜드는 브랜드숍 판매 전략을 취하고 있다. 하지만 디지털 마케팅 시대에 맞게 화장품 산업 내 모든 브랜드들이 최근 온라인 쇼핑몰 판매 비중을 높이고 있다는 공통점도 있다.

전략 집단 간에는 주요 고객이나 제품 차별화 등에 의한 '이동 장벽(Mobility Barrier)'이 존재한다.[9] 일반적으로 전략 집단은 이동 장벽으로 인해 지속성을 가지게 된다. 하지만 집단 간에 이동이 전혀 없는 것은 아니다. 디지털 기술 등에 의한 산업 환경의 급격한 변화로 이론에 반하는

---

8) Caves, R. E. & Porter, M. E.(1977), From Entry Barriers to Mobility Barriers: Conjectural Decision and Contrived Deterrence to New Competition, *Quarterly Journal of Economics,* 91, pp.241-262; McGee J. & Thomas H.(1986), Strategic Groups: Theory, Research and Taxonomy, *Strategic Management Journal,* 7, pp.141-160.

9) Porter, M. E.(1985), *op. cit.*, p.132.

이동이 발생하기도 한다. 예를 들면 은행업의 전략 집단은 크게 외국은행·시중은행·지방은행·특수은행 등으로 구분할 수 있다. 여기에 카카오뱅크와 같은 온라인 전문 은행이 등장하였다. 카카오뱅크는 모든 고객들을 대상으로 동일한 금융 상품을 취급하기 때문에 일반 은행과 같은 집단이지만, 영업 방식 등에서 기존 은행들과 큰 차이가 있기 때문에 다른 전략 집단으로 구분해야 한다. 하지만 일반 은행들도 디지털 기술에 의한 소비자의 편리성 추구라는 니즈를 충족시키기 위해 온라인 뱅킹 비중을 확대함으로써 결국 전략 집단 간의 이동 장벽이 모호해지는 경우가 발생하게 된다.

이동 장벽이 모호해지는 현상은 블루오션 전략과 같은 이론으로 설명이 가능하다. W. Chan Kim과 Renee Mauborgne은 전략 집단에 대한 분석을 통해 새로운 시장 영역을 발견할 수 있다고 제안하였다.[10] 결국 새로운 시장으로 기존 집단들이 이동하면서 새로운 전략 집단이 만들어진다고 할 수 있다.

4.3.3.3. 전략 집단도

'전략 집단도(Strategic Group Map)'란 동일 산업 내 기업들을 대상으로 주요 전략적 변수를 측정한 다음, 그 크기에 따라 기업들을 몇 개의 전략 집단으로 분류하는 그림을 의미한다. 전략 집단도는 이질적 전략 집단의 효과적인 구분뿐만 아니라 개별 기업에게 유효한 전략적 시사점을 제공해 주는 역할을 한다.

전략 집단도를 작성할 때 가장 중요한 과정은 산업 내 기업들을 전략적으로 가장 잘 구분할 수 있는 두 개의 변수를 선정하는 것이다. 전략 집단도의 가로축과 세로축에 사용되는 변수들은 전략 집단 간 이동 장벽을 명확하게 나타낼 수 있는 전략 변수를 사용하는 것이 좋다. 전략 집단도는 집단 간 경쟁 강도나 시장 점유율 등에 영향을 줄뿐만 아니라 경쟁 기업들의 전략적 변화에 따른 집단 이동 또는 새로운 집단 형성 등 동태적 변화까지도 분석이 가능하다.

---

10) Kim, W. C. and Mauborgne, R.(1999), Creating New Market Space, *Harvard Business Review*, January/February, pp.83-93.

그림 4.4.는 위에서 사례로 제시했던 국내 화장품 시장을 대상으로 작성된 전략 집단도이다. 가격과 유통 경로를 기준으로 화장품 브랜드를 네 개의 전략 집단으로 구분하였다.

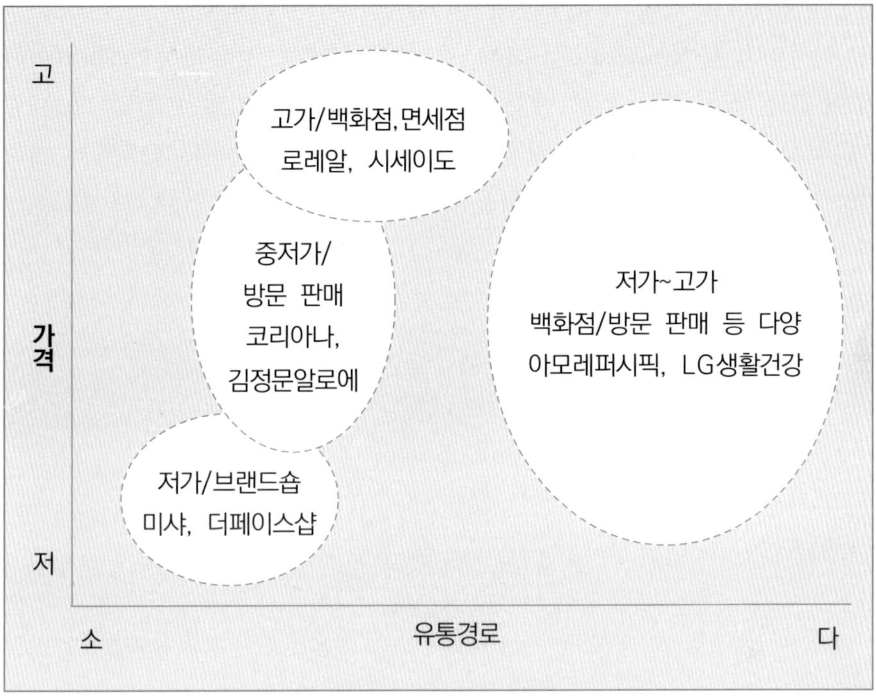

그림 4.4. 전략 집단도

4.4 시나리오 분석 방법

산업 분석을 할 때 환경적 요인의 불확실성이 클 경우에는 과거 추세의 연장선상에서 미래를 예측하는 단순 예측 기법은 한계를 가질 수밖에 없다. 시나리오 분석(Scenario Analysis)은 1970년대 초 정유회사인 Shell(이하 쉘)이 도입했던 거시 환경 예측 기법이다. 이 분석 기법은 환경 요인 중 불확실성이 크고 이해 관계자의 관심도가 높은 요인들을 고려해서 예측 가능한 복수의 미래 시나리오들을 도출하는 기법이다.

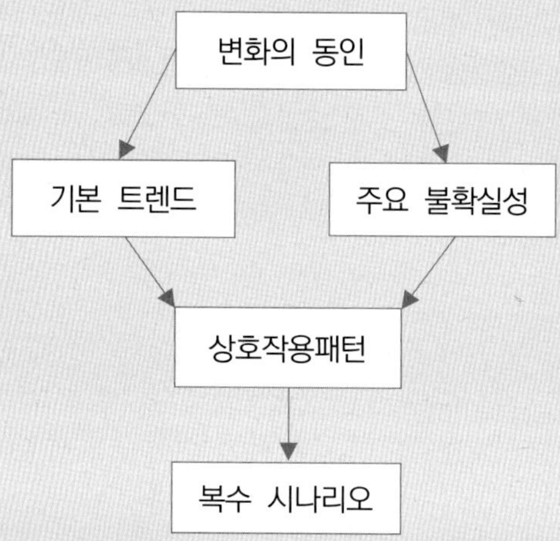

출처: Schoemaker P.(1995), Scenario Planning: A Tool for Strategic Thinking, *Sloan Management Review*, 36(2), pp.25-40.

그림 4.5. 시나리오 도출 과정

시나리오의 도출은 다음과 같은 과정을 통해 이루어진다. 첫째, 외부 환경의 기본 트렌드와 주요 불확실성의 요인들을 파악한다. 둘째, 기본 트렌드와 주요 불확실성에 영향을 미치는 '변화의 동인(Drivers of Change)'을 파악한다. 셋째, 변화 동인이 산업 환경에 영향을 미칠 수 있는 가능성을 예측한다. 이때 변화 동인은 영향력과 불확실성으로 구분하여 측정한다.

항만 산업의 예를 들어 보면, 선박 대형화가 기본 트렌드에 해당하고 선사의 항로 변경이 주요 불확실성에 포함된다. 이 때 변화 동인으로 글로벌 선사들의 전략적 제휴를 들 수 있다. 넷째, 기본 트렌드·주요 불확실성·변화 동인 간의 상호 작용 패턴을 분석한다. 다섯째, 예상되는 결과 중 가능성이 높거나 관심이 있는 시나리오를 두 개에서 네 개 정도 복수로 도출한다. 이때 시나리오들은 각각 차별성을 지녀야 한다. 너무 많은 시나리오를 도출하게 되면 분석이 정교할 수는 있지만 유의성이 떨어지게 된다. 여섯째, 각각의 시나리오들과 기업 간의 관계를 분석한다. 일곱째, 각 시나리오의 발생 가능성을 보여주는 표징들을 찾아낸다. 마지막으로, 각 시나리오의 발생에 대비하여 구체적인 계획들을 마련한다.

자동차 산업의 경우, 예측 가능한 시나리오의 도출 과정을 다음과 같이 가정할 수 있다. 먼저 주요 변화 동인들을 추출해야 하는데 세계 경제의 글로벌화 추세, 소비자의 기호 변화, 세계 경기 전망, 유가 변화 등을 주요 동인으로 고려할 수 있다. 그리고 각 동인의 영향력과 불확실성을 측정한 후, 다음과 같이 세 개의 시나리오를 도출한다.

- 시나리오 1

글로벌화의 촉진, 세계 경기의 상승세, 소비자 기호의 대형화, 유가의 하락세로 글로벌 자동차 기업의 시장 지배력이 강화할 것으로 예측

- 시나리오 2

글로벌화의 지체, 세계 경기의 하락세, 소비자 기호의 다양화, 유가의 상승세로 글로벌 자동차 기업의 경영이 악화될 것으로 예측

- 시나리오 3

글로벌화와 지역화의 동시 진행, 소비자 기호의 복잡화, 세계 경기의 불확실화 등으로 글로벌 자동차 기업과 소규모의 특화 모델 생산 기업이 공존할 것으로 예측

제5장 내부 역량 분석

5.1 내부 역량

내부 역량이란 기업이 보유하고 있는 인적·물적 자원과 무형적 문화 자산 등을 총칭하며, SWOT 분석 등에서 기업의 강점 및 약점을 파악할 수 있는 근거가 된다. 강점은 고객 니즈를 충족시킴으로써 기업에게 이익을 가져다주는 원천이고, 약점은 전략의 원활한 추진을 저해하는 내부적 한계점을 말한다. 기업은 이러한 강점을 활용하고 약점을 보완한 경영 전략을 수립함으로써 시장 기회를 잡고 경쟁 우위를 선점하기 위해 내부 역량 분석을 수행한다.

내부 역량 분석이란 기업이 외부 환경 분석을 통해 파악한 사업 기회를 성공적으로 실행하기 위해 기업 내의 다양한 내부 자원과 능력 등을 객관적으로 분석하는 과정을 의미한다. 내부 역량 분석은 기업의 전사적인 경영 전략 수립뿐만 아니라 기업의 규모와 사업의 다양성 등을 고려해서 분석 단위를 더 세분화해서 적용할 수 있다. 외부 환경 분석을 통해 기업에게 유리한 기회를 포착할 수 있는 전략을 수립한다 하더라도 내부 역량이 이를 뒷받침해주지 못한다면 소용없는 일이다. 따라서 내부 역량 분석에는 경쟁성과·핵심 역량·관리유산 등 기업의 역량을 평가할 수 있는 주요 요인들이 포함된다.

경쟁성과는 기업의 경영 활동에 의해 발생한 영업성과로서 기업 중심 성과와 고객 중심 성과로 구분할 수 있다. 핵심 역량은 경쟁 기업이 쉽게 모방할 수 없는 차별적 내부 역량을 의미한다. 관리유산은 공장과 설비 등 물질적 유산과 기업 비전이나 리더십 등 무형적 문화유산을 의미한다. 특히, 무형적 문화유산은 긴 시간을 두고 형성되는 누적적 성격을 가지고 있다. 이들에 대한 내용은 다음 절에서 구체적으로 설명하고자 한다.

5.2 기업 중심 경쟁성과

경쟁성과는 기업의 경영 전략 실행에 따른 영업성과를 의미한다. 영업성과 중 기업 중심 성과를 평가할 때는 재무상태표·포괄손익계산서·현금흐름표·자본변동표 등 재무제표에 대한 분석을 활용하는 것이 일반적이다. 또 이들 자료를 활용해 투자수익률·부가가치·현금부가가치 등과 같은 재무적 성과 지표나 시장 점유율 등도 분석에 포함시킨다.

5.2.1. 투자수익률

'투자수익률(Return on Invested Capital)'은 운전 자본과 고정 자산으로 구성된 투하 자본 대비 이익을 나타내는 수익성 지표를 의미한다.

- 투자수익률(ROIC)=세후 영업 이익(NOPAT)÷투하 자본(IC)
  - NOPAT: Net Operating Profit After Tax

5.2.2. 부가가치

'부가가치(Economic Value Added)'는 기업 가치와 상관관계가 가장 높은 지표로서 기업의 투자나 구조 조정 등 전략적 행동을 판단을 하는데 유용하다. 기업이 특정 기간 고유의 영업 활동을 통해 창출한 순가치의 증가분을 의미하는 부가가치는 세후 영업 이익에서 자본 비용을 뺀 값이다. 여기에서 자본 비용은 '가중 평균 자본 비용(WACC: Weighted Average Cost of Capital)', 즉 외부 채권자로부터 차입한 타인 자본의 비용과 주주가 납입한 자기 자본의 비용을 합한 금액이다. 세후 영업 이익과 가중 평균 자본 비용을 투하 자본으로 나누면 각각 투자 수익률과 가중 평균 자본 비용률이 된다.

- 부가가치(EVA)=세후 영업 이익(NOPAT)-자본 비용(WACC)
  =(세후 영업 이익/투하 자본-가중 평균 자본 비용/투하 자본)×투하 자본
  =(투자수익률-가중 평균 자본 비용률)×투하 자본

5.2.3. 현금부가가치

부가가치에 의한 성과 평가는 단기적 성과 중심이기 때문에 연구개발이나 지식 자산 축적 등을 외면한다는 단점이 있다. '현금부가가치(Cash Value Added: 이하 CVA)'는 부가가치의 단점을 보완하기 위해 장기적인 관점에서 기업가치 제고를 위한 성과 평가로 도입되었다. CVA는 기업의 영업 활동에 따른 금액 기준의 실질적인 부가가치로 현금흐름에 중점을 두고 자본 비용을 고려한다는 한다는 점에서 부가가치와 유사하다. CVA는 감가상각 누계액을 고려함으로써 자산의 노후화에 따른 수익률 왜곡을 방지할 수 있기 때문에 부가가치의 단점을 보완할 수 있다. 하지만 개념이 복잡하고 실제 적용이 쉽지 않다는 단점이 있다.[1)]

- 현금부가가치(CVA)=초과 자본 현금이익률(CFROI Spread)×IC
  =(현금흐름 투자수익률(CFROI)-자본 비용(WACC)×IC

5.2.4. 시장 점유율

시장 점유율(Market Share)이란 기업이 특정 시장에서 일정 기간 동안 달성한 상대적 매출 성과를 의미하며, 특정 제품의 판매량이 업계 총 판매량에서 차지하는 비율로 표시한다. 기업은 새로운 고객을 유인할 수 있는 신제품이나 신기술을 제공하고, 고객 충성도를 강화하며, 유능한 인재들을 고용함으로써 시장 점유율을 늘릴 수 있다. 따라서 시장 점유율은 특정 산업에서 집중도를 나타내는 지표 외에 기업의 강점과 약점을 나타내는 경쟁력의 척도로서 사용된다.

기업들은 '시장 점유율 지도(Market Share Map)'를 통해 세분 시장의 크기뿐만 아니라 자사의 상대적 위치를 쉽게 파악할 수 있다. 시장 점유율 지도는 특정 산업 또는 시장 내에서 자사와 경쟁 기업들의 시장 점유율을 세분 시장별로 표시한 차트이다. 시장 점유율은 기업이 시장을 경쟁사와 구분하는 경계로 정의하지 않는다면 사실 무의미한 숫자에 불과하다. 기업이 그 경계를 경쟁 기업의 시장 쪽으로 이동시키되 경쟁 기업이 동일한 기능을 수행하지 못하도록 전략을 수립하는 데에 시장 점유율 분석의 의미가 있다.

---

1) 김동철·서영우(2008), 경영전략 수립 방법론, 시그마인사이트컴.

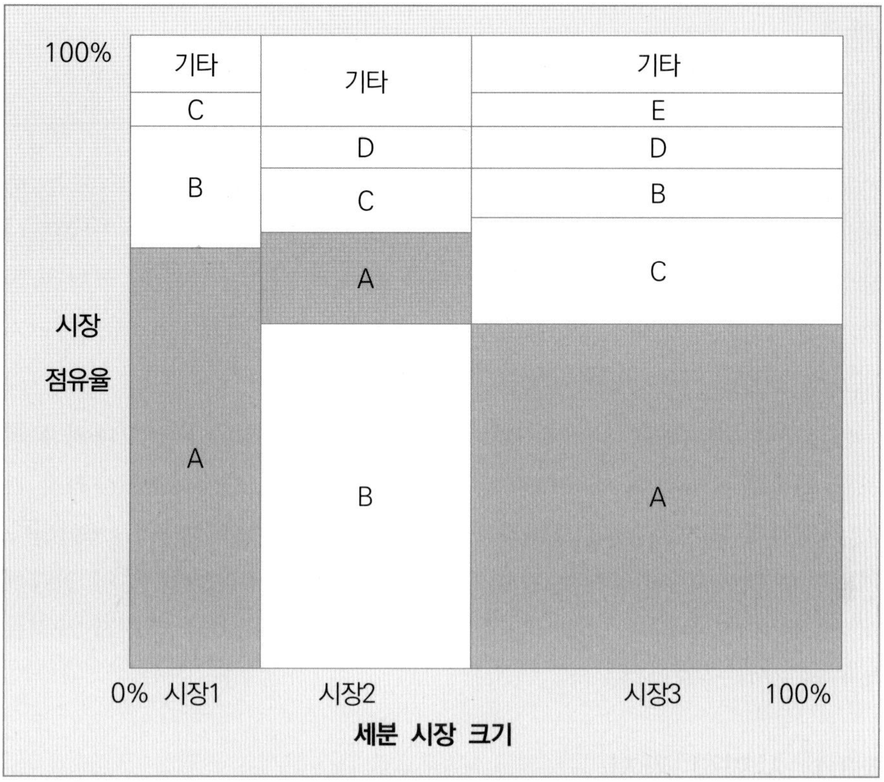

그림 5.1. 시장 점유율 지도

5.3 고객 중심 경쟁성과

고객 중심 경쟁성과란 기업이나 제품에 대한 소비자의 만족도 또는 충성도와 같은 고객 평가를 의미한다. 일반적으로 소비자의 높은 만족도나 충성도는 기업의 마케팅 성과, 특히 브랜드 가치 제고에 중대한 역할을 한다. 그리고 높은 가치를 지닌 브랜드는 소비자들에게 사랑받는 러브마크가 되면서 기업의 주요 경쟁력으로 작용한다.

언론사나 관련 단체 등에서 발표하는 소비자 만족도나 브랜드파워 등의 조사 항목에는 제품의 가격이나 품질과 같은 기능적 가치 외에 사회적 가치나 정서적 가치와 같이 소비자들이 평가하는 비기능적 가치도 포함된다. 기업이 브랜드 충성도와 같은 고객 중심 성과를 높이고 이를 경영 전략에서 장점으로 활용하기 위해서는 무엇보다도 사회적 가치와 정서적 가치를 높이는 것이 중요하다.

5.3.1. 사회적 가치

사회적 가치는 소비자들이 브랜드를 평가하고 구매를 결정하는 데 매우 중요한 역할을 한다. 만약 기업이 사회적 책임을 다하는 기업 이미지를 가지고 있다면, 기업은 그것을 강력한 경쟁 우위로 활용할 수 있다. 사회적 가치는 기업의 사회적 책임(Corporate Social Responsibility: 이하 CSR)과 공유가치 창출(Creating Shared Value: 이하 CSV)로 설명할 수 있다.

5.3.1.1. 기업의 사회적 책임

1953년 Howard Bowen에 의해 이론적으로 정의된 CSR은 기업이 생산과 영업 활동을 하면서 지역을 포함한 사회 전체의 이익을 동시에 추구하기 위해 환경 보호·윤리경영·사회 공헌 등의 활동을 수행하는 것을 의미한다. CSR은 오늘날 기업의 윤리성과 지속가능성의 측정 기준인 ESG (Environmental, Social, and Governance) 경영의 기반이 되었다고 할 수 있다. 대표적인 CSR로 다음 사례들을 들 수 있다.

■ 현대자동차

현대자동차는 1988년부터 'Hope On Wheels'라는 기부 프로젝트를 통해 CSR을 실천하고 있다. 미국에서 소아암 연구와 치료를 후원하기 위해 자동차 한 대를 판매할 때마다 14달러씩 기부하는 프로젝트이며, 마련된 기금으로 소아암연구센터도 운영하고 있다.

■ Starbucks

Starbucks(이하 스타벅스)는 친환경 원두 재배 농가를 지원하기 위해 커피 농가를 대상으로 신용 지원을 하고 있으며, 커피 원산지 내 사회시설 설립에도 투자를 하고 있다. 또 제3자 인증의 윤리 구매 프로그램인 'C.A.F.E Practice'를 통해 공정무역 인증 커피인 '에스티마 블랜드'를 구매한다. 국내에서는 친환경 커피 퇴비를 국내 농가에 무상으로 지원하는 활동도 하고 있다.

5.3.1.2. 공유가치 창출

2011년 Michael Porter에 의해 소개된 CSV란 기업의 경영 활동 자체가 사회적 가치를 창출하면서 동시에 기업의 경제적 수익을 추구할 수 있는 방향으로 이루어지는 것을 의미한다.[2] 기업이 수익을 창출한 이후에 사회공헌 활동을 하는 CSR의 한계점을 보완한 개념이라고 할 수 있다. 대표적인 CSV로 다음 사례들을 들 수 있다.

■ Nestle

Nestle(이하 네슬레)는 코트디부아르에서 코코아를 생산하고 인도에서 우유를 제조하는 과정에서 자사가 보유한 신품종을 보급하고 농업과 가공기술 등을 현지 농부들에게 전해 주었다. 이러한 CSV 활동을 통해 현지 농부들의 수입이 약 300% 증가하였고 네슬레도 양질의 원료를 확보할 수 있었다.

2) Porter, M. E. and Kramer, M. R.(2011), Creating Shared Value, *Harvard Business Review,* January, pp.62-77.

■ CJ 대한통운

CJ 대한통운은 택배 차량이 아파트 단지에 도착하면 노인들이 전동 카트를 이용해 단지 내를 배달하는 실버 택배 사업을 통해 CSV를 실천하고 있다. 실버 택배 사업은 노인 일자리 창출뿐만 아니라 배송비 부담 경감으로 기업에게도 이익을 가져다주는 결과를 가져왔다.

■ Walmart

Walmart(이하 월마트)는 폐기물을 줄이기 위한 포장재 개발로 환경 보호뿐만 아니라 34억 달러의 비용을 절감할 수 있었다. 또 물류 효율화를 통해 화물 트럭의 주행 거리를 단축시킴으로써 연료비를 절감하는 효과를 얻었을 뿐만 아니라 10만 3,000톤의 이산화탄소 발생을 줄임으로써 환경 보호 효과도 동시에 얻을 수 있었다.

■ Grameenphone

방글라데시의 Grameenphone(이하 그라민폰)은 2007년 의료서비스를 제공하는 NGO 단체 'Caring Society for Rural Distressed(CSRD)'를 위해 인터넷 등 정보 서비스가 제공되는 커뮤니티 인포메이션 센터(CIC)를 설립하였다. 그라민폰은 센터의 보급을 통해 농촌과 도시 간 정보 격차를 해소시키고, ICT를 이용한 교육과 고용 창출 등을 통해 지역 발전에 기여했으며, 기업 이익도 함께 올릴 수 있었다.

5.3.2. 정서적 가치

정서적 가치란 소비자가 제품을 구매 및 사용한 후 얻을 수 있는 심리적·상징적 편익을 경제적 가치로 평가한 것으로 감성적 가치와 같은 의미로 사용된다. 정서적 가치는 고객이 제품이나 서비스를 통해 고객의 내면적 문제를 해결하는 데 중대한 역할을 한다. 따라서 정서적 가치가 높을수록 브랜드 충성도가 높아지고 동시에 기업의 강한 경쟁력으로 작용할 수 있다.

정서적 가치 제고의 성공 사례로 Harley-Davidson(이하 할리데이비슨)을 손꼽을 수 있다. 할리데이비슨이 최고의 모터사이클 자리를 오랫동안 유지할 수 있었던 비결에는 좋은 품질도 있지만 무엇보다도 자유라는 브랜드 이미지가 주는 정서적 가치가 있었다. "우리는 철학을 판다. 오토바이는 슬쩍 끼워 팔 뿐"이라고 말했던 할리데이비슨의 전 CEO, Richard Teerrink의 말을 통해 정서적 가치의 중요성을 실감할 수 있다.

시간이 잘 맞는 몇 만 원짜리 전자시계보다 수천만 원을 호가하는 초고가의 수동 명품 시계를 구입하는 소비자들은 시계라는 기능을 구매하지 않는다. 그들은 자아를 표현하는 수단으로서 고가의 시계를 구입한다. 이러한 사실은 브랜드의 정서적 가치가 경영 전략에서 얼마나 큰 강점으로 작용할 수 있는지 실감하게 해준다. 참고로 '오데마피게(Audemars Piguet)'의 로얄오크 PPC 로즈골드'의 가격은 대략 1억 3,000만 원이 넘는다.

5.4 핵심 역량

5.4.1. 핵심 역량 개요

Gary Hamel과 Coimbatore Krishnarao Prahalad에 의해 정의된 '핵심 역량(Core Competence)'은 기업이 고객에 대한 가치를 높이거나 그 가치의 전달 과정을 보다 더 효율적으로 만들 수 있는 특별한 능력을 의미한다. 특별한 능력이란 단순히 기업이 잘하는 활동이 아니라 경쟁 기업보다 항상 더 잘 할 수 있는 상대적인 경쟁 능력을 말한다. 핵심 역량은 기술이든 인재든 무엇이든 무방하다. 다만 핵심 역량은 다음과 같은 특징을 가지고 있어야 한다. 첫째, 경쟁 기업이 모방하기 어렵다. 둘째, 고객 가치를 창조할 수 있다. 셋째, 기업이 새로운 사업으로 진출하는 데 강력한 힘이 된다. 따라서 핵심 역량은 기업이 사업을 성공시키고 확장하는 데에 반드시 필요한 경쟁 우위의 원천이라고 할 수 있다.[3)]

출처: 이승주(1999), 경영전략 실천 매뉴얼, Sigma Insight Group. p.77.

그림 5.2. 핵심 역량

3) Prahalad C. K. and Hamel G.(1990), The Core Competences of the Corporation, *Harvard Business Review*, May-June, pp.79-91; Hamel G. & Prahalad C. K.(1994), *Competing for the Future,* Harvard Business School.

Hamel과 Prahalad는 포지셔닝 전략이나 리엔지니어링이 기업 성장에 크게 기여하지 못한 이유로 경영 환경의 변화와 핵심 역량에 대한 이해 부족으로 설명하였다. 그들은 기업의 수익원이 사업의 포지셔닝이나 업무 효율성이 아니고, 그 중간에 위치한 역량들 중에서도 핵심 역량이라고 주장하였다. 예를 들면, Fedex(이하 페덱스)의 핵심 역량은 화물의 위치 추적 능력이다. 이것이 물류 기업 경쟁 우위의 원천이 되는 것이다. 하위 업무에 해당하는 바코드 기술 등은 그 구성 요소에 불과하다는 것이다. 결국 기업이 미래 경쟁 상대와 비교해 자사의 핵심 역량을 파악한 후, 이것이 효과를 발휘할 수 있는 미래 시장을 개척해야 한다는 것이 핵심 역량 전략의 본질이다.

핵심 역량은 기업의 우수한 자원과 조직의 능력으로부터 만들어진다. 기업 자원은 크게 유형 자원(Tangible Resource)과 무형 자원(Intangible Resource)으로 구분할 수 있다. 유형 자원은 공장·설비·현금과 같은 물질적·재무적 자원을 의미하며, 무형 자원은 기술이나 명성과 같은 비가시적 자원을 의미한다.

한편 조직 능력이란 우수한 R&D 능력, 마케팅 능력, 효율적인 조업 능력과 같이 기업의 효율성과 효과성을 지속적으로 높일 수 있는 경영 능력으로서, 조직에 체화된 기업 특유의 능력을 의미한다. 이것은 특별한 과정이 아닌 활동적 일상 과정과 관련이 있다. 일반적으로 타성에 젖은 기업들은 환경 변화에 더디게 반응하는 반면, 성공 기업들은 외부 환경의 변화에 민첩하게 적응하는 혁신적 조직 능력을 가지고 있다.

5.4.2. 비즈니스 프로세스

앞에서 살펴본 바와 같이, 기업의 핵심 역량은 우수한 기업 자원과 조직 능력을 바탕으로 창출되고 유지된다. 따라서 기업이 자신의 핵심 역량을 제대로 파악하기 위해서는 기업 조직이나 비즈니스 프로세스 차원에서 각 기능 부문의 개별 또는 통합 능력을 평가할 필요가 있다. 비즈니스 프로세스란 투입 요소를 산출물로 변화시키는 일련의 경영 활동을 말한다. 구체적으로, 기업이 고객 가치 창출을 통한 특정 비즈니스 목표를 달성하기 위해 디자인·조달·생산·마케팅·재무·물류 등과 같은 기업 경영 활동들을 유기적으로 연결하는 과정을 의미한다. 비즈니스 프로세스는 다음과 같이 세 가지 유형으로 구분할 수 있다.[4)]

■ **운영 프로세스**

핵심 비즈니스를 구성하고 주요 가치의 흐름을 창출하는 프로세스로, 고객의 주문, 계정 개설, 구성 요소의 제조 등을 예로 들 수 있다.

■ **감독 프로세스**

관리 프로세스, 기업 거버넌스, 예산과 직원 감독 등 운영 프로세스를 감독하는 프로세스를 의미한다.

■ **지원 프로세스**

회계, 채용, 콜 센터, 기술 지원 및 안전 교육 등 핵심 운영 프로세스를 지원하는 프로세스를 의미한다.

일반적으로 기업의 활동이 기능이나 업무별 부서 중심으로 이루어지기 때문에 각 부서가 자기 부서의 성과만을 중요시하고 전체 비즈니스 프로세스의 목표를 달성하려고 하지 않는다면 기업은 비효율적인 조직으로 전락하게 될 것이다.[5)] 따라서 기업이 경쟁 우위의 원천인 핵심 역량을 효과적으로 극대화하기 위해서는 경영 활동을 기능별로 이해하는 것보다 비즈니스 프로세스 관점에서 전사적으로 이해할 필요가 있다. 비즈니스 프로세스의 가치 창출 활동을 통합적으로 분석하고 관리하는 모델로 비즈니스 시스템과 가치사슬을 들 수 있다.

5.4.2.1. 비즈니스 시스템

1980년 맥킨지에서 개발한 '비즈니스 시스템(Business System)'은 기업이

4) Mark von Rosing, Jeanne W. Ross, Maria Hove and Neil Kemp(2014), Process Tagging -A Process Classification and Categorization Concept, In Mark von Rosing, Henrik von Scheel, August- Wilhelm Scheer(eds.). *The Complete Business Process Handbook: Body of Knowledge from Process Modeling to BPM*. Vol. 1, Morgan Kaufmann, pp.123-172.
5) 이건창(2000), 현대경영의 이해, 무역경영사.

전략을 수립할 때 경쟁업체보다 더 지속 가능한 이점을 달성할 수 있도록 일련의 작업을 공식화하고 차별화하기 위한 프레임워크이다. 또 기업이 고객 가치를 전달하기 위해 추진하는 주요 활동들을 체계적으로 분석하는 데도 유용하다. 비즈니스 시스템은 제품의 설계나 개발부터 고객에게 전달까지 모든 단계를 차트로 만든다. 그리고 각 단계의 가치 제안과 행동을 일치시킴으로써 기업 전반의 경쟁 우위를 강화하는 데 중점을 두고 있다.

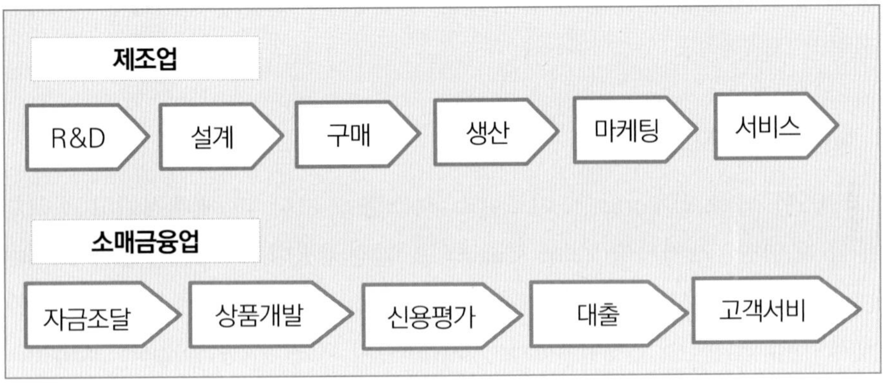

그림 5.3. 비즈니스 시스템

비즈니스 시스템은 구매·생산·판매·인사·재무 등 그 구성 요소가 다양하지만, 산업의 종류 또는 사업의 성격에 따라 다양한 형태가 존재한다. 예를 들면, 제조업은 보통 R&D·설계·구매·생산·마케팅·서비스 등과 같은 기능적 활동들을 중심으로 비즈니스 시스템이 구축된다. 반면 소매금융업은 자금의 조달, 금융상품 개발, 신용 평가, 대출, 고객 서비스 등과 같은 핵심적 업무로 비즈니스 시스템을 구성할 수 있다.

한편 기업은 비즈니스 시스템을 통해 전 단계에서 체인의 각 링크별 관리자가 차별적인 비즈니스 수행 방법을 선택할 수 있다. IKEA(이하 이케아)는 제품 디자인의 경우 모듈화를 통해 설치가 용이하도록 설계하고, 생산은 장기 계약을 맺은 공급업체에서 100% 조달 받으며, 물류는 고객이 매장에서 직접 운반하는 방식으로 경쟁사와 차별화된 비즈니스 시스템을 구축하고 있다.

또 관리자는 한 링크에 대한 개선 사항을 개발하기 위해 현재 관행과 대체 가능성에 대해 여러 가지 개방형 질문을 할 수 있다. 예를 들면 이 단계에서 기업은 어떤 성과를 거두는지, 더 좋은 방법은 없는지, 경쟁자들은 어떻게 행동하는지, 경쟁사 대비 비용 수준은 어느 정도인지 등이다. 기업이 각 단계에서 현재 상황과 잠재적 변화를 면밀히 조사하다 보면, 새로운 비즈니스 형성에 미치는 영향력과 이를 충족하는 데 필요한 핵심 역량을 확인할 수 있다. 이처럼 비즈니스 시스템은 매우 간단한 개념이지만, 기업이 내부 역량을 분석하거나 전략을 수립할 때 유용하게 사용할 수 있는 전략적 도구이다.

5.4.2.2. 가치사슬

1985년 Michael Porter는 비즈니스 시스템을 보다 더 체계적이고 정교한 분석 모델인 '가치사슬(Value Chain)'로 발전시켰다. 그림 5.4에서 보여주는 것처럼, 가치사슬은 가치를 창출하기 위한 기업 내 모든 활동들의 연결체계이며, 크게 주 활동(Primary Activities)과 지원 활동(Support Activities)으로 구성되어 있다. 주 활동은 제품의 물리적 변화에 직접 관련되는 기능을 수행하는 내부 로지스틱스, 생산 활동, 외부 로지스틱스, 마케팅과 판매, 서비스 등과 같은 현장 활동을 말하며, 지원 활동은 재무·인사·기술·조달 등 주 활동을 지원하는 제반 업무를 의미한다.[6]

기업은 가치사슬을 통해 각각의 활동 부문에서 발생하는 비용과 가치 창출의 정도를 측정함으로써 가치 창출의 핵심 부문이 무엇이고 가격 경쟁력의 원천이 어디에 있는지 파악할 수 있다. 특히 원가 경쟁력은 산업의 종류를 불문하고 경쟁 우위의 핵심 요인으로 작용하기 때문에 기업이 원가 경쟁력을 파악하고 관리하는 데에 가치사슬을 유용하게 활용할 수 있다. 이처럼 가치사슬 분석은 산업 및 자사와 경쟁 기업의 원가 분석을 통해 단계별 원가 요소의 차이와 상호 간의 영향까지 평가할 수 있다는 장점을 가지고 있다. 하지만 자료를 수집하는 과정이 복잡하고, 특히 경쟁 기업에 관한 자료 입수가 용이하지 않다는 단점을 가지고 있다.

6) Porter, M. E.(1985), *Competitive Advantage: Creating and Sustaining Superior Performance,* Free Press, pp.33−61.

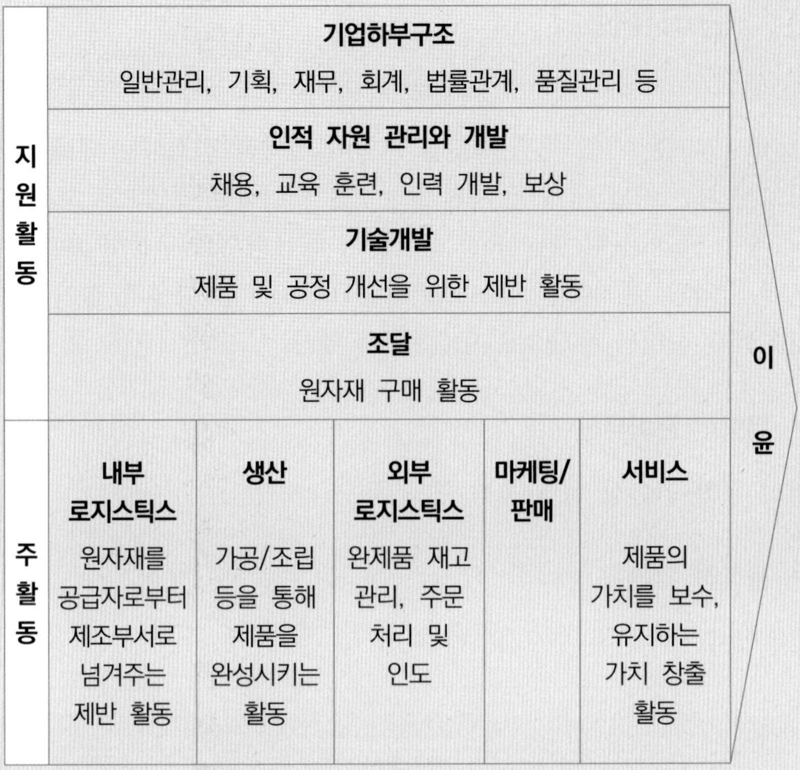

출처 : Porter, M. E.(1985), *Competitive Advantage: Creating and Sustaining Superior Performance,* Free Press, pp.36-61.

그림 5.4. 가치사슬

5.5 관리유산

David Collis는 기업 내부 자원을 기업이 전략을 결정하는 데에 중대한 영향을 미치는 기업 내 모든 자원과 능력을 포괄하는 개념으로 보고, 이를 핵심 역량, 조직 능력, 관리유산 등 세 가지 유형으로 구분하였다.[7] 이들 가운데 기업의 '관리유산(Administrative Heritage)'은 다음과 같이 무형적 문화유산과 물질적 유산으로 구분할 수 있다.

- **무형적 문화유산**

기업 문화·리더십·비전·조직 구조 등

- **물질적 유산**

공장입지·사무시설·통신시스템·장비 등

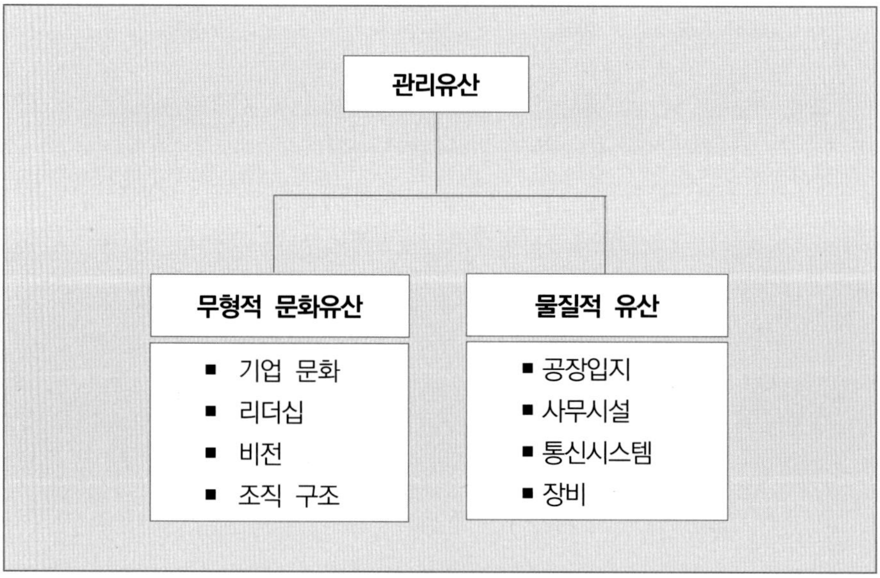

그림 5.5. 관리유산

7) Collis, D. J.(1991), A resource-based analysis of global competition: The case of bearings industry, *Strategic Management Journal*, 12(S1), pp.49-68.

관리유산은 기업이 전략을 선택하고 추진하는 데에 매우 중요한 제약 조건으로 작용한다. 그 이유는 관리유산 특유의 누적적인 성격 때문에 다양한 외부 환경 요인에 맞추어 한 순간에 기업 자산의 구성을 최적화하는 것이 불가능하기 때문이다. 특히 무형적 문화유산은 물질적 유산보다 그러한 성격이 더 강하기 때문에 기업의 효율적인 전략 수립을 제한하는 주요 제약 요인이 될 수 있다. 따라서 기업은 내부 역량 강화와 전략의 효율적 추진을 위해 기업 문화, 리더십과 비전, 조직 구조와 같은 무형적 문화유산을 잘 구축할 필요가 있다.

5.5.1. 기업 문화

일반적으로 기업 문화(Corporate Culture)란 현재의 기업 구성원과 미래의 직원들에게 전수될 기업의 신념·기대·가치관의 집합을 의미한다.[8] 기업 문화는 기업이 경영 전략을 성공적으로 실행하는 과정에 중대한 영향을 미친다. 그 이유는 기업 문화가 최고 경영자의 리더십과 함께 기업 구성원들의 가치 체계와 행동 양식에 영향을 주기 때문이다. 이와 함께 기업 문화는 경영 스타일과 시스템, 이해관계자와의 관계 형성 등 다양한 요소들과 얽히면서 매우 중대한 경쟁 우위로 작용하는 경우가 많다. 뒤에 소개할 '맥킨지 7S 모델'에서도 초우량 기업의 가장 중요한 성공 요인으로 '공유 가치(Shared Value)'와 같은 기업 문화를 제시하였다.

기업의 문화는 기업이 속한 사회의 영향을 많이 받는다. 특히 기업 문화는 사회·문화와 같은 외부 환경 속에서 경영 활동의 경험과 시행착오를 통해 형성되는 경우가 대부분이다. 따라서 기업 문화는 국가별로 다른 형태를 취하기도 한다. 예를 들면 한국 기업의 문화는 미국 기업의 문화와 비교할 때 다른 점이 많다. 미국 기업의 문화가 개인적이고 성과 중심적인 면이 강하다면, 한국 기업의 문화는 가족적이고 집단주의적이며 위계 질서를 중시하는 경우가 많다. 하지만 어떤 기업 문화가 더 우수한 문화라고 단정 짓기는 어렵다. 중요한 것은 기업이 외부 환경의 변화에 따라 적절한 경영 전략을 수립한다고 할지라도 기업 문화가 그 전략과 어울리지 못한

8) Duncan W. J.(1989), Organizational Culture: Getting a Fix on an Exclusive concept, *Academy of Management Executive*, August, p.229.

다면 경쟁 우위가 될 수 없다는 점이다. Jay Barney는 기업 문화가 지속적인 경쟁 우위의 원천으로 작용하기 위해서는 다음 세 가지 조건을 충족해야 한다고 주장하였다.[9]

- 가치(Valuable)

기업 문화는 기업이 경영 활동을 효율적으로 수행하고 경제적 가치를 창출하는 데에 기여할 수 있어야 한다.

- 희소성(Rare)

대부분의 기업이 가지고 있는 문화와는 다른 차별적 속성을 지녀야 한다.

- 모방 곤란성(Inimitable)

다른 기업이 쉽게 모방할 수 없어야 한다.

5.5.2. 리더십

올바른 기업 문화의 구축에 중대한 역할을 하는 것이 바로 리더십이다. 그 이유는 훌륭한 리더십을 통해 명확한 기업 비전이 제시되고 효율적인 인적 자원 개발과 기업 문화의 구축이 가능하기 때문이다. GE나 애플이 초우량 글로벌 기업으로 성장할 수 있었던 가장 큰 이유도 바로 Jack Welch나 Steve Jobs와 같은 최고 경영자들의 뛰어난 리더십이 기업 문화를 성공적으로 변혁시키는 강력한 내부 역량의 역할을 했기 때문이다.

효율적인 리더십은 그 기능과 스타일이 조화를 이룰 때 발휘된다. 리더십의 기능은 리더십의 스타일을 떠나 보편적으로 전 직원이 공유할 수 있는 명확한 비전을 수립하고 이를 추구하도록 촉진하는 것이다. 이와 달리 리더십의 스타일은 사람마다 다양하고 나름대로 능률적이다. 하지만 효율적인 리더십에는 공통분모가 있다. 다음은 훌륭한 리더가 가진 일곱 가지 공통 요소들이다.[10]

---

9) Barney, J. B.(1986), Organizational Culture: Can It be a Source of Sustained Competitive Advantage?, *Academy of Management Review*, 11(3), pp.656-665.

10) 짐 콜린스·윌리엄 레지어(2002), 위대한 기업을 위한 경영 전략(임정재 옮김), 위즈

■ 참됨(Authenticity)

말과 행동의 일치, 자신감, 롤 모델

■ 단호함(Decisiveness)

직관, 단호한 결정, 잘못된 결정에 대한 책임감

■ 집중력(Focus)

한 가지 일에 집중, 시간 관리, 최우선 사항의 결정

■ 대인관계(Personal Touch)

관계 구축, 비공식적 의사소통 망 활용, 회사 상황 파악

■ 강하면서 부드럽게 사람을 다루는 기술(Hard/Soft People Skills)

긍정적 피드백의 활용, 스승의 역할 , 높은 성취목표

■ 의사소통(Communication)

비전과 전략에 관한 대화, 유추와 이미지 활용, 사적인 교류를 통한 공식적 의사소통 망 강화, 사실의 인정

■ 진취성(Ever Forward)

열심히 일하는 자세, 일신우일신(日新又日新), 직원들의 사기 충전, 낙관적인 태도와 인내심

5.5.3. 비전

비전(Vision)이란 기업이 추구하는 장기적 목표와 바람직한 미래상을 의미한다. 비전은 막연한 희망이 아니고 기업의 명확한 경영 철학·목적·목표를 담고 있어서 향후 신사업의 전략 방향과 조직 운영의 행동 기준을 제공할 뿐만 아니라 조직 구성원의 동기 부여와 참여 의지를 유발하는 역할을

덤하우스. pp.22-84.

한다. 따라서 성공적인 경영 전략의 수립과 실천적 전술의 실행을 위해서는 먼저 기업의 명확한 비전이 제시되어야 한다. 'Collins-Porras의 비전 프레임워크(Vision Framework)'에 의하면, 비전은 다음과 같이 핵심 가치와 믿음, 목적, 사명의 세 가지 기본 요소로 구성되어 있다.[11)]

■ 핵심 가치와 믿음

비전의 출발점으로 경영과 삶의 철학으로서 사업과 생활에서 신성하게 집행될 원칙을 의미한다. 핵심 가치와 믿음은 거의 변하지 않는 특징을 가지고 있다.

■ 목적

목적은 기업 존재의 근본 이유를 설명하는 기업 이념을 의미한다. 목적은 핵심 가치로부터 성장하며 항상 목표를 향해 나아가지만 도달할 수 없는 길잡이별과 같다. 그리고 100년 정도 장기적으로 지속된다.

■ 사명

여기에서 사명이란 기업이 거역할 수 없는 야심 찬 목표를 의미한다. 명확한 결승점과 특정 시간을 가지고 있으며, 일단 현재의 사명이 달성되면 새로운 사명이 수립된다. 사명은 목표화(Targeting), 공동의 적(Common Enemy), 역할 모델(Role Model), 내부 변화(Internal Transformation)와 같은 네 가지 유형으로 구분된다.

이 밖에도 비전을 구성하거나 연결되어 있는 주요 요소로 전략과 전술을 들 수 있다. 이들은 다음과 같은 특징을 가지고 있다.

■ 전략

전략은 환경의 영향을 받기 때문에 환경 변화에 따라 자주 수정되고, 또 새로운 사명이 제시될 때 전면 개정된다.

11) 상게서. pp.86-135.

■ 전술(Tactics)

전술은 전략보다 구체적이고 단기적인 개념으로, 상황 변화나 여건에 따라 바로바로 조정한다.

한편 기업들은 추상적인 비전을 고객이나 구성원이 쉽게 이해할 수 있도록 '비전 스테이트먼트(Vision Statement)'를 제작한다. 비전 스테이트먼트란 기업의 경영 이념, 핵심 가치, 목적과 미션, 전략 등을 간결한 형태의 문장으로 작성하거나 그림처럼 보기 쉽게 구성한 일종의 선언문이라고 할 수 있다. 많은 기업들이 이러한 비전 스테이트먼트를 통해 자사의 구성원들이 기업 비전을 쉽게 이해하고, 기업에 대해 자긍심을 가지며, 더나가 목표 달성을 위해 열심히 노력하도록 사명감을 부여한다. 다음은 글로벌기업들의 비전 스테이트먼트 사례이다.

■ Johnson & Johnson: Our Credo

우리의 첫 번째 책임은 환자, 의사, 간호사와 아버지와 어머니들, 우리의 상품과 서비스를 사용하는 사람에 대한 것이다... 우리는 전 세계에서 근무하는 모든 직원에 대해 책임을 져야 한다... 우리는 우리가 살고 일하는 지역 사회와 세계 공동체에 대해 책임을 져야 한다... 우리의 마지막 책임은 주주에 대한 것이다...

■ Merck : Our Culture and Values

우리는 하나의 비전과 하나의 미션을 공유합니다. 생명을 구하고 개선하는 것입니다.

■ 3M : Our Vision

- 모든 기업을 발전시키는 3M 기술
- 모든 가정의 가치를 높여주는 3M 제품
- 모두의 삶을 개선시켜주는 3M 혁신

■ LG : LG WAY

- 비전: 일등 LG
- 행동 방식: 정도 경영
- 경영 이념: 고객을 위한 가치 창조, 인간 존중의 경영

5.5.4. 조직 구조

조직 구조는 기업 전략과 밀접한 관계를 가지고 있으며 경영 활동의 성패를 좌우할 정도로 중요한 내부 요소이다. 한때 휴대폰의 최강자였던 Nokia(이하 노키아)의 몰락이 이를 증명한다. 당시 노키아는 다수의 의사결정자가 존재하는 복잡한 조직 구조를 가지고 있었다. 하루가 다르게 산업 환경이 급변하는 스마트폰 시장에서, 애플이 단순한 조직으로 민첩하게 대응했던 것과 달리, 노키아의 복잡한 조직 구조는 신속한 의사결정을 방해하는 장애물 역할을 하고 있었다.

환경의 변화에 따른 새로운 전략의 수립과 효율적인 실행을 위한 조직 구조의 구축은 하나의 공식과 같은 것이다. 따라서 시장 환경이 바뀌고 새로운 전략을 수립할 때마다 조직 구조에 대한 분석과 변화는 필요하다. 특히 기업 규모가 커지고 사업이 글로벌화 또는 다각화될수록 기업의 전략이 복잡해지기 때문에 전략을 효율적으로 추진할 수 있는 전략적 능력을 갖춘 새로운 조직 구조가 반드시 필요하다. 조직 구조의 분석은 현재의 조직 구조를 작성한 후 우수 기업의 조직 구조를 벤치마킹하거나, 아니면 전략의 실행에 따른 조직 구조의 문제점을 파악한 후 향후 어떤 조직으로의 변화가 유리한지 평가하는 방식으로 진행한다.

5.5.4.1. 단계별 모델

John Stopford와 Louis Wells는 다국적 기업 조직 구조의 변천 과정을 설명하기 위해 제품의 다양성과 해외 판매의 비중이라는 두 개의 변수를 기준으로 '단계별 모델(Stages Model)'을 제시하였다. 이 모델에 의하면, 기업들은 상이한 국제화의 단계에 따라 상이한 조직 구조를 선택하고 있다.[12)]

12) Stopford, J. M. & Wells, L. T.(1972), *Managing the Multinational Enterprise*, Basic Books.

단계별 모델을 응용해서 글로벌 기업의 조직 구조를 다음과 같이 설명할 수 있다.

■ 기능별 조직

일반적으로 기능별 조직(Functional Structure) 구조는 제품의 종류가 많지 않고 해외 판매 비중이 크지 않은 국제화의 초기 단계에 있는 소규모 기업에게 효과적이다. 수출 등 국제 관련 업무는 별도의 국제사업부가 담당한다. 각 기능별로 업무가 명확하지만 부서 간 갈등의 소지가 크다.

■ 사업부 조직

사업부 조직(Divisional Structure)은 제품별 다각화나 해외 시장의 다변화를 추진하는 대규모 글로벌 기업들에게 효과적인 조직 구조이다. 제품의 종류가 다양한 경우 제품별 사업부를 선택하고, 해외 시장이 광범위하거나 해외 판매 비중이 큰 경우 지역별 사업부를 선택한다. 사업부별로 독자적인 경영 활동의 권한을 부여함으로써 독립채산제를 실시할 수 있는 분권형 조직 구조로 자원 중복의 가능성이 크다. 따라서 다양한 사업부들을 효과적으로 통제하기 위해 기획조정실과 같은 부서가 설치된다.

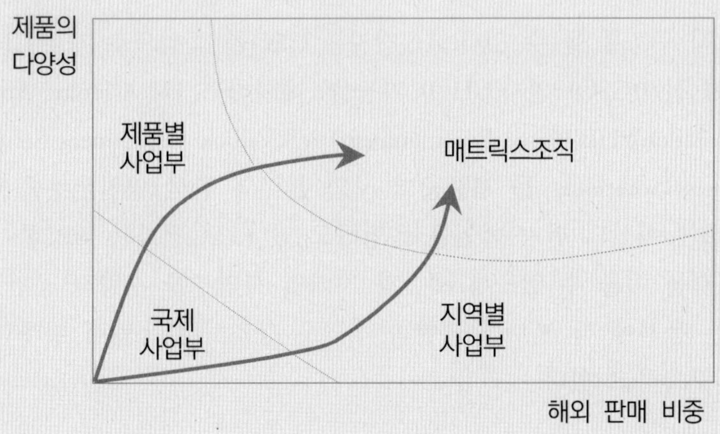

출처: Stopford, J. M. & Wells, L. T.(1972), *Managing the Multinational Enterprise*, Basic Books.

그림 5.6. 단계별 모델

■ 매트릭스 조직

1980년대에 글로벌 경영 환경이 복잡해지면서 기업들은 조직 구조를 재구축하기 시작하였는데, 이 때 등장한 조직 구조가 매트릭스 조직(Matrix Structure)이다. 이 조직 구조는 기업을 제품 차원과 지역 차원으로 구분해서 한 직원이 양측을 동시에 동일한 비중으로 관리하되, 보고는 제품별 사업부와 지역별 사업부의 두 상사에게 각각 보고하는 시스템의 조직 구조이다. 제품의 종류가 다양하고 해외 시장이 다변화되어 있는 글로벌 기업에게는 자원을 효율적으로 활용할 수 있는 장점이 있지만, 실제로는 많은 기업들이 혼란과 갈등의 문제를 겪었다.

5.5.4.2. 네트워크 조직

교통과 의사소통 수단의 지속적인 발전으로 시장과 기업의 규모가 커진 글로벌 기업들이 시장 환경의 변화에 효율적으로 대응하기 위해 네트워크 조직(Network Structure) 구조를 취하는 경우가 많다. 이 구조는 조직 또는 사업부들이 상호 독립성을 유지하지만, 상호 간에 자원을 활용할 수 있도록 그물처럼 상호 신뢰 관계로 연결된 조직이다.

기업 내부적으로는 다양한 사업부를 두고 각 사업부별로 생산부터 영업까지 책임 경영을 하는 형태로 운영되는 경우가 많다. 유사 사례로 LG전자의 조직 구조를 들 수 있다. LG전자는 CEO를 중심으로 재무(CFO)·기술(CTO)·전략(CSO)·인사(CHO) 기능을 배치하고, H&A(Home Appliance & Air Solution)·HE(Home Entertainment)·VS(Vehicle Component Solutions)·BS(Business Solutions) 등 제품군별 사업 본부와 한국 영업본부를 비롯한 해외 140개 이상의 현지 법인을 운영하고 있다. LG전자는 다양한 조직이 상호 협력을 이룰 수 있도록 제품과 지역별 사업부를 수평적·공간적으로 연결하는 동시에 각 본부별 역할과 책임을 강조하는 독립적 형태의 조직 구조를 구축하고 있다.

5.5.4.3. 비정형 조직

최근 디지털 기술이 급속도로 발전하면서 기업이 추진하는 사업의 특성과 기업 문화 등에 적합하도록 조직 구조가 비정형화된 형태로 구축되기도 한다. 주로 인터넷 플랫폼 기업들이 시장의 변화와 고객 니즈에 민첩하게 대응하고, 또 그들만의 개성적인 기업 문화를 반영하기 위해 비정형적 조직 구조를 구축하고 있다.

그림 5.7은 Amazon(이하 아마존) 등 인터넷 시장을 선도하는 글로벌 기업들의 다양한 조직 구조 형태를 보여주고 있다. 기업 규모가 커지고 직원이 증가하면서 사내 커뮤니케이션이 문제가 되자, 이를 해결하기 위해 아마존의 CEO, Jeffrey Bezos가 제시했던 '피자 두 판의 법칙'은 유명한 일화가 되었다. 팀원의 수나 회의 참가자 수가 피자 두 판으로 식사를 마칠 수 있는 규모를 넘어서는 안 된다는 법칙이다. 대략 여덟 명 이하의 소규모 팀으로 일이 진행되면 팀원들 간 소통이 제대로 이뤄질 수 있고 창조적인 아이디어가 제시될 수 있다고 본 것이다.

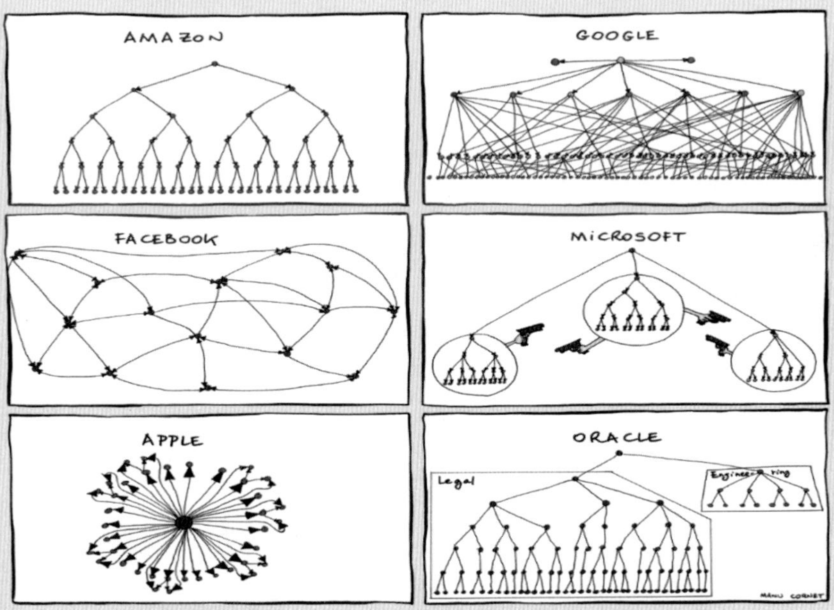

출처: https://bonkersworld.net/organizational-charts, 2021.November.15.

그림 5.7. 글로벌 플랫폼 기업들의 조직 구조

5.6 내부 역량 분석 모델

5.6.1. 7S 모델

7S 모델은 1980년 맥킨지 컨설턴트였던 Tom Peters와 Robert Waterman에 의해 개발되었다. 그 후 43개 초우량 기업들의 성공 요인으로 7S를 소개한 저서 'In Search of Excellence'가 1982년 출간되면서, 7S 모델은 기업의 내부 역량을 체계적으로 분석하기 위한 프레임워크로서 미국 기업들에게 인기가 높았다.

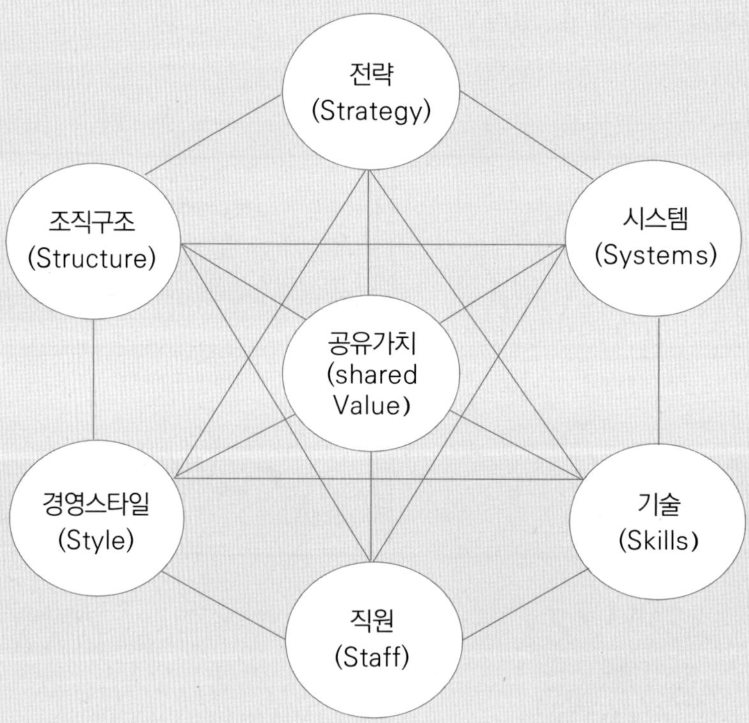

출처: Peters, T. J. & Waterman, R. H. (1982), *In Search of Excellence*, Harper Collins.

그림 5.8. 7S 모델

7S 모델은 Igor Ansoff가 제안한 3S 모델을 기반으로 한다. 3S 모델은 경영자가 의사 결정의 대상을 전략(Strategy)·조직구조(Structure)·시스템(Systems)의 관점에서 생각하는 것으로, '갭 분석(Gap Analysis)'이라고도 불린다. 갭 분석이란 기업의 미래 모습(To Be)과 현재 위치(As Is)를 명확히 분석한 다음, 그 격차를 보완하는 방식의 전략 기법이다.

Peters와 Waterman은 7S 모델을 통해 전략이나 조직과 같은 하드(hard) 요소에 의한 관리보다 공통의 가치관과 같은 기업 문화라는 소프트(soft) 요소를 바탕으로 한 관리가 재무적으로 더 우수하다는 결론을 내렸다. 7s 모델은 상대적으로 변화가 용이한 하드 요소인 전략(Strategy)·조직구조(Structure)·시스템(Systems)과 상대적으로 변화가 쉽지 않은 소프트 요소인 직원(Staff)·기술(Skills)·스타일(Style)·공유가치(Shared value)로 구성되어 있다. 각 요소의 특징을 살펴보면 다음과 같다.[13] 참고로, 7S 모델은 주요 성공 요인인 가치나 기업 문화에 대한 조사가 어렵고 성과와의 인과 관계를 체계화할 수 있는 방법을 제시하지 못했다. 또 기업에 대한 통계적 조사의 한계 때문에 결국 오래가지 못하고 이론으로만 남게 된다.

■ 공유가치

모델 중앙에 위치한 공유가치는 조직 구성원들이 공유하는 기업의 핵심 이념·가치관·목적 등을 의미한다. 다른 구성 요소뿐만 아니라 고객과 투자자 등 다양한 이해관계자들에게 영향을 미친다는 점에서 공유가치는 가장 중요한 요소라고 할 수 있다. 기업들이 공유가치를 기준으로 전략을 수립하고 다양한 경영 활동의 방향을 정하기 때문에 기업에게 공유가치에 대한 정의는 매우 중요하다. 예를 들어 Jeff Bezos의 "Your margin is my opportunity"라는 유명한 말처럼 아마존의 핵심 가치는 절약과 검소이고, 이 가치가 곧 기업 문화이자 모든 경영 활동의 기준으로 작용한다.

■ 전략

기업은 조직의 미션을 달성하고 경쟁에서 이기기 위해 자원을 적절하게 배분하는 전략을 추진한다. 전략적 선택에 따라 조직 구조나 운영 방식, 사

13) Peters, T. J. & Waterman, R. H.(1982), *In Search of Excellence*, Harper Collins.

업의 방향성이 달라질 수 있다. 따라서 전략은 공유 가치와 마찬가지로 조직 운영에 적절한 방향을 제시함으로써 다른 요소에도 큰 영향을 미친다.

▪ 경영 시스템

경영 시스템은 조직 구성원이 일하는 데 필요한 자원과 관리 체계, 운영 절차, 제도 등을 의미한다. 시스템은 기업의 성과 관리, 보상제도, 경영 정보 시스템 등 각 분야의 관리 제도나 절차 등을 수반하며, 구성원들의 행동을 조직이 원하는 방향으로 유도하는 역할을 한다.

▪ 조직 구조

조직 구조는 전략을 실행하기 위한 조직도를 의미한다. 조직 내 구성원들의 역할과 구성원 간 상호 관계를 지배하는 권한 및 책임 등을 포함한다. 경영 시스템과 함께 구성원들의 행동을 특정 방향으로 유도하는 역할을 한다.

▪ 스타일

스타일이란 조직을 리드하는 관리자의 경영 방식이나 리더십 스타일을 의미한다. 스타일은 관리자에 따라 민주형·지시형·비전형 등 다양한 형태로 구분된다. 좋은 스타일이 따로 있는 것은 아니고, 시장 상황이나 전략 등에 따라 평가가 달라진다. 스타일은 조직 구성원들의 동기 부여나 조직 문화에 직접적인 영향을 미치게 된다.

▪ 직원

직원은 조직 내 인력 및 구성원을 의미한다. 여기에서는 단순한 인력 구성 현황을 의미하기 보다는 구성원들이 보유하고 있는 기술·능력·동기 등을 포함한다. 따라서 직원은 경영 활동의 성패에 중대한 영향을 미치는 자원이기 때문에 선발·교육·배치뿐만 아니라 새로운 전략을 추진하는 데에 적합한 직원이 누구인지 고민을 해야 한다.

▪ 기술

기술은 전략을 실행하기 위해 필요한 구체적 요소로서, 장치나 공정 운영 기법뿐만 아니라 마케팅 능력, 종업원의 동기 부여, 조직 운영에 활용되는 각종 관리 기법 등이 포함된다. 기술은 직원과 관련성이 매우 높다. 어떤 기술 역량을 가진 직원을 채용하고, 직원에게 어떤 기술을 교육시킬 것인지에 대한 결정이 기업에게는 매우 중요하기 때문이다.

5.6.2. VRIO 모델

Jay Barney는 1991년 저서인 'Sources of Sustainable Competitive Advantage'를 통해 VRIO 모델을 처음 제시하였다. VRIO는 자원 기반 관점(RBV: Resource-Based View)의 내부 역량 분석 기법이다. 자원 기반 관점은 기업이 통제할 수 있는 자원과 능력을 경쟁 우위의 원천으로 보는 기업 성과에 대한 이론이다. 자원 기반 관점은 자원과 능력에 대해 두 가지를 기본적으로 가정한다. 첫째, 상이한 기업들은 동일 산업 내에서 활동하더라도 상이한 자원과 능력을 가지고 있다. 둘째, 기업이 보유한 상이한 자원과 능력의 차이는 오래 지속될 수 있다. 이 두 가지 가정은 기업들이 동일한 산업 내에서 경쟁하는데 왜 기업 간의 성과 차이가 나타날 수 있는지를 설명해준다.

VRIO는 다음 네 가지 질문들의 첫 글자 조합이고, 이러한 질문들을 통해 기업 문화 등을 포함한 내부 역량의 분석에 활용된다.[14)]

- V(Value)

기업이 외부 환경으로부터의 기회를 이용하거나 위협을 완화할 수 있도록 해주는 자원과 능력은 어떤 것인가? 이를 파악하는 방법 중 하나는 자원과 능력이 기업의 수익 증가와 원가 감소에 미치는 영향력을 조사해보는 것이다. 예를 들어 3M은 특유 기술인 접착제와 화학약품 외에도 창의성을 장려하기 위해 실패를 용인하는 조직 문화에서 비롯된 자원과 능력을 이용해 외부 기회를 잡고 기업 수익을 올리는 등의 성과를 올리고 있다. 기업 내에서 잠재적으로 가치 있는 자원과 능력을 발견하는 방법 중 하나는 가치사슬을 분석하는 것이다. 가치사슬은 기업이 행하는 가치 활동들이 기업의 실물 자원, 재무 자원, 인적 자원, 조직 자원에 어떻게 영향을

14) Barney, J. B. & Hesterly, W. S.(2010), 전략경영과 경쟁 우위: 개념과 사례(신형덕 옮김), 시그마프레스.

주는가를 파악하는 데에 도움을 준다. 기업은 이러한 세부적인 분석을 근거로 잠재적 경쟁 우위의 원천을 발견할 수 있다.

■ R(Rarity)

어떤 자원이 현재 소수의 경쟁 기업에 의해서만 소유되고 있는가? 기업이 보유한 자원과 능력을 다수의 경쟁 기업들도 보유하고 있다면 이 자원들은 가치는 있지만 희소성이 없기 때문에 기업 경쟁 우위의 원천이 될 수 없다. 자원과 능력의 희소성은 상황에 따라 달라진다. 만약 한 기업만이 가치 있는 특정 자원이나 능력을 보유하고 있다면 당연히 경쟁 우위로 이어진다. 복수의 기업들이 자원을 보유하고 있는 경우라 할지라도 경쟁 우위를 창출할 수 있다. 일반적으로 가치 있는 자원이나 능력을 보유한 기업의 수가 한 산업이 완전 경쟁 시장의 기능을 실행하기 위해 필요한 기업 수보다 적을 때, 이 자원이나 능력은 희소성이 있다고 할 수 있다.

■ I(Imitability)

가치 있는 희소 자원을 보유하지 못한 기업들이 그 자원을 획득하거나 개발하는 데에 원가 열위를 겪는가? 가치 있고 희소한 자원일지라도 경쟁 기업이 쉽게 모방할 수 있다면 지속적 경쟁 우위가 될 수 없다. 모방은 보통 직접 복제나 대체 중 하나로 이루어진다. 직접 복제의 경우 원가가 비싸다면 기업이 보유한 자원은 지속적인 경쟁 우위를 창출하게 된다. 만약 복제가 어렵다면 경쟁 기업은 다른 자원으로의 대체를 시도할 것이다. 이때도 효과적인 대체제가 없거나 또는 대체재 생산 원가의 부담이 크다면 그 자원은 지속적인 경쟁 우위로 이어질 수 있다.

■ O(Organization)

기업의 정책이나 절차가 기업이 보유한 가치 있고 희소하며 모방하기 힘든 자원의 이용을 지원하기 위해 조직되었는가? 기업 조직의 다양한 요소, 특히 공식적인 보고 구조, 형식적 또는 비형식적 경영 통제 시스템, 보상 정책 등이 이 질문과 관련되어 있다. 기업 조직 요소들은 종종 보완적 자원이나 능력이라고 불린다. 그 이유는 이 요소들이 독자적으로 경쟁 우위를 창출하기는 어렵고, 다른 자원이나 능력과 결합될 때 경쟁 우위를 충분히 창출할 수 있기 때문이다.

5.6.3. 벤치마킹

1979년 제록스가 경영 혁신 기법으로서 벤치마킹을 처음 시작하였다. 1989년 GE가 제록스로부터 이 기법을 도입해 큰 성공을 거두면서 벤치마킹이 전 분야로 확산되기 시작했다. 경쟁력 제고를 위한 혁신 기법을 내부 역량 분석에 이용하는 이유는 분석의 객관성을 확보하기 위해서다. 일반적으로 기업들은 자신의 내부 역량을 분석할 때 자사의 핵심 역량이나 경영 시스템이 절대적으로 우수하다고 평가하는 경향이 있다. 따라서 기업이 내부 역량을 평가할 때 다른 기업과의 비교를 통한 분석이 객관적이라고 할 수 있다.

이와 같이 벤치마킹은 특정 기업과의 비교·분석을 통해 자사의 역량을 정확히 평가하고, 미흡한 부문을 개선시키기 위해 지속적으로 학습과 개선을 도모하기 위해 사용할 수 있는 경영 기법이다. 경쟁업체 상품을 분해해서 모방하는 리버스 엔지니어링(Reverse Engineering)에서 시작된 벤치마킹은 비교 대상에 따라 다음과 같이 세 가지 유형으로 구분할 수 있다.[15)]

- 내부 벤치마킹

내부 벤치마킹(Internal Benchmarking)은 기업 내 다른 사업이나 부서 등에서의 유사 활동을 비교하는 방법이다. 벤치마킹을 위한 데이터 수집이 용이하지만 내부적 편견에 사로잡히기 쉬운 단점이 있다.

- 경쟁 기업 벤치마킹

경쟁 기업 벤치마킹(Internal Benchmarking)은 동일 산업 내 우수한 경쟁 기업을 대상으로 비교·분석하는 방법이다. 이 방법은 데이터를 수집하는 것이 상대적으로 어려울 뿐만 아니라 윤리적 문제의 발생과 기업 간 문화적 차이라는 한계가 있다.

---

15) 스핀들리니 마이클(1992), 벤치마킹과 기업경쟁력(황태호 옮김), 김영사.

■ 기능적 벤치마킹

기능적 벤치마킹(Functional Benchmarking)은 산업의 유형과 관계없이 최신 제품과 서비스 그리고 프로세스를 보유한 기업을 찾아 비교하고 배우는 방법이다. 제록스는 아웃도어 용품 회사인 L.L.Bean(이하 엘엘빈)으로부터 창고 업무를 배워 재고 감축의 성과를 올렸고, American Express (이하 아메리칸 익스프레스)에서 청구 업무를 벤치마킹함으로써 고객 만족도 제고와 비용 절감에 성공하였다. 이처럼 기능적 벤치마킹을 통해 혁신 기법을 발견할 가능성은 높지만, 실제로는 타 기업으로부터 기법을 이전하는 것이 쉬운 일은 아니다.

세 가지 유형의 벤치마킹 외에 전혀 다른 업무 부문에서 개선안을 습득하는 '일반 프로세스 벤치마킹'이 있다. 저가 항공사인 Southwest Airlines (이하 사우스웨스트항공)는 미국의 인기 모터스포츠, '인디500'에 대한 벤치마킹을 통해 주기장 대기 시간을 50분 턴(Turn)에서 15분으로 줄임으로써 비행기 운항 횟수를 하루 평균 10회에서 14회로 늘리는 성과를 올렸다.[16] 당초 사우스웨스트항공은 경쟁 항공사들에 대한 벤치마킹을 고려했다. 하지만 경쟁사 모두 50분 턴이었기 때문에 배울 것이 없어, 결국 전혀 다른 곳에서 개선안을 찾아낸 것이다.

벤치마킹은 일반적으로 다음과 같은 다섯 단계의 과정을 통해 이루어진다.[17]

■ 1단계

벤치마킹할 주요 비즈니스 프로세스를 결정하는 단계.

■ 2단계

벤치마킹 대상 기업을 선정한 후 예비 조사를 실시하는 단계.

■ 3단계

기업을 방문하여 비즈니스 프로세스 및 경영 성과를 비교하는 단계.

16) 미타니 고지, 전게서, p.200.

17) 이승주, 전게서, p.85.

■ 4단계

기업 간 성과 차이의 원인을 분석하는 단계.

■ 5단계

벤치마킹 마지막 단계로, 새로운 학습을 활용하여 자사의 문제점에 대한 지속적인 개선을 추구하는 단계.

이러한 과정에서 특별히 신경 써야할 부분은 자사 벤치마킹 팀의 구성, 정보원 역할을 하는 벤치마킹 파트너의 선정, '정보 보고 시스템(Information Reporting System: 이하 IRS)'의 도입 등이다. IRS는 벤치마킹 활동 및 분석 결과 등에 대한 보고서를 생성할 수 있도록 구상된 정보 시스템을 말한다. 제록스는 벤치마킹을 할 때 임원들의 의사결정에 도움을 주기 위한 '중역 정보 시스템(Executive Information System: 이하 EIS)'을 이용함으로써 생산성 제고와 품질 향상 등의 성과를 달성할 수 있었다.

Ⅳ

경쟁 우위

제6장 경쟁 우위

6.1. 경쟁 전략과 경쟁 우위
6.2. 전략적 경쟁
6.3. 게임 이론
6.4. 공격 전략과 방어 전략

6.1 경쟁 전략과 경쟁 우위

6.1.1. 경쟁 전략의 개념

경영 전략은 크게 기업 전략과 사업부 전략으로 구분된다. 기업 전략이 기업의 종합적인 관점에서 사업 영역을 결정하는 것이라면, 사업부 전략은 각 사업 단위 내에서 경쟁 우위를 향상시키기 위한 전략이다. 경쟁 전략은 경쟁 속에서 기업이 강점을 활용하고 약점을 보강함으로써 경쟁 기업보다 우세한 경쟁 우위를 창출하고 강화하기 위한 실천적 전략을 말한다. 따라서 사업부 전략이 곧 경쟁 전략을 의미한다고 할 수 있다.

그러나 기업 전략도 경쟁 전략과 전혀 무관하지는 않다. 그 이유는 기업 전략이 경쟁 전략처럼 추진되는 경우가 있기 때문이다. 예를 들어 기업들이 기존 사업이나 유망 신사업에서의 차별화 우위를 신속하게 확보하기 위해 관련 기업을 인수·합병 하는 경우이다. 현대자동차는 2020년에 로봇 개발 기업인 보스턴 다이나믹스의 인수를 통해 새로운 산업에서의 경쟁 우위를 단번에 획득할 수 있었다. 또 리스트럭처링과 같이 사업 영역에 대한 구조 조정을 통해 사양 산업으로부터 철수하는 방식으로 경쟁 우위를 확보하는 경우도 있다. 예를 들면 GE는 1981년 350개 사업부를 13개 사업부로 구조 조정 함으로써 전사적 차원의 비용 절감과 함께 기업의 생산성을 크게 올릴 수 있었다.

이와 같이 기업 전략도 경쟁 전략과 관련성이 있다. 하지만 여기에서는 경쟁 전략을 경쟁 우위 창출과 관련된 사업부 전략으로 정의하고, 뒤에서 설명할 전략적 경쟁의 필요성과 연계하고자 한다.

6.1.2. 경쟁 우위의 개념

경쟁 우위는 경영 전략과 밀접하게 관련되어 있다. 일반적으로 경쟁 우위는 외부 환경의 변화로 인해 기업에게 위기 또는 기회가 왔을 때 기업 내부의 핵심 역량을 통해 창출된다. 기업의 경쟁 우위는 크게 비용 우위(Cost Leadership)와 차별화 우위(Differentiation)로 구분할 수 있다.

비용 우위란 기업이 동일 제품을 경쟁 기업보다 더 저렴한 비용으로 생산하고 판매할 수 있는 역량을 말한다. 반면 차별화 우위는 경쟁 기업보다 차별화된 제품이나 서비스를 생산한 후 고객으로부터 높은 가격을 받고 이들을 제공할 수 있는 역량을 의미한다.[1] 앞에서 설명한 바와 같이, 비용 우위든 차별화 우위든 경쟁 우위는 기업이 가지고 있는 경영 자원이나 능력으로부터 시작된다. 기업의 자원과 능력이 경쟁 기업들이 쉽게 모방하거나 가질 수 없는 희소성과 그 산업에 어울리는 적합성이란 조건을 갖춘 핵심 역량으로 발전했을 때 기업의 경쟁 우위가 창출되고 유지될 수 있는 것이다.

6.1.3. 본원적 전략

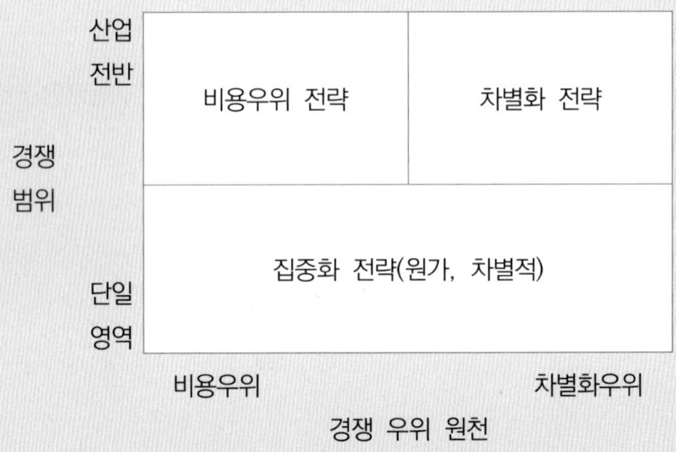

출처: Porter, M. E.(1980), *Competitive Strategy*, Free Press, p.39; Porter, M. E.(1985), *Competitive Advantage: Creating and Sustaining Superior Performance*, Free Press, p.12.

그림 6.1. 본원적 전략

1) Porter M. E.(1985), *op. cit.*, p.11.

Michael Porter는 기업이 다른 기업과의 경쟁에서 살아남기 위한 사업부 차원의 경쟁 전략으로서 경쟁 우위를 바탕으로 한 본원적 전략(Generic Strategy)을 제시하였다. 본원적 전략은 기업의 경쟁 우위와 경쟁 범위에 따라 차별화 전략, 비용 우위 전략, 집중 전략의 세 가지 유형으로 구분된다.[2] 이 가운데 집중 전략은 기업이 비용 우위 또는 차별화 우위에 기반을 두고 틈새시장(Niche Market)에 집중하는 전략을 의미한다. 비용 우위 전략을 선택한 기업들은 제품의 대량 생산을 통한 규모의 경제 효과로 높은 시장 점유율을 유지할 수 있다. 특히, 비용 선도 기업(Cost Leader)은 지속적인 비용 우위를 통해 더 높은 수익률을 달성할 수 있다. 차별화 전략이나 집중화 전략을 추구하는 기업들은 시장점유율이 상대적으로 낮을 수 있지만, 높은 가격 프리미엄 등으로 인해 수익성을 높일 수 있다. 반면 경쟁 우위가 명확하지 않은 어중간한 위치에 있는 기업들은 비용 우위와 차별화 우위의 이점을 살리지 못하고 수익성이 가장 낮은 상태로 추락하기 쉽다.[3]

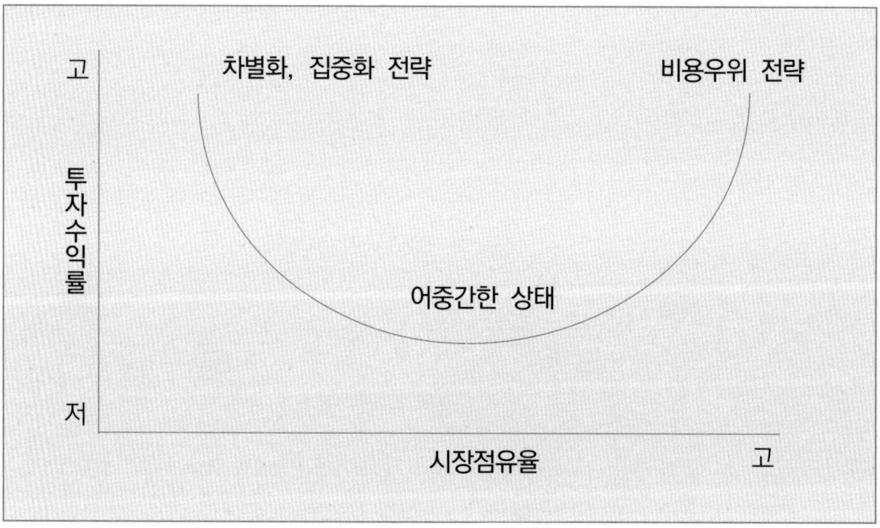

그림 6.2. 본원적 전략의 유형별 성과

2) Ibid., pp.11-16.

3) Ibid., pp.16-17.

차별화 전략과 비용 우위 전략은 경쟁 우위 요소 측면에서 상반된 개념의 전략이다. Porter의 주장에 의하면, 기업은 비용 우위 전략과 차별화 전략을 동시에 추진할 수 없다. 그 이유는 비용 우위 전략의 경우 기업이 저비용을 유지하기 위해 차별화가 아닌 표준화 제품을 소비자에게 제공해야 하지만, 차별화 전략은 기업이 소비자에게 특별한 혜택을 제공하기 위해 추가적 비용이 발생하기 때문이다.[4] 결국 Porter가 주장하는 경쟁 전략이란 차별화와 비용 우위 중 반드시 하나만 선택해야 하는 트레이드오프(Trade Off)이다.

그러나 이론과 달리 산업 현장에서는 두 개의 전략들이 상호 보완적으로 동시에 추진되는 경우도 있다.[5] 예를 들면 나이키는 수백만 원에서 수천만 원까지 거래되는 '에어조던4' 시리즈와 몇 만 원짜리 보급용 런닝화 '에어맥스'를 동시에 판매한다. 기아자동차는 'K9'과 같은 고가의 고급 승용차와 '모닝' 등 저가 승용차를 동시에 생산하고 판매한다. 이와 같이 현실에서는 두 전략이 동시에 추진되는 경우들을 쉽게 찾아볼 수 있다. 주로 기술 혁신을 선도하는 기업들이 차별화를 통해 수요를 늘리고 수요 증가가 다시 원가를 절감시킬 수 있는 특정 상황에서 두 가지 전략을 동시에 추진한다.

4) Ibid. p.13.

5) Grant, R. M.(2018), *Contemporary Strategy Analysis(10th)*, WILEY, p.184.

6.2 전략적 경쟁

'전략적 경쟁(Strategic Competition)'이란 기업이 경쟁적 균형 상태에서 경쟁업체와의 차별화를 위해 경쟁 우위를 창출하고 강화하기 위한 전략적 행동을 취하는 것을 말한다. 비용 우위든 차별화든 기업이 전략적 행동으로 옮기지 않으면 경쟁 우위는 창출되지 않는다. 비즈니스에서의 경쟁과 동물 세계의 경쟁은 한 가지 차이를 제외하고는 기본적으로 강자 생존의 점진적 진화 과정을 따른다. 여기에서 차이란 비즈니스 경쟁의 경우, 전략가가 상상력과 논리적 추론 능력 등을 사용해 경쟁의 효과와 변화의 속도를 가속화할 수 있다는 점을 말한다. 다시 말해, 전략가의 상상력과 논리력 등이 전략을 가능하게 하고, 기업은 이 전략을 통해 경쟁자와 차별화 할 수 있는 경쟁 우위를 확보할 수 있다는 것이다. 동물 세계와 같은 자연의 경쟁은 이러한 특징을 가지고 있지 않다.

전략적 경쟁은 진화 또는 변화의 시간을 단축시키고 비즈니스 생산성에도 중대한 영향을 미친다. 만약 경쟁업체가 먼저 전략적 행동을 취했는데 기업이 대응하지 못하고 또 자원도 제대로 활용하지 못한다면 기존의 경쟁적 균형이 순식간에 깨질 수 있다. 기업이 경쟁에 이기기 위해서는 전략적 경쟁의 기본 요소들을 갖추어야 한다.

전략적 경쟁의 기본 요소는 크게 다섯 가지이다.[6] 첫째, 경쟁 행위를 경쟁사·고객·자금·사람·자원이 지속적으로 상호 작용하는 하나의 시스템으로 이해해야 한다. 둘째, 이러한 이해를 통해 시스템 내 한 주체의 전략적 행위가 경쟁적 균형에 어떤 영향을 미치는지 예측할 수 있어야 한다. 셋째, 보상이 지연되더라도 새로운 용도에 전적으로 사용될 수 있는 자원을 보유하고 있어야 한다. 넷째, 이러한 사용이 정당화될 수 있도록 정확성과 확신을 가지고 위험과 보상을 예측할 수 있는 능력을 지녀야 한다. 마지막으로, 실행 의지가 있어야 한다.

6) Henderson, Bruce D.(1989), The Origin of Strategy, *Issue of Harvard Business Review*, Nov-Dec 1989. pp.139-145.

한편 기업이 사업부 차원에서 필요한 경쟁 우위를 성공적으로 창출하기 위해서는 전략적 경쟁의 기본 요소뿐만 아니라 그 개념에 따라 다음 세 가지 분석을 실시해야 한다. 첫째, 산업 구조에 대한 분석과 함께 성공 요인을 파악한다. 둘째, 자사의 경영 자원 및 핵심 역량을 분석한다. 셋째, 경쟁사의 경영 자원과 경쟁 전략을 분석한다.

앞에서 설명했던 시장점유율은 시장을 경쟁사와 구분하는 경계로 정의하지 않는다면 의미가 없다. 고객들은 시장점유율이 어떻게 되어 있던 그 자체가 균형이라고 여긴다. 기업이 그 균형을 깨고 사업 영역을 더 확장하기 위해서는 먼저 전략적 행동을 취해야 한다. 역으로 경쟁 기업이 먼저 행동을 취했다면 곧바로 전략적 대응을 해야 한다. 이러한 이유로 전략적 경쟁은 게임 이론과 관련이 있다.

6.3 게임 이론

6.3.1. 게임 이론의 개요

1944년 John von Neumann과 Oscar Morganstern이 공저인 'Theory of Games and Economic Behavior'를 출간한 이후, '게임 이론(Game Theory)'이 경영·정치·군사 등 다양한 분야에서 활용되고 있다. 경영에서 게임 이론은 기업들이 경쟁 상황에서 최적의 경영 전략을 수립하는 데 유용한 이론적 분석틀을 제공한다. 구체적으로 게임 이론은 한 기업이 전략을 실행할 때 경쟁 기업이 어떻게 반응하고, 또 그 반응에 대해 어떻게 대응해야 할지를 체계적으로 분석할 수 있게 해준다.

일반적으로 게임 모델은 플레이어(Player)의 수, 청산 금액의 총합계, 전략의 수에 따라 분류할 수 있다. 먼저 게임에서 경쟁을 하고 있는 플레이어 수가 두 명인 경우 2인 게임, 세 명 이상인 경우 n인 게임으로 구분된다. 또 각 플레이어의 이득과 손실이라는 게임 결과에 따라 '제로섬 게임(Zero Sum Game)'과 '비제로섬 게임(Non Zero sum game)'으로 구분할 수 있다. 그리고 플레이어가 사용할 수 있는 전략의 수가 무한 또는 유한한지에 따라 모형을 구분하기도 한다.

한편 전략적 경쟁을 하고 있는 기업들이 합리적인 경쟁 전략을 수립하기 위해 활용하는 게임 이론은 다음과 같은 특성을 가지고 있다. 첫째, 합리적 의사결정을 하는 소수의 동등한 경쟁 기업들 간의 경쟁 결과를 예측한다. 둘째, 경쟁 기업 간 상호 작용으로서 전략적 의사결정의 틀을 제시한다. 셋째, 경쟁보다 협조가 더 유리함을 시사한다. 넷째, 기업들의 행위가 '동시적 게임(Simultaneous Game)'인 경우 손익행렬(Payoff Matrix), '순차적 게임(Sequential Game)'인 경우 의사결정수(Decision Tree)를 통해 각 전략 대안의 성과를 분석한다.

게임 이론에 따라 기업 간의 경쟁 행위는 동시적 게임과 순차적 게임으로 구분된다. 순차적 게임은 체스나 바둑처럼 순서대로 행위가 이루어지는 경쟁을 말한다. 체스를 두는 사람은 상대방이 수를 둔 다음, 자기 수에 상대가 어떻게 대응할 것인지를 예측하면서 다음 수를 두게 된다. 반면 동시적 게임은 '가위·바위·보' 게임과 같이 둘 이상의 사람이 동시에 가위나 바위 또는 보를 냄으로써 승패를 결정하는 게임과 같다.[7)]

6.3.2. 동시적 게임

동시적 게임은 경쟁 관계에 있는 두 자동차 기업이 동시에 의사결정을 하고 상호 간에 정보 교환이 없다는 가정을 한다. 동시적 게임에서 두 기업 간의 경쟁 상황을 잘 묘사해주는 것이 손익행렬이다. 손익행렬이란 경쟁 관계에 있는 두 기업의 전략적 결정에 따라 각 기업이 얻을 수 있는 손익을 나타낸 그림이다. 손익행렬의 우상과 좌하에 나타난 A와 B의 손익 규모를 보면, A에게 가장 유리한 선택은 A가 신형 모델을 출시하고 B가 현재 모델을 그대로 유지하는 경우이다. 그 이유는 두 기업이 모두 현재 모델을 유지하면서 100의 이익을 얻는 경우보다 A가 신형 모델을 출시함으로써 이익이 120으로 더 커지기 때문이다.

		A	
		현행유지	신형출시
B	현행유지	100 100	120 80
	신형출시	80 120	90 90

그림 6.3. 손익행열

그러나 B도 같은 입장이라면, A나 B는 각각 신형 모델을 출시하는 것이 자신의 입장에서 더 유리한 '주 전략(Dominant Strategy)'이 된다. 주 전략

7) 장세진(1998), 글로벌경쟁시대의 경영전략, 박영사, p.146.

이란 경쟁 기업의 행동과 관계없이 자신의 입장에서 보았을 때 최적의 전략을 의미한다. 하지만 주 전략에 따라 두 기업이 동시에 신형을 출시하게 되면 오히려 현행 유지를 할 때보다 두 기업 모두 이익이 감소하게 된다. 이처럼 두 기업에게 불리한 상황을 '비협조적 게임'이라고 한다.

비협조적 게임은 '수인의 딜레마(Prisoners' Dilemma)'를 통해 쉽게 이해할 수 있다. 2인조 강도가 강도 혐의로 경찰 조사를 받으면서 범행 사실을 부인할 때 경찰이 개별 심문을 통해 공범자의 범행 사실을 폭로하면 자신은 석방될 수 있다고 유혹한다면, 두 강도 모두 자신들의 석방을 위해 상대를 폭로하게 되고, 결국 둘 다 처벌을 받게 된다. 증거 부족으로 모두 풀려날 수 있음에도 불구하고 상대를 고발하는 것은 그것이 두 강도에게 더 유리한 주 전략이기 때문이다.

그러나 수인의 딜레마에서 비협조적 게임은 이것이 장기간 지속될 경우 경쟁자의 보복 위협이 두려워 둘 다 서로를 밀고하는 행위를 자제하면서 해결된다. 기업의 경우에도 비협조로 인한 손실과 경쟁 기업의 보복 때문에 오히려 카르텔과 같은 상호 협조를 하게 된다. 비협조적 게임을 피하기 위해 게임 전 구속력 있는 계약을 체결하는 협조적 게임의 사례들을 다양한 경쟁 상황에서 찾아볼 수 있다. 1970년부터 영업을 시작한 '수원통닭거리'는 원조 가게를 비롯해 열 개 이상의 가게가 동일한 메뉴를 저렴한 가격으로 판매하고 있다. 이들은 영업시간을 상호 조정하는 협조적 게임을 통해 과당 경쟁을 방지하고 비용을 절감하는 효과까지 얻을 수 있었다.

6.3.3. 순차적 게임

순차적 게임에서는 기업이 어떤 전략적 행동을 실행하려고 할 때, 경쟁 기업이 어떤 반응을 보일 것인가를 미리 분석한 후 의사결정을 하게 된다. 기업들의 전략적 행동은 순차적으로 이루어지는 경우들이 의외로 많다. 특히 가전이나 자동차 등 과점 시장에서 순차적 게임의 행동들을 쉽게 발견할 수 있다. 대표적인 사례로 2000년대 국내 이동통신사들의 게임 상황을 들 수 있다.

국내 이동통신사의 시장점유율은 오랫동안 SK텔레콤·KT·LG유플러스

순으로 구성되어 왔다. 자금력에서 유리한 SK텔레콤이 보조금 지원 정책을 통해 초반부터 과반의 시장점유율을 차지하고 있었다. 이 균형을 깨기 위해 2007년 3월 KT가 3G 서비스인 '쇼브랜드'를 출시하였다. 새로운 서비스로 가입자가 1년 후 500만 명, 2년 후 1,000만 명으로 증가하는 영업성과를 달성하였지만, SK텔레콤이 강력한 보조금 정책을 추진하면서 시장점유율 선두를 그대로 유지하였다. KT는 2009년 6월 KTF와 합병한 후, 9월에 국내 최초로 애플의 아이폰을 도입하는 전략적 행동을 감행했다. 하지만 시장의 변화는 없었다. 이 사이 위기감을 느낀 LG텔레콤이 2011년 7월 '파워콤'과 '데이콤'을 합병해 '유플러스'로 통합한 후 공격적인 마케팅을 시작했다. 그러자 KT가 2012년 4G 기술인 LTE를 시장에 내놓았고, 이에 대응하기 위해 SK텔레콤도 2013년 6월 LTE-A를 출시하였다. 이어 LG유플러스는 100% LTE로 대응하였고, KT는 다시 '데이터 두 배' 전략으로 응수하는 전략적 행동을 순차적으로 이어갔다.

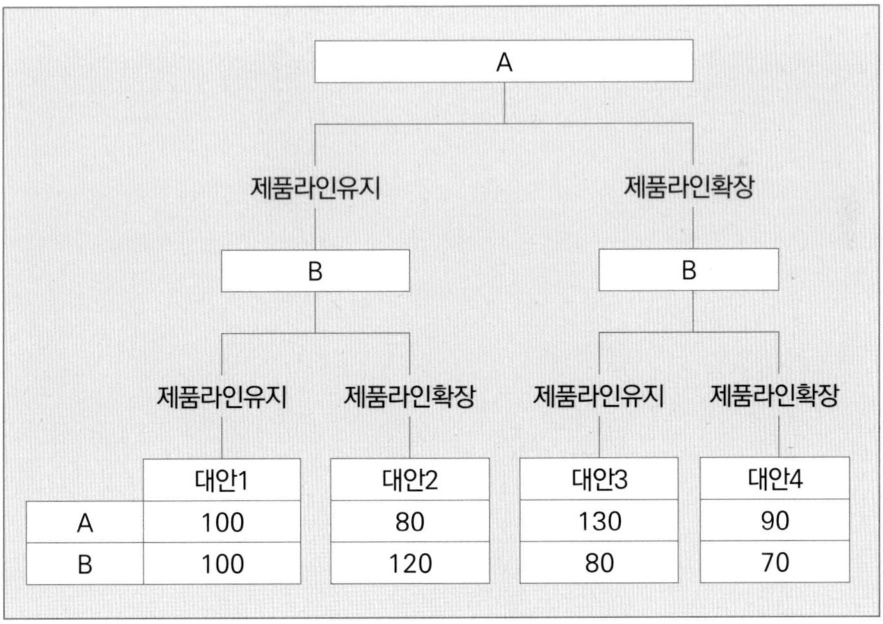

그림 6.4. 순차적 게임

이동통신사들의 순차적 게임에서 보듯, 경쟁사 간의 전략적 행동은 서로의 반응을 보고 결정된다. 이 때 의사결정수를 통해서 경쟁 기업들이 선택할 수 있는 각 대안들을 살펴보고, 대안별 손익을 추정할 수 있다. 예를 들어 경쟁사 A와 B 간의 제품 라인 확장과 관련된 순차적 게임의 경우, 대안의 수는 A의 제품 라인 확장 여부에 따른 B의 순차적 행동에 따라 네 가지 수가 만들어진다. 이 가운데 A의 기대 이익은 대안 3과 같이 A가 제품 라인을 확장하고 B가 제품 라인을 확장하지 않을 때 가장 크다. 설령 B가 제품 라인 확장을 따라 한다고 해도 B가 상대적으로 더 큰 손실을 입게 된다. 만약 반대로 A가 제품 라인을 확장하지 않았는데 B가 제품 라인을 확장하게 된다면 A의 입장에서는 큰 손해를 입기 때문에 결국 A는 제품 라인을 확장하게 된다. A가 제품 라인을 확장할 때 B의 입장에서는 제품 라인을 확장하지 않는 것이 손실이 더 적기 때문에 게임의 균형점은 대안 3에서 결정될 가능성이 크다.

6.4 공격 전략과 방어 전략

게임 이론에서 살펴본 바와 같이, 기업 간 경쟁은 작용과 반작용이라는 순차적 행동으로 이루어지는 경우가 많다. 시장 내에서 한 기업이 경쟁적 균형을 깨기 위해 먼저 공격적 행동을 취하면 다른 기업은 당연히 방어적 행동으로 대응하게 된다. 이처럼 기업들의 전략적 경쟁은 공격 전략과 방어 전략으로 이어진다.

6.4.1. 공격 전략

공격 전략은 주로 시장 도전 기업(Market Challenger)이 시장 선도 기업(Market Leader)의 지위를 탈환할 목적으로 이루어진다. 도전 기업이 공격 전략을 성공적으로 실행하기 위해서는 다음과 같은 조건들을 충족해야 한다. 첫째, 공격 기업은 비용이나 차별화에서 시장 선도 기업을 압도할 수 있는 분명하고 지속 가능한 경쟁 우위를 가지고 있어야 한다. 둘째, 공격 기업은 시장 선도 기업의 다른 경쟁 우위를 상쇄할 수 있는 방법을 가지고 있어야 한다. 셋째, 공격 기업은 시장 선도 기업의 반격을 무디게 할 수 있는 수단들을 가지고 있어야 한다. 넷째, 공격 기업은 자신도 모르게 전략적 행동들이 산업 전체의 매력도를 떨어뜨리지 않도록 주의해야 한다.[8)]

한편 공격 전략은 정면 공격을 포함해 크게 다섯 가지 유형으로 분류된다.[9)] 어떤 형태든 시장 도전 기업이 공격 전략을 수립할 때는 시장 선도 기업의 약점을 잘 분석하고, 이를 전략적으로 활용해야 한다.

6.4.1.1. 정면 공격

정면 공격(Frontal Attack)이란 경쟁사의 제품·가격·광고 등에 맞대응하는 전략을 말한다. 만약 방어 기업이 지형적 우위를 갖지 못한 경우라면

8) Porter, M. E.(1985), *op. cit.*

9) 필립 코틀러(2004), 신경제시대의 코틀러 마케팅(신종칠 옮김), 시그마프레스; Kotler, P., 외(2012), Kotler·Keller 핵심 마케팅관리, Pearson. pp.190-191.

자원을 더 많이 보유한 공격 기업이 승리할 가능성이 크다. 특히 가격 인하와 같은 정면 공격은 시장 선도 기업의 보복 가능성이 낮거나 제품의 성능이 동등할 때 효과가 있다.

정면 공격의 사례로 현대자동차와 도루코를 들 수 있다. 현대자동차는 BMW 7시리즈와 벤츠 S클래스에 정면으로 도전하기 위해 동급의 저가 에쿠스(VI) 모델을 출시하였다. 도루코도 질레트의 마하3에 공격하기 위해 저가의 윈3와 터치3을 출시하였다.

6.4.1.2. 측면 공격

측면 공격(Flank Attack)은 자원이 약한 도전 기업이 경쟁 기업의 약점을 공격하는 전략을 말한다. 측면 공격은 공략 과정 중 세분 시장의 변화에서 발생하는 차이를 또 하나의 강력한 세분 시장으로 발전시킬 수도 있다. 측면 공격은 주로 경쟁사의 성과가 저조한 지역을 공략하는 방법으로 이루어진다. 예를 들면 Honeywel은 IBM이 관심을 갖지 않는 중·소규모 도시에 판매망을 설치하는 방식으로 시장을 공략하였다.

측면 공격의 또 다른 방법은 시장 선도 기업이 충족시키지 못하고 있는 시장 니즈(Market Needs)를 찾아서 충족시키는 방법이다. 예를 들어 Miller Brewing(이하 밀러)은 맥주를 마시면서 비만을 우려하는 소비자들의 니즈를 충족시키기 위해 '라이트 비어'를 새롭게 출시하는 방식으로 Budweiser(이하 버드와이저)를 공격하였다.

6.4.1.3. 포위 공격

포위 공격(Encirclement Attack)이란 경쟁사의 광범위한 시장 영역을 장악하기 위해 정면과 측면 등 모든 방향에서 경쟁사를 대대적으로 공격하는 전략을 말한다. 포위 공격은 공격 기업이 우수한 자원을 가지고 있으면서 신속한 포위를 통해 경쟁사를 압도할 때 공격 효과가 커진다. 포위 공격의 대표적 사례로 Sun Microsystems이 Microsoft(이하 마이크로소프트)를 공격하기 위해 모든 유형의 장비에 '자바(Java)' 소프트웨어의 라이센스를 실시한 사례를 들 수 있다.

6.4.1.4. 우회 공격

우회 공격(Bypass Attack)이란 기업이 경쟁사와 직접적인 경쟁을 피하면서 공격하기 쉬운 분야를 찾아 공격하는 전략을 말한다. 일반적인 우회 공격으로 비관련 제품으로의 다각화, 새로운 지역 시장으로의 다각화, 기존 제품을 대체할 새로운 기술로의 도약 등 세 가지 옵션이 있다.

비관련 제품 다각화를 통한 우회 공격 사례로 Pepsi(이하 펩시)의 Tropicana(이하 트로피카나)와 Gatorade(이하 게토레이) 인수를 들 수 있다. 펩시는 코카콜라의 Minute-Maid(이하 미닛메이드)에 대항하기 위해 당시 오렌지 쥬스 점유율이 42%였던 트로피카나를 인수하였다. 당시 미닛메이드의 시장 점유율은 24%였다. 또 스포츠 음료 시장점유율 80%였던 Quake Oats의 게토레이를 인수함으로써 코카콜라의 Powerade(이하 파워에이드)를 압도하였다.

6.4.1.5. 게릴라 공격

게릴라 공격(Guerrilla Attack)이란 시장 도전 기업이 소규모의 지속적인 공격을 통해 경쟁사를 괴롭힘으로써 안정적이고 영구적인 발판을 마련하기 위한 전략을 의미한다. 일반적으로 선택적 가격 인하, 집중적 촉진 공세, 주의를 끌기 위한 활동 등 다양한 방법들이 동원된다.

집중적 촉진 공세 사례로 Princeton Review의 광고 슬로건을 들 수 있다. Princeton Review는 당시 "친구는 친구가 Kaplan을 선택하는 것을 그대로 두지 않는다"라는 광고 슬로건과 함께 소규모의 내실 있는 과외교실 운영을 통해 Kaplan Education Center를 공격하였다. 펩시도 길거리 블라인드 테스트 캠페인인 '펩시 챌린지(Pepsi Challenge)'와 같은 방법을 통해 코카콜라를 공격하였다.

6.4.2. 방어 전략

전략적 경쟁 관계에서 시장 선도 위치에 있는 기업들은 기존 경쟁사나 신생 기업으로부터 공격을 받기 마련이다. 방어 전략은 주로 시장 선도 기업이 경쟁사의 공격 가능성과 위험성을 낮추거나 공격의 충격을 완화시킴으로써 기업의 경쟁 우위를 유지하는 데에 목적이 있다. 방어 전략은 위치 방어를 포함해 여섯 가지 유형으로 구분된다.[10)]

6.4.2.1. 위치 방어

위치 방어(Position Defense)란 선도 기업이 브랜드파워를 구축한 후, 이를 난공불락의 우수 브랜드로 성장시킴으로써 현재의 위치를 방어하는 전략을 말한다. 대표적인 사례로 하인즈의 방어를 들 수 있다. 경쟁사인 Hunt's(이하 헌츠)가 하인즈의 케첩을 공격하기 위해 상당한 비용을 투자해 새로운 케첩을 출시하였다. 하지만 하인즈도 공격적인 마케팅을 통해 시장 점유율을 50% 이상 유지하면서 선도 기업의 위치를 방어할 수 있었다.

6.4.2.2. 측면 방어

측면 방어(Flank Defense)란 시장 선도 기업이 도전 기업의 공격으로부터 약한 측면을 보호하거나 이를 역공의 전초기지로 삼는 전략을 의미한다. 대표적인 사례로 보드카 시장의 선도 기업인 Smirnoff(이하 스미노프)의 역공을 들 수 있다. 도전 기업의 위치에 있던 Wolfscmidt(이하 울프슈미트)는 스미노프를 공격하기 위해 보드카의 병당 가격을 1$씩 인하하는 정면 공격을 시도하였다. 스미노프는 울프슈미트의 가격 인하에 맞서 오히려 가격을 1$씩 인상하고 광고 등 프로모션을 더욱 확대하였다. 이와 함께 저가의 새로운 브랜드를 출시하는 등 울프슈미트의 가격 경쟁에 적극 대응함으로써 선도 기업의 자리를 지켜냈다.

6.4.2.3. 선제 방어

선제 방어(Preemptive Defense)란 경쟁 기업이 공격하기 전에 선도 기업이 먼저 공격적인 방어를 단행하는 전략을 말한다. 예를 들면 선도 기업이 다양한 신제품을 먼저 출시하거나 가격을 지속적으로 인하시킴으로써 경쟁 기업이 공격을 단념하도록 하는 방식이다. 주로 유명 브랜드를 보유한 기업들이 선제 방어 전략을 선호한다. 예를 들어 Seiko(이하 세이코)는 수

---

10) 필립 코틀러, 전게서; Kotler, P., 외, 전게서. pp.188-189.

많은 경쟁사들을 견제하기 위해 한 때 3,000개의 시계 모델을 전 세계 시장에 먼저 유통시키는 방어 전략을 추진한 적도 있다.

6.4.2.4. 반격 방어

반격 방어(Counteroffensive Defense)란 기업이 공격을 받았을 때 경쟁 기업의 주요 시장을 반격함으로써 시장 영역을 방어하거나, 또는 경제적·정치적 영향력을 발휘하여 도전 기업의 공격을 단념시키는 전략을 말한다. 대표적인 사례로 혼다의 반격을 들 수 있다. 혼다가 사업 다각화로 자동차 시장에 집중하는 사이 Yamaha(이하 야마하)가 모터사이클 시장을 확장하기 시작하면서 종종 혼다를 자극하는 발언을 하였다. 결국 혼다는 가격 인하와 함께 판촉비용을 대폭 확대하였다. 또한 혼다는 반격의 무기로 제품 다변화를 시도해, 당시 81개의 신모델을 출시함으로써 야마하의 도전에 치명상을 안겨주었다.

6.4.2.5. 이동 방어

이동 방어(Mobile Defense)란 시장 선도 기업이 관련 산업으로의 시장 확장과 비관련 산업으로의 시장 다각화를 통해 미래에 공격과 방어의 중심이 될 새로운 시장 영역을 확장하는 전략을 의미한다. 이동 방어의 대표적인 사례로 Philip Morris(이하 필립 모리스)의 사업 다각화를 들 수 있다. 필립 모리스는 향후 담배 시장이 어려움을 겪을 것을 예상해 맥주와 식품 등으로 비관련 사업 다각화를 시행하는 이동 방어 전략을 대대적으로 추진하였다.

6.4.2.6. 후퇴 방어

후퇴 방어(Contraction Defense)란 시장 선도 기업이 모든 시장 영역을 방어하기 어렵다고 판단하는 경우 상대적으로 약한 시장 영역을 포기하고, 대신 강한 시장 영역에 자원을 재할당하는 축소 전략을 말한다. 전략적 철수와 같이 계획된 축소 전략이 대표적인 후퇴 방어 유형이다. 후퇴 방어의 대표적인 사례로 글로벌 식품업체인 하인즈와 General Mills(이하 제너럴 밀스)의 제품 라인 축소를 들 수 있다. Kraft(이하 크래프트)와 합병을 통해 기업 규모를 키웠던 하인즈는 2021년 견과류 사업 매각 등 비주력 제품이나 판매가 부진한 제품 라인들을 매각하고 있다. 제너럴 밀스도 사업 대형화를 추진하면서도 경쟁력이 떨어지는 제품과 사업에 대해서는 전략적으로 매각을 단행하고 있다.

6.4.3. 방어 전술

선도 기업이 방어 전략을 성공적으로 추진하기 위해서는 구체적인 방법의 전술이 필요하다. Michael Porter는 선도 기업이 방어에 성공하기 위해 필요한 다양한 방어 전술들을 다음과 같이 소개하였다.[11)]

- **진입 장벽 구축**

제품 라인 격차 보강, 유통 채널 봉쇄, 구매자의 교체 비용 상승, 규모의 경제 효과 강화, 대체 기술 등을 이용해 경쟁사의 시장 진입이 어렵도록 장벽을 구축한다.

- **보복 가능성 시사**

경쟁사에게 보복 가능성을 시사함으로써 공격 의지를 무력화시킨다. 예를 들면 강력한 방어 의지 표시, 경쟁적 거래 조건 제시, 다른 산업이나 국가에서 공격 입지 구축, 방어적 제휴 관계 구축 등의 방법이 있다.

- **공격 유인 감소**

시장 선도 기업이 제품의 가격과 이익 목표를 인하하거나, 경쟁 기업이 산업의 미래에 대해 부정적 인식을 할 수 있도록 영향력을 행사한다.

11) Porter, M. E.(1985), *op. cit.*, p.487.

비용 우위 전략

제7장

7.1. 비용 우위 전략의 개념
7.2. 비용 우위의 원천
7.3. 규모의 경제
7.4. 규모의 불경제
7.5. 학습 효과
7.6. 범위의 경제
7.7. 비즈니스 프로세스 리엔지니어링
7.8. 프로세스 이노베이션
7.9. 글로벌 가치사슬

7.1 비용 우위 전략의 개념

비용 우위 전략이란 가격이 경쟁력의 원천이라는 전통적 개념에 따라 기업이 동일한 제품이나 서비스를 경쟁 기업보다 더 저렴한 비용으로 생산하고 판매하는 전략을 의미한다. 비용우위 전략은 전자나 자동차와 같은 제조업뿐만 아니라 유통이나 운송과 같은 서비스업 에서도 쉽게 찾아볼 수 있다. 대표적인 예로, 유통업에서는 월마트나 Costco(이하 코스트코) 등을 들 수 있고, 운송업에서는 티웨이나 이스트항공 등 저가 항공사(Low Cost Carrier)를 들 수 있다.

저가 항공사들은 처음부터 저렴한 가격을 경쟁 우위로 삼고 시장에 진입하지만, 이익 창출을 위해 거의 모든 서비스에 추가 요금을 부과한다. Ryanair(이하 라이언에어)의 경우 스낵은 물론 담요나 베개 사용에도 요금을 받는다. 진에어의 기내 와이파이 엔터테인먼트인 '지니플레이'도 유료이다. 제주항공은 고객이 '리프레시 포인트'를 구입해서 기존 포인트와 통합 사용할 수 있도록 하고 있다. 비용 우위 전략을 추구하는 기업들은 다음과 같은 특징들을 가지고 있다.

비용 우위 기업들의 특징은 다음과 같다. 첫째, 우수한 품질과 외형을 가진 제품에서 비용 우위를 창출한다. 둘째, 경쟁 기업의 비용에 대한 관심을 지속적으로 갖는다. 셋째, 비즈니스 프로세스 분석을 통해 다양한 비용 우위 원천을 찾아내고, 이들을 지속적으로 관리한다. 넷째, 장기적으로 발생하는 비용을 절감하기 위해 과감하게 투자한다. 다섯째, 비용 절감을 기업 문화로 만든다.[1)]

1) Ibid., pp.12-14.

7.2 비용 우위의 원천

비용 우위 전략을 추진하는 기업들은 대체로 규모의 경제, 범위의 경제, 비즈니스 프로세스의 재구축, 제품 및 서비스의 단순화와 같은 다양한 비용 절감의 원천과 방법들을 찾아내서 지속적으로 추진하는 특성을 가지고 있다. 비용 우위의 주요 원천으로 규모의 경제, 학습 효과, 생산 기술, 제품 디자인, 투입 비용, 생산 설비의 활용도, 조직의 효율성 등을 들 수 있다.

표 7.1. 비용 우위의 원천

비용우위의 원천	결 정 요 인
규모의 경제	▪ 투입 요소의 비분할성(Indivisibility)
	▪ 분업과 전문화
	▪ 투입과 산출 간의 기술적 관계
범위의 경제	▪ 투입 요소의 공동 사용
학습 효과	▪ 숙련도의 향상
	▪ 조직의 일상적 과정 개선
생산 기술	▪ 프로세스 혁신
	▪ 비즈니스 프로세스 리엔지니어링
제품 디자인	▪ 디자인과 부품의 표준화
	▪ 제조업자를 위한 디자인
투입 비용	▪ 입지 우위
	▪ 저렴한 투입 요소의 확보
	▪ 비노조원
	▪ 구매력
생산 설비 활용도	▪ 변동비 대 고정비의 비율
	▪ 설비의 조정 속도
조직 효율성	▪ 조직의 쇄신
	▪ 동기와 문화
	▪ 관리의 효율성

비용 우위 원천은 다시 세부적인 결정요인들의 영향을 받는다. 예를 들면 규모의 경제는 분업과 전문화, 학습 효과는 숙련도의 향상, 생산 기술은 프로세스의 혁신, 제품 디자인은 디자인과 부품의 표준화, 투입 비용은 저렴한 투입 요소의 확보, 생산 설비의 활용도는 변동비 대 고정비의 비율, 조직 효율성은 조직의 쇄신 등 원천별로 다양한 세부 요인들을 꼽을 수 있다. 비용을 결정하는 요인들은 제조업과 서비스업 간에 차이가 있고, 또 사업의 성격에 따라 달라질 수 있다. 따라서 비용 우위 전략이 성공할 수 있도록 기업 및 산업별 상황에 적합한 결정요인들을 찾아내 효과적으로 활용할 필요가 있다.[2)]

2) Grant R. M., *op. cit.*, p.168.

7.3 규모의 경제

7.3.1. 규모의 경제의 개념

'규모의 경제(Economies of Scale)'란 일정 기간 동안 생산량이 늘어나면서 비용이 절감되거나 효율성이 커지는 효과를 의미한다. 달리 말하면, 산출량이 증가할수록 단위당 투입비용이 '최소 효율 규모(Minimum Efficient Scale)'에 이를 때까지 감소하는 것을 규모의 경제라고 한다. 규모의 경제는 생산뿐만 아니라 구매·유통·광고·조달 등 다양한 분야에서 발생한다. 기업들이 해외 진출을 통해 시장 규모를 키우는 주요 원인 가운데 하나도 바로 글로벌 생산·구매·마케팅 활동 등 다양한 기능에서 규모의 경제를 달성할 수 있기 때문이다.

규모의 경제는 다양한 산업에서도 발생한다. 예를 들어 공장이나 설비와 같이 고정 비용이 대규모로 투입되는 철강과 반도체와 같은 제조업에서 규모의 경제 효과가 크지만, 쿠팡과 같은 유통업에서도 '로켓배송'과 같은 전략을 통해 규모의 경제 효과를 높이고 있다.

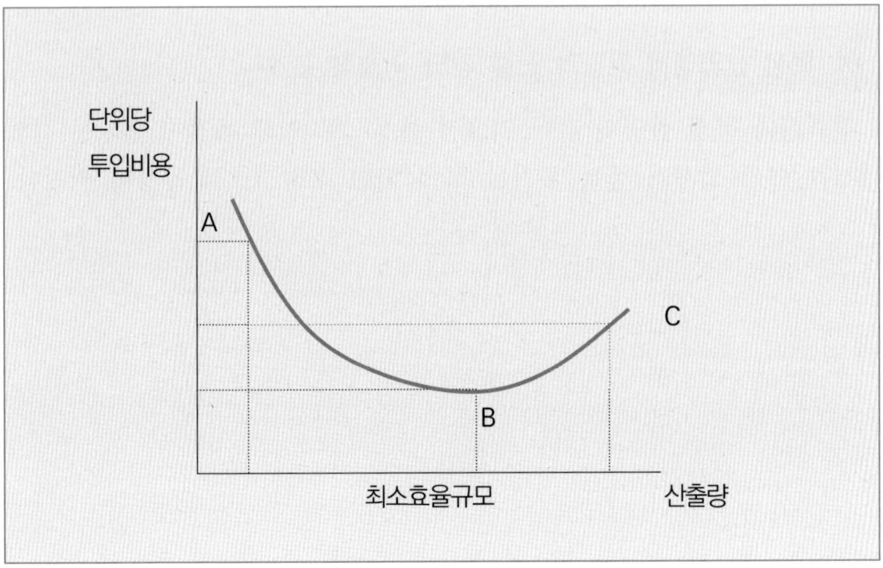

그림 7.1. 규모의 경제

7.3.2. 규모의 경제 결정요인

규모의 경제 효과는 다양한 요인에 의해 발생한다. 주요 결정요인으로 다음과 같이 투입 요소의 비분할성, 전문화, 투입과 산출 간의 기술적 관계를 들 수 있다.[3)]

■ 투입 요소의 비분할성

투입 요소를 일정량 이하로 구매할 수 없는 경우, 여럿이 공동 구입하여 생산에 활용함으로써 규모의 경제를 높일 수 있다. 예를 들어 12시간 컴퓨터 작업하는 사람이 24시간 작업이 가능한 컴퓨터를 반으로 분할해서 구입할 수는 없다. 12시간 작업하는 다른 사용자와 함께 구입비를 절반씩 분담해서 컴퓨터를 구매하고 활용한다면 두 작업자 모두 비용을 절감할 수 있다.

■ 전문화의 이득

사람은 개별적으로 생산 활동을 하는 것보다 공동 생산이나 분업 등을 통해 대량 생산을 하다보면 작업에 대한 숙련도가 높아지고 전문화도 촉진된다. 특정 기능에서의 전문화는 결국 생산성을 높이기 때문에 규모의 경제 효과로 이어진다.

■ 특정 산업에서 투입과 산출 간의 기술적 관계

전력이나 통신 산업과 같이 기술적 특성으로 인해 독점이 필요한 산업에서는 여러 업체가 중복 투자를 하게 되면 오히려 비효율성이 커진다.

3) Ibid., p.168.

7.4 규모의 불경제

규모의 경제 효과로 감소하던 평균 단가는 최소 효율 규모 지점을 지나면 다시 상승하기 시작한다. 이것을 '규모의 불경제(Diseconomy of Scale)'라고 한다. 규모의 불경제를 초래하는 요인들은 다양하다. 주요 원천으로 경영상의 불경제, 종업원의 사기 저하, 생산 설비와 시장 및 공급자와의 원거리, 조직의 관료화 등을 들 수 있다.

■ 경영상의 불경제

기업의 규모가 확장되면 경영상의 복잡성이 커지고 경영자들이 기업을 효율적으로 운영할 수 있는 능력이 제한된다. 해당 산업의 효율적 규모를 초과하면 공정 관리의 비효율성이나 저품질 문제 등의 부작용이 발생하기 쉽다.

■ 종업원의 사기 저하

규모가 커지면서 업무가 지나치게 특화되다 보면 종업원의 사기가 저하될 가능성이 커진다.

■ 생산 설비와 시장 및 공급자와의 원거리

대규모 생산 설비는 통상 공급자나 시장과 멀리 떨어진 곳에 구축되기 마련이다. 원료나 완제품의 수송 원가가 클 경우 전체적으로 원가가 올라갈 가능성이 커진다.

■ 조직의 관료화

조직이 관료화될수록 기업 혁신을 위한 신속한 의사결정이 지연되는 경우가 많아진다. 대표적인 사례로 노키아를 들 수 있다. 2007년 삼성전자의 인도 시장 핸드폰 점유율이 5%일 때 노키아의 시장점유율은 70%를 넘고 있었다. 그 후 6년 만에 노키아는 인도 시장을 삼성전자에게 넘겨주고 말았다. 노키아 몰락의 주요 원인으로 대량 생산 지향으로 인한 조직의 대형화와 관료화를 손꼽는다. 전형적인 관료주의의 표상이었던 노키아의 집단 지도 체제는 비즈니스 모델의 신속한 변화와 의사결정을 더디게 만드는 장애물이었다.

■ 유연성 저하

조직의 규모가 너무 커지다보면 유연성이 떨어질 가능성이 높아진다. 결국 기업이 소비 패턴을 포함한 시장의 변화에 민첩하게 대응하지 못하면서 전체 비용만 상승하게 된다.

7.5 학습 효과

7.5.1. 학습 곡선 효과

학습 효과(Learning Effect)는 1964년 Winfred Hirschmann이 HBR에 게재했던 논문, 'Profit from the Learning Curve'을 통해 알려지게 되었다. 작업자가 어떤 일을 처음 수행할 때는 작업에 익숙하지 않아서 많은 시간이 소요되지만, 일을 반복할수록 숙달이 되면서 작업 시간 또는 노동 투입량이 줄어들게 된다. 이것을 학습 효과라고 한다. Hirschmann은 항공기 제작을 예로 들었는데, 항공기 제조 대수가 두 배로 증가할 때마다 한 대당 노동 투입량이 20% 감소하는 것으로 나타났다. 이 효과를 수학적으로 표현한 그림이 '학습 곡선 효과(Learning Curve Effect)'이다.[4]

학습 곡선 효과는 규모의 경제와 매우 유사하지만, 두 가지 차이점이 있다. 첫째, 규모의 경제가 어느 특정 시점의 생산량과 평균 원가와의 관계를 설명하는 반면, 학습 곡선 효과는 일정 기간 누적된 생산량과 평균 원가와의 관계를 설명한다. 둘째, 규모의 경제는 생산량이 최소 효율 규모 지점을 지나면 평균 원가가 상승하지만, 학습 곡선 효과는 누적 생산량이 증가할수록 평균 원가가 기술적으로 가능한 한계점에 도달할 때까지 감소한다.

7.5.2. 경험 곡선 효과

학습 효과를 BCG의 전 CEO, John Clarkeson이 경영 활동에 활용할 수 있도록 체계화 한 것이 '경험 곡선 효과(Experience Curve Effect)'이다. 경험 곡선 효과는 누적 생산량의 증가와 함께 기업의 경험이 풍부해지면서 단위당 비용이 일정한 비율로 감소하는 현상을 의미한다. 경험 곡선은 X축에 경험(누적 생산량/시간)을 표시하고 Y축에는 단위 비용을 표시한 후 경험 효과를 나타낸 우하향 곡선인데, 이들 두 변수에 로그(Log)를 취하면 직선의 형태로 나타난다. 경험 곡선은 기울기가 가파를수록 효과가 크다.

---

4) Hirschmann, W. B.(1964), Profit from the Learning Curve, *Harvard Business Review*, January, pp.125-139.

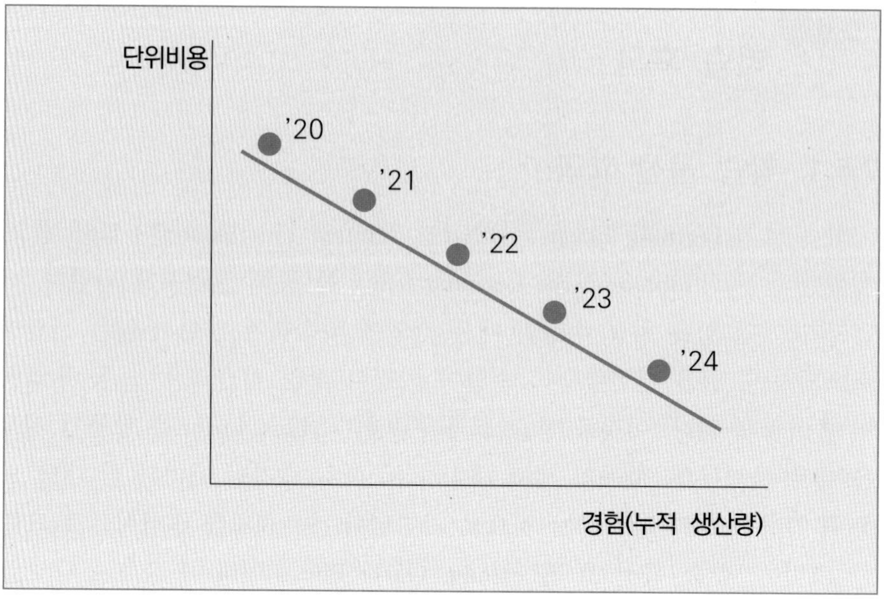

그림 7.2. 경험 곡선

경험 곡선 효과는 단순히 생산량을 증가시킨다고 해서 나타나는 것이 아니다. 학습 효과, 즉 학습을 통한 노동 숙련도의 향상뿐만 아니라 생산 현장에서의 공정 혁신과 자재의 효율적 관리, 제품 설계의 개선과 표준화, 조직의 일상 과정 개선 등의 노력을 할 때 경험 효과는 더욱 커진다.

기업은 경험 곡선을 이용해 원가 동향을 분석하고 이를 전략에 활용할 수 있다. 예를 들어 기업이 신제품을 출시할 때 경험 곡선을 이용해서 미래 생산량의 증가에 따른 원가 하락을 예측할 수 있다. 이 때 기업은 경쟁 기업보다 낮은 가격을 책정해 시장에 진입하는 '시장 침투 가격 전략(Penetration Pricing Strategy)'을 추진함으로써 가격 경쟁력을 확보할 수 있다. 이것은 당시 일본 기업들이 시장점유율을 늘리기 위해 추진했던 전형적인 저가 전략이었다. 하지만 시장 침투 가격 전략은 단순히 덤핑을 통한 시장점유율 확보가 목표가 아니었다. 일본 기업들은 저가로 누적 생산 및 판매량을 늘리면서 비용을 낮추었고, 부족한 자본은 차입금을 늘리는 방식으로 비용 우위를 통해 고성장을 이룬 것이다.

7.6 범위의 경제

7.6.1. 범위의 경제의 개념

범위의 경제(Economies of Scope)란 기업이 단일 제품을 생산할 때 나타나는 규모의 경제에 대응하는 개념으로서, 여러 개의 제품들을 여러 개별 기업들이 각각 생산하는 것보다 한 기업이 동시에 생산할 때 평균 비용이 감소하는 현상을 말한다. 따라서 범위의 경제는 글로벌 기업들이 사업 다각화를 추진하는 주요 원인이라고 할 수 있다. 범위의 경제는 다음과 같은 경우에 발생한다. 첫째, 기업이 두 가지 이상의 제품을 동시에 생산할 때 투입 요소를 공동 사용함으로써 발생한다. 둘째, 기술이나 정보와 같이 추가 생산을 위해 추가 비용을 부담하지 않아도 되는 자원들을 활용하여 각각 다른 제품들을 생산할 때 발생한다.

7.6.2. 복잡성 비용

기업이 범위의 경제 효과를 얻기 위해 다양한 제품을 생산함으로써 평균비용을 절감할 수도 있지만, 제품의 종류가 증가하다 보면 '복잡성 비용(Complexity Cost)'과 같은 추가 비용이 발생할 수도 있다. 복잡성 비용은 기업의 비용 구조를 악화시킴으로써 기업의 경쟁력을 떨어뜨리는 결과를 가져오기 때문에 철저한 관리가 필요하다.

예를 들어 기업이 판매 침체로 가격 경쟁이 치열해지고 유휴시설이 증가하게 되면 틈새시장을 차지하기 위해 다양한 제품을 개발하게 된다. 하지만 제품의 다양성은 시장점유율의 큰 증가 없이 복잡성 비용만을 상승시키고, 이 상승은 다시 전 제품군의 비용을 상승시키면서, 결국 기업의 경쟁력을 저하시키는 악순환이 지속된다.[5)]

따라서 기업은 복잡성 비용을 줄이기 위해 복잡성을 최소화할 수 있는 최적의 제품 믹스를 도출하고, 비즈니스 프로세스를 재구축해야 하며, 복잡성

5) Rommel, G., Kluge, J., Kempis, R., Diederichs, R., and Bruck, F.(1995), *Simplicity Wins*, Harvard Business School Press.

의 위험에 민감하게 반응하는 조직으로 변신해야 한다. 최근 이와 같은 방법으로 비용을 줄이기 위해 기업들이 선택하는 전략이 바로 '리스트럭처링(Restructuring)'과 '비즈니스 프로세스 리엔지니어링(Business Process Reengineering: BPR)'이다.

7.6.3. 리스트럭처링

리스트럭처링이란 1980년대 이후 글로벌 경쟁의 심화로 경영 환경이 악화되면서 여러 개의 사업부나 기업을 보유하고 있던 기업들이 공장 폐쇄나 아웃소싱과 같은 방법으로 사업부를 철수하거나 축소함으로써 사업 구조를 새롭게 구축하는 전략을 의미한다. 리스트럭처링은 비용 절감을 통해 기업의 경쟁력을 강화하기 위한 전략이지만, 결국 경쟁력을 상실한 사업에 투입했던 자원을 경쟁 우위에 있는 사업에 재분배하는 사업 영역의 결정과 관련된 기업 전략이다. 리스트럭처링은 전형적인 기업 전략이며 안정 전략이다. 이에 관한 내용은 뒤에서 다시 살펴보고자 한다.

7.7 비즈니스 프로세스 리엔지니어링

7.7.1. 비즈니스 프로세스 리엔지니어링의 개요

1990년 Michael Hammer는 비용 절감과 품질 개선을 위한 혁신적 경영기법으로서 비즈니스 프로세스 리엔지니어링을 하버드 비즈니스 리뷰에 발표했다. 비즈니스 프로세스 리엔지니어링이란 기업이 비용·품질·서비스·속도와 같은 주요 경영 평가 척도에서 극적인(Dynamic) 성과를 이루기 위해 정보 기술을 바탕으로 기존의 비즈니스 프로세스를 근본적(Fundamental)으로 다시 생각하고 과감하게(Radical) 재설계하는 업무 재구축을 의미한다.[6)]

리엔지니어링은 포드나 GM과 같은 대기업들의 전통적 비즈니스 시스템인 중앙 집권적 분업형 조직에 대한 반성에서 등장했다. 특히 1980년대 미국 기업들의 리스트럭처링이나 다운사이징(Downsizing)에도 불구하고 경영 성과가 크게 개선되지 않는 상황에서 리엔지니어링의 등장은 대단한 인기를 끌었다. Hammer는 비즈니스 프로세스를 성공적으로 재구축하기 위한 기본 원칙을 다음과 같이 제시하였다.[7)]

- 업무를 과업 중심이 아닌 결과 중심으로 구성할 것

한 사람이 특정 업무의 과업에만 종사하지 말고, 그 과업의 결과가 만들어질 때까지 모든 과정을 책임지고 수행해야 한다.

- 처리 결과의 사용자가 처리 업무를 수행할 것

결과를 활용하는 사람이 그 결과를 만들어내는 업무를 직접 수행하도록 업무를 재구축해야 한다.

6) Hammer, M. & Champy, J.(1993), *Re-engineering Corporation: A Manifesto for Business Revolution*, Harper Business. p.32.

7) Hammer, M.(1990), *Reengineering Work: Don't Automative, Obliterate*, Harvard Business Review (July-August), pp.104-112.

■ 정보 생성 부서에서 정보를 직접 처리할 것

자료의 중복 처리를 방지하기 위해 정보를 생성한 부서에서 정보를 직접 처리하도록 한다.

■ 지리적으로 분산된 자원을 중앙 집중화된 것처럼 처리할 것

기업이 유연성이나 서비스의 이점을 유지하면서 규모와 조정의 이점도 확보할 수 있도록 데이터베이스나 통신 네트워크 등을 사용한다.

■ 병렬 처리 업무를 진행 과정에서 연결하고 조정할 것

병렬 기능 간의 연계를 구축하고, 업무가 완료된 후가 아니라 진행되는 동안 업무를 조정한다.

■ 업무가 수행되는 곳에서 의사결정을 하고 프로세스 내에서 통제할 것

작업자와 감시자를 따로 두지 않고, 작업자에게 의사결정 권한을 주며, 프로세스 내에서 통제 기능을 하도록 수행하도록 한다.

■ 정보는 발생되는 곳에서 한 번만 처리할 것

정보의 수집과 전달, 부서 간의 공유가 용이하도록 정보는 발생지에서 한 번만 처리한다.

7.7.2. 리엔지니어링 실행 방법

리엔지니어링의 구체적인 실행 방법은 다음과 같다. 첫째, 다양한 업무를 통합한다. 둘째, 공정 단계를 자연스럽게 재배치한다, 셋째, 복잡한 체계나 통제를 축소한다. 넷째, 단일 접촉점으로서 케이스 매니저를 활용한다. 다섯째, 분산화와 집중화를 실행한다.[8)]

리엔지니어링을 성공적으로 실행한 사례로 Benetton(이하 베네통)을 들 수 있다. 베네통은 의류업계의 고질적 문제인 재고와 폐의류 발생 문제를 해결하기 위해 염색 천으로 의류를 제조하던 프로세스를 옷을 먼저 제작

8) Grant, R. M., *op. cit.*, p.170.

한 후 고객이 원하는 색깔로 염색하는 방식으로 공정 단계를 재배치하였다. 아울러 네트워크 제조를 통해 생산 시간을 줄임으로써 큰 성과를 거둘 수 있었다. 또 다른 사례로 Hallmark(이하 홀마크)는 신제품 공정을 완전히 재설계하면서 주문 시간을 단축했고, Kodak(이하 코닥)도 흑백 필름 제조 공정을 재설계함으로써 고객의 신규 주문에 대한 회사의 응답 시간을 절반으로 단축시킬 수 있었다.

7.8 프로세스 이노베이션

7.8.1. 프로세스 이노베이션의 개요

비즈니스 프로세스 리엔지니어링은 사전에 생산성 등의 효과를 예측하기 어렵고, 직원 교육과 변화에 대한 관리도 쉽지 않았으며, 무엇보다도 이를 추진하는데 난이도가 높았다. 결국 비즈니스 프로세스 리엔지니어링을 도입했던 기업들 중 많은 기업들이 큰 효과를 보지 못하면서 그 열풍은 2000년을 넘기지 못했다. 이런 와중에 대학 교수인 Thomas Davenport가 비즈니스 프로세스 리엔지니어링에 혁신적 정보기술을 통합한 광의의 '프로세스 이노베이션(Process Innovation: PI)'을 제시하였다.[9] 프로세스 이노베이션은 프로세스 개선이라는 목적에서 비즈니스 프로세스 리엔지니어링과 큰 차이가 없기 때문에, 보통 비즈니스 프로세스 리엔지니어링보다 광의의 개념으로 본다.

그러나 두 기법은 성과나 수행 방식 등 여러 측면에서 차이를 보인다. 앞에서 설명한 바와 같이, 비즈니스 프로세스 리엔지니어링은 비용 및 시간 절감과 품질 향상을 위한 '제로베이스 사고(Zero Based Thinking)' 중심의 수행 방식이다. 반면 프로세스 이노베이션은 고객과 가치 등의 성과 향상에 초점을 두고 기존의 프로세스도 인정하며, 그 위에서 점진적이고 지속적인 변화를 추구하는 기법이다. 아울러 프로세스 이노베이션에서는 프로세스 혁신의 극적인 성과를 도출하기 위해 반드시 필요한 요소로 정보기술을 강조한다.

7.8.2. 프로세스 이노베이션 도입 사례

국내 기업 가운데 프로세스 이노베이션을 도입한 사례로 포스코를 들 수 있다. 1999년 포스코는 '글로벌 포스코'라는 기업 비전을 실현하기 위해 프로세스 이노베이션을 도입하였고, 이를 기반으로 ERP(전사적 자원관리)

9) Davenport, H. Thomas(1992), *Process Innovation: Reengineering Work Through Information Technology*, Harvard Business School Press.

와 E-BIZ 등 IT시스템을 구축하였다. IT시스템은 분업과 같은 직렬 작업보다 부서 간의 정보나 데이터 공유 등을 통해 업무를 동시에 처리함으로써 고객에게 좋은 제품을 빠르게 제공할 수 있는 병렬 작업을 가능하게 해주었다. 또한 포스코는 기업 조직의 혁신을 통해 비즈니스 프로세스를 혁신적으로 재구축하기 시작했다.

포스코는 리엔지니어링을 성공적으로 수행하기 위해 프로세스 이노베이션과 같은 하드웨어뿐만 아니라 소프트웨어 차원의 경영 혁신을 위해 6시그마도 도입했다. 6시그마는 프로세스 이노베이션과 함께 '글로벌 포스코'를 실현시키는 주요 동력이었다. 따라서

7.8.3. 6시그마

6시그마는 품질 개선을 통한 비용 절감 효과가 크기 때문에 비즈니스 프로세스 리엔지니어링과 연관성이 크다. 6시그마는 1987년 Mikel Harry가 Motorola(이하 모토롤라)의 제품 품질 개선을 위해 개발한 경영 혁신 방법론이다. 6시그마는 통계학의 정규분포에서 평균을 중심으로 6배의 표준편차 이내에서 양질의 제품을 생산할 수 있는 공정의 능력을 의미한다. 이론적으로는 제품 백만 개 당 0.002개의 불량품을 말하지만, 현실적으로는 3.4ppm, 즉 백만 개 당 3.4개의 불량품 비율을 의미하기도 한다.

기업이 6시그마를 성공적으로 추진하기 위해서는 먼저 기업 구성원들이 고객 중심적인 사고를 가지고 있어야 한다. 이와 함께 고객 만족도를 높일 수 있도록 조직을 팀 중심의 수평적 조직으로 변화시켜야 한다. 그리고 제품의 설계부터 서비스 단계까지 각 부서 간의 협력을 촉진시키면서 기업의 모든 가치 활동을 계량화하고 고객의 관점에서 평가해야 한다. 6시그마에는 'DMAIC'와 'DMADV'와 같은 방법론이 있다.

7.8.3.1. DMAIC

DMAIC는 주로 기존의 프로세스를 개선하고 향상시키기 위해 사용되는 방식이다. 토요타의 린(Lean) 제조 방식을 합성한 '린 6시그마'도 DMAIC 기본 틀에 따라 추진된다. 린 6시그마는 프로세스를 개선하고 불필요한 낭

비를 없애며 결함을 줄이기 위한 경영 방식이다. DMAIC는 다음과 같은 순서로 진행된다.

- Define(정의)

시스템, 고객의 목소리와 요구 사항, 프로젝트 목표를 구체적으로 정의한다.

- Measure(측정)

현재의 공정을 파악하고 객관적 데이터를 수집해서 현재 공정 능력을 계산한다.

- Analyze(분석)

데이터 분석을 통해 결함 등 문제의 원인과 결과를 확인한다.

- Improve(개선)

측정과 분석 단계의 결과물을 토대로 현재 프로세스를 개선하거나 최적화한다.

- Control(관리)

솔루션을 통해 개선된 프로세스를 유지하고, 이를 지속적으로 모니터링한다.

7.8.3.2. DMADV

DMADV는 기업들이 신제품을 개발하거나 또는 새로운 프로세스를 설계할 목적의 프로젝트에 주로 사용된다. DMADV는 다음과 같이 진행된다.

- Define(정의)

기업 전략 및 소비자 요구 사항과 일치하는 디자인 목표들을 정한다.

■ Measure(측정)

생산 프로세스 능력, 제품 수준, 위험 수준을 측정하고 품질에 결정적 영향을 끼치는 요소를 규명한다.

■ Analyze(분석)

대안들을 개발하고 최고의 디자인을 선택하기 위해 디자인의 가능성을 분석한다.

■ Design(디자인)

분석 단계에서 가장 적합하고 또 개선된 대안을 디자인한다.

■ Verify(검증)

디자인을 검증하고, 시험 작동하며, 제품 개발 프로세스를 실행한 후 프로세스 담당자에게 이관한다.

7.9 글로벌 가치사슬

7.9.1. 가치사슬과 비용 분석

기업은 가치사슬을 통해 각 기능 및 활동에서 발생하는 가치뿐만 아니라 비용의 크기를 측정할 수 있다. 또 비용 발생이 큰 비효율적 활동의 문제점과 원인을 파악한 후, 가치사슬을 이용해 효과적인 비용 우위 전략을 수립할 수도 있다. 만약 중복되는 활동들이 있다면 이들을 통합하고, 입지상 우위를 활용할 수 있다면 가치 창출 활동을 전 세계적으로 분산 배치할 수도 있다. 자동차 산업의 경우 가치사슬을 활용한 비용 분석은 다음과 같이 추진된다.[10]

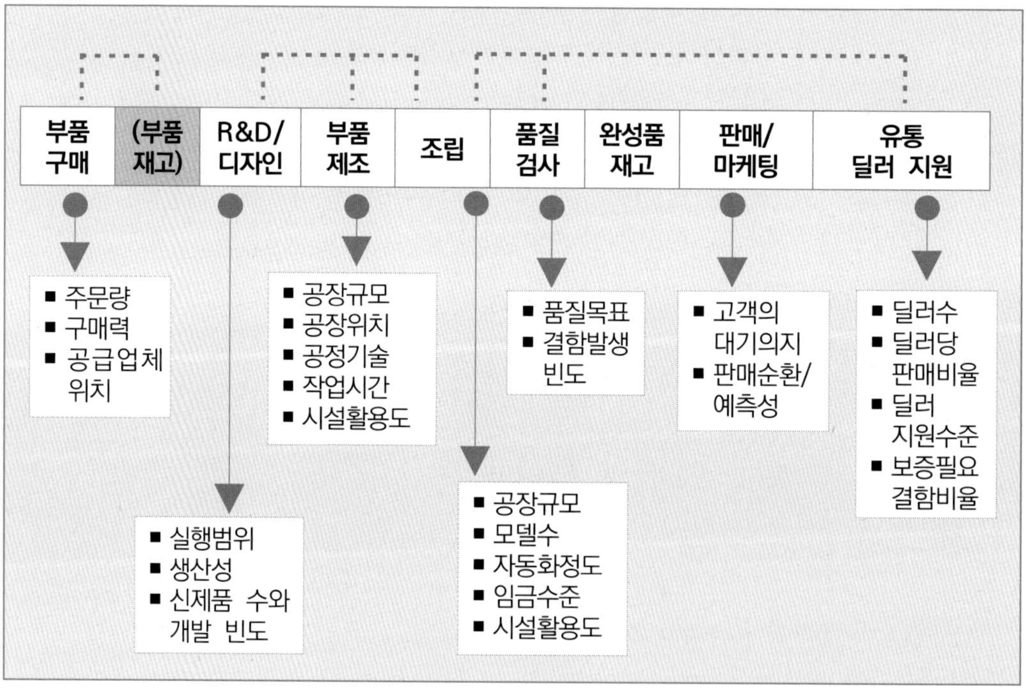

그림 7.3. 자동차 산업의 가치사슬

10) Grant, R. M., *op. cit.*, p.174.

■ 주요 활동 확인

주요 활동은 산업마다 다르다. 자동차 산업의 경우 구매부터 딜러/고객 지원 단계까지 주요 활동을 8단계로 구분할 수 있다.

■ 총비용 할당

기업이 보유한 자료 등을 활용하여 총비용을 각 활동별로 할당한다.

■ 비용 발생 요인 파악

각 활동별로 비용 발생 요인들을 파악한다. 예를 들어 구매 활동에서는 주문량, 구매력, 공급업체의 위치 등이 비용 발생에 영향을 주는 요인이라고 할 수 있다.

■ 관련성 파악

비용 절감 측면에서 상호 관련성이 높은 활동들을 파악한다. 예를 들면 R&D/디자인, 부품 제조, 조립 활동에서는 상이한 부품과 플랫폼 등을 상호 공동 사용할 수 있도록 디자인함으로써 생산 비용을 절감할 수 있다. 그리고 조립, 품질관리와 검사, 유통과 딜러 지원과 같은 활동 부문은 제조 과정에서의 품질을 향상시킴으로써 보증 비용 등 다양한 비용을 절감할 수 있다.

■ 비용 절감 방안 제시

상호 관련성이 높은 활동들을 대상으로 비용을 절감할 수 있는 방법들을 제안한다. 만약 구매와 부품 재고가 별도로 관리된다면 이들 간의 중복 업무를 통합하기 위한 리엔지니어링 구축을 제시한다.

7.9.2. 글로벌 가치사슬

기업은 비용 우위를 확보하기 위해 비효율적 활동들을 국제적으로 분산 배치하는 글로벌 가치사슬을 구축할 수 있다. 글로벌 가치사슬이란 제품의 설계 및 개발, 부품과 원재료의 조달, 생산과 판매 등 모든 기업 활동들을 대상으로 어느 한 국가가 아닌 비용 우위가 있는 국가에서 활동이 이루어지도록 배치하는 글로벌 분업 구조를 의미한다.

운송과 통신 기술의 발달로 글로벌화가 확산되면서 기업들은 글로벌 경영 여건, 특히 생산 요소의 부존도와 같은 입지적 우위를 감안해 조금이라도 비교 우위가 있는 곳에서 기업 활동을 수행한다. 예를 들면 스마트폰은 수많은 국가에서 분업을 통해 만들어진다. 애플은 미국의 애플리케이션 프로세서와 디자인으로 아이폰을 만든다. 카메라 모듈과 같은 부품은 한국에서 조달받고, 이미지 센서는 일본산을 사용하며, 조립은 중국에서 이루어진다. 글로벌 가치사슬은 금융·R&D·지적재산권 등 서비스 분야로도 이미 확산되었다. 구글은 안드로이드 운영 체제를 전 세계 스마트폰과 사물인터넷에 제공하고, 네이버와 현대자동차는 연구개발 활동을 유럽에서 수행한다.

글로벌 가치사슬은 생산 과정과 부가가치 등이 여러 국가에 걸쳐 사슬처럼 얽혀 있기 때문에 국제 정세의 영향을 크게 받는다. 과거 미국 트럼프 행정부는, 중국과의 무역 갈등으로 인해, 화웨이의 통신장비를 비롯한 중국산 전자기기 수입을 금지하였다. 또 거기에 들어가는 미국산 부품 수출을 차단하고 미국 기업들의 공장을 북미권으로 불러들였다. 중국에 거점을 뒀던 아마존과 마이크로소프트 등 미국 기업들은 일부 공장을 태국·인도네시아·대만 등으로 이전하기도 했다.

이처럼 '글로벌 가치사슬 참여도'는 기업의 전략적 목적 외에도 국제 정세 등 다양한 요인의 영향을 받기 때문에 해마다 참여 수준에 변화가 있다. 글로벌 가치사슬 참여도란 글로벌 가치사슬에서 창출되는 부가가치가 세계 총생산(GDP)에서 차지하는 비중을 의미한다. 글로벌 가치사슬의 참여도가 높고 최종재의 생산·판매·유통 단계의 다운스트림(Downstream)에 위치한 경우 국제 정치와 같은 외부 충격의 영향을 쉽게 받는다. 따라서 글로벌 기업이 가치사슬을 구축할 때 R&D처럼 부가가치가 높은 업스트림(Upstream) 부문을 전략적으로 강화할 필요가 있다.

제8장 차별화 전략

8.1. 차별화 전략의 개념
8.2. 차별화와 시장 세분화
8.3. 차별화를 위한 수요·공급 분석
8.4. 차별화와 마케팅 믹스
8.5. 차별화 마케팅 사례

8.1 차별화 전략의 개념

차별화 전략(Differentiation Strategy)이란 기업이 저렴한 비용보다는 기술적 우위 등을 기반으로 경쟁 제품과 차별화할 수 있는 혁신 제품 또는 서비스를 생산하고 판매함으로써 고객 가치를 창출하고 향상시키는 전략을 의미한다. 차별화 전략은 제품이나 서비스를 단순히 차별화하는 것이 아니라, 차별화를 통해 기업과 고객 간의 전반적인 관계를 향상시키기 위한 고객 지향적 경영 전략이다.

기업이 차별화에 성공하면 고객 충성도가 높아지면서 제품과 서비스의 경쟁력이 강화되고 새로운 기업에 대한 진입장벽이 구축된다. 이 뿐만 아니라 대체품의 부재로 가격이 비탄력적이 되면서 가격 프리미엄의 혜택까지 받을 수 있다. 차별화의 성공 여부는 구매자가 제품이나 서비스를 어떻게 인식하느냐에 달려 있다. 만약 경쟁 관계에 있는 두 기업이 실제 매우 유사한 제품을 판매한다고 해도, 소비자가 특정 제품을 더 가치 있는 것으로 판단한다면 그 제품이 차별화 우위를 가지게 된다. 예를 들면 고급 제품으로 차별화된 스타벅스 커피나 수제 '크래프트(Craft)' 맥주도 보통 제품들과 제조 방식에서 큰 차이가 없음에도 불구하고, 소비자들이 더 가치가 있다고 인식하기 때문에 차별화가 존재하는 것이다.

차별화 전략의 기반이 되는 차별화 우위는 다음과 같이 무형 차별화와 유형 차별화로 구분할 수 있다.[1]

■ 유형 차별화

유형 차별화는 제품의 크기·색상·자재·성능·포장·서비스 등과 같은 제품의 가시적 특성의 차별화를 의미한다. 예를 들면 메르세데스벤츠는 교통사고 시 탑승자의 부상을 최소화할 수 있는 'Crumple Zone' 시스템을 개발하였고, Jaguar(이하 재규어)는 100% 알루미늄 차체로 된 모델을 출시해 다른 경쟁 고급차들과 차별화를 시도하였다.

1) Ibid., pp.175-178.

■ 무형 차별화

무형 차별화는 고객의 이미지·지위·신분 그리고 독점적 소유욕에 어필할 수 있는 비가시적이고 주관적인 특성의 차별화를 의미한다. 대표적인 사례로 스위스의 마스터 워치메이커 Parmigiani(이하 파르미지아니)가 제작한 탁상시계, 'The Cat & Mouse'를 들 수 있다. 파르미지아니는 다이아몬드와 흑요석 등 17개 보석을 이용해 제품을 직접 제작한 후, 2012년 한국 신세계백화점에서 35억 원에 전시·판매하였다. 이 제품을 구매한 고객은 단순한 시계가 아닌 부의 상징을 구매한 것이라고 할 수 있다.

8.2 차별화와 시장 세분화

차별화 전략은 높은 시장점유율과 양립하기 어렵다. 그 이유는 차별화 자체가 배타적 성격이 강하기 때문이다. 그래서 차별화 전략을 추진하는 기업들은 성공적인 차별화 전략을 위해 다수의 고객보다는 시장 세분화를 통해 매력도가 높은 시장만을 타깃으로 선정한다. 마케터는 표적 고객의 특성을 면밀하게 분석한 후 그들만을 위한 가치명제를 설정하고 특별한 관계를 구축해간다. 심지어 특정 구매자를 위한 맞춤형 제품을 생산하는 차별화를 추진하는 경우도 있다. 대표적인 사례로 Oracle(이하 오라클)의 기업용 소프트웨어를 들 수 있다. 오라클은 기본적인 소프트웨어를 판매하기는 하지만, 상이한 구조를 가진 개별 기업들을 위해 맞춤형 소프트웨어를 제공함으로써 차별화 우위를 만들어 간다.

그러나 기업이 차별화 전략에 반드시 시장 세분화를 포함시킬 필요는 없다. 그 이유는 차별화와 세분화는 명확한 개념적·전략적 차이가 있기 때문이다. 차별화는 기업의 경쟁 방법(How)에 관한 것이다. 기업이 자사 제품을 경쟁 제품과 어떻게 구분할 것인가가 최대 관심사다. 반면 세분화는 기업의 경쟁 영역(Where)에 관한 것이다. 기업이 어떤 고객, 어떤 니즈, 어떤 지역을 목표 시장으로 정하고 경쟁할 것인가에 중점을 둔다. 차별화 전략의 세분화 포함 여부는 다음과 같이 차별화의 범위에 따라 달라진다.

■ 광역 차별화

광역 차별화(Broad Scope Differentiation)란 이질적인 고객들을 대상으로 보편적인 제품 및 서비스로 어필하는 차별화를 의미한다. 맥도날드·혼다·질레트 등과 같은 기업들이 여기에 해당된다. 물론 맥도날드의 경우 지역이나 국가별 음식 문화의 차이로 일부 국가에서는 햄버거 재료를 소고기나 돼지고기가 아닌 닭고기 등으로 대체하고 있다. 하지만 맥도날드 고유의 햄버거 메뉴까지 바꾸는 것은 아니다.

■ 집중 차별화(Focused Differentiation)

집중 차별화란 세분화를 통해 상이한 고객 집단들을 구분한 후, 목표 집단의 니즈에 맞게 제품 및 서비스를 차별화하는 것을 말한다. 할리데이비슨·Ralph Lauren(이하 랄프 로렌)·MTV 등이 여기에 해당된다. 할리데이비슨은 다양한 장르의 제품을 생산하지만, 그들의 주요 타깃은 일반 오토바이 구매자가 아닌 미국적 자유주의를 표방하는 남성들이다. 랄프 로렌은 폴로 로고가 상징하듯 상류 사회의 라이프 스타일과 접목된 아메리칸 스타일 의류로 고급 브랜드라는 차별화를 시도하고 있다. MTV는 24시간 음악 방송 전문 채널로, 10대에서 20대까지 젊은 세대들이 주요 시청자들이다.

8.3 차별화를 위한 수요·공급 분석

기업이 차별화 전략을 성공적으로 추진하기 위해서는 먼저 제품에 대한 수요와 공급 차원의 분석을 수행해야 한다. 일반적으로 기업들은 수요 차원에서 제품의 속성과 고객의 특성을 파악하고, 공급 차원에서는 기능별 차별화의 가능성을 조사한다.[2)]

8.3.1. 수요 차원의 분석

수요 차원에서의 분석은 제품 및 서비스가 고객의 어떤 니즈를 충족시키고 주요 속성이 무엇인가를 분석하는 것이다. 따라서 고객에 대한 분석은 다음과 같이 소비자가 어떤 기준으로 제품을 선택하고, 또 소비를 유발하는 동기는 무엇인가를 분석하는 중요하다.

- 소비 기준

제품 속성과 소비자 선호도 간 관련성 패턴, 제품 속성에 적합한 가격 프리미엄 등을 분석한다.

- 소비 유발 동기

소비 행위와 인구 통계적, 사회·문화적, 심리적 상관관계를 분석한다.

소비자의 제품 선택 기준이나 소비 동기는 다양하다. 기업이 차별화를 효율적으로 추진하기 위해서는 이러한 기준 등에 대한 사전 분석이 필요하다. 기업은 사전 분석을 통해 목표 소비자 집단을 선정하고, 제품 속성에 적합한 포지셔닝을 구축하며, 차별화의 이익과 비용을 고려한 차별화 전략을 수립할 수 있다.

8.3.2. 공급 차원의 분석

공급 측면에서의 분석은 기능별로 차별화의 가능성을 조사하는 것이다.

2) Ibid., pp.176-181.

기능별 차별화는 기업의 가치사슬을 통해 다음과 같이 파악할 수 있다.

■ 기업 하부 구조

경영 정보 시스템(MIS)과 같은 의사결정 지원 시스템의 보유 및 효율적 활용 등을 분석한다.

■ 인적 자원 관리

우수한 인재의 채용과 교육, 보상 프로그램 유무 및 과정, 비공식 조직의 효과적인 활동, 상호 신뢰성이 높은 노사 관계 등에 대해 조사한다.

■ 기술 개발

기업의 신속한 신제품 개발 능력과 우수한 디자인 능력 등을 살펴본다.

■ 내부 로지스틱스

양질의 자재/부품 조달 능력과 충분한 재고 상황 등을 분석한다.

■ 생산 및 운영

무결점 제품 생산, 다양한 제품 생산, 운영의 효율성 등을 조사한다.

■ 외부 로지스틱스

신속하고 편리한 주문과 배달 시스템 등이 갖추어져 있는지 조사한다.

■ 마케팅·판매

강력한 브랜드파워 구축, 마케팅 조직의 탁월한 능력, 효율적인 마케팅 기법 및 판매망 구축 등을 분석한다.

■ 서비스

신속한 A/S 또는 B/S 시스템은 차별화에 매우 중요한 요소이다. 서비스 차별화는 기업에 대한 고객의 신뢰도 제고에 중대한 역할을 한다.

또한 기업은 자사의 가치사슬을 고객사의 가치사슬과 연계함으로써 기능별 차별화를 더욱 촉진할 수도 있다. 예를 들면 자사의 신속한 배달 시스템을 고객사의 자재와 부품의 재고나 주문 등과 연결해 중복 활동을 효율적으로 관리함으로써 기능별 차별화를 이룰 수 있다.

8.4 차별화와 마케팅 믹스

기업의 차별화 전략은 구체적으로 마케팅 믹스의 구성 요소를 전략적으로 차별화하는 것과 같다. 마케팅 믹스란 기업이 표적 시장과 관련된 마케팅 목표를 달성하기 위해 제품(Product)·가격(Price)·촉진(Promotion)·유통(Place) 등의 구성 요소를 적절히 결합하는 것을 말한다. 차별화 전략의 경우, 이들 구성 요소 가운데 가격은 일반적으로 고가로 책정되기 때문에 특별히 가격 인하를 계획할 필요는 없다. 그 이유는 제품 차별화로 인해 추가적 비용이 상승하면서 가격 인상 요인이 발생할 뿐만 아니라 고객 만족도와 상표 충성도의 제고로 높은 가격 프리미엄을 받을 수 있기 때문이다. 따라서 여기에서는 가격을 제외하고 제품·촉진·유통전략에 대해 살펴보고자 한다.

8.4.1. 차별화와 제품 전략

기업이 차별화에 성공하면 산업 평균 이상의 높은 수익을 올릴 가능성이 크다. 그 이유는 차별화로 상표 충성도가 높아지면 경쟁사보다 더 많은 시장점유율을 차지할 수 있고, 비용의 증가보다 더 큰 가격 프리미엄의 수혜로 인해 기업 이익이 상승하기 때문이다. 차별화가 성공하기 위해서는 제품이나 서비스가 반드시 고객의 니즈와 일치해야만 한다. 이러한 일치는 무엇보다도 제품이나 서비스의 완벽한 품질을 통해서 이루어질 수 있다. 따라서 차별화를 위한 제품 전략의 가장 큰 목표는 완벽한 품질의 완성에 있다. 완벽한 품질이란 제품이 가지고 있는 다양한 특성의 완벽한 조화를 의미하며, 다음과 같이 내적 완벽과 외적 완벽으로 이루어진다.[3] 참고로 품질은 마케팅을 포함한 모든 기능으로부터 영향을 받는다.

8.4.1.1. 내적 완벽과 외적 완벽

먼저 '내적 완벽(Internal Integrity)'이란 제품의 기능과 구조의 조화를 의

3) Ibid., pp.175-178.

미한다. 대표적인 예로 애플의 아이폰을 들 수 있다. 아이폰은 고객의 감성과 인체공학적 편리함에 초점을 맞추고 스마트폰에 필요한 기능만 탑재하고 있으며, 한 손으로도 쉽게 이용할 수 있는 편리한 구조로 만들어져 있다. 내적 완벽은 서비스에서도 중요한 요소이다. 스타벅스의 주요 성공요인 중 하나는 고객들의 오감을 충족시키는 커피·종업원·매장의 조화에서 찾아볼 수 있다.

'외적 완벽(External Integrity)'은 제품과 고객의 목적·가치·라이프 스타일 간의 조화를 의미한다. 고객들이 스타벅스를 경쟁 브랜드보다 더 차별적이라고 느끼는 것은 그들이 스타벅스를 이용하면서 얻는 가치가 더 크기 때문이다. 고객들은 스타벅스 매장의 편리한 입지, 세련된 아웃테리어와 인테리어, 고급스러운 분위기 등을 통해 자신의 가치나 라이프 스타일을 브랜드와 일치시키고자 한다.

8.4.1.2. 혁신과 3M

기업이 완벽한 품질의 제품 개발과 차별화에 성공하기 위해서는 무엇보다도 혁신을 장려하는 기업 문화를 먼저 구축해야 한다. 혁신이란 새로운 기술이나 제품을 성공적으로 개발하고 상업화하는 과정을 의미한다. 기업이 혁신에 성공하기 위해서는 기술적 역량 외에도 고객에 대한 철저한 이해와 함께 새로운 비즈니스 시스템의 구축이 반드시 필요하다. 특히 고객 가치를 높일 수 있는 신제품 개발을 위해 기업은 기존의 고객 욕구뿐만 아니라 드러나지 않은 잠재적 욕구까지도 철저하게 분석해야 한다. 비즈니스 시스템도 기존의 방식에 얽매이지 말고 새로운 시스템으로 디자인해야 한다.

혁신을 기업 문화로 정착시켜 성공한 대표적 기업으로 3M을 손꼽을 수 있다. 3M은 1948년 William McKnight 회장이 만든 'McKnight Principles'를 회사의 공식 경영 정책으로 정착시킨 이후, 다음과 같은 다양한 제도들을 통해 혁신을 지속적으로 추진하고 있다.

■ 15% 규칙

기술직 사원은 근무 시간의 15%를 업무와 관계없이 자신이 원하는 프로젝트의 아이디어를 창출하는데 사용할 수 있다. 이 규칙을 통해 획기적인 제품을 개발하거나 사업을 창출한 직원들을 대상으로 혁신가상(Innovation Award)을 수여한다.

- 30% 규칙

총매출의 30%를 과거 5년 내에 개발된 신제품으로 구성한다.

- Carlton Society

두드러진 업적을 이룬 기술직 종업원들을 우대하기 위해 명예 회원제를 운영하고 있다.

- Genesis Grants

새로운 프로젝트의 시제품 개발이나 시장 테스트를 위해 내부 벤처기금을 지원한다.

- Golden Step Award

수익성 있는 신규 사업의 매출이 1천만 달러 이상 달성되었을 때 수여되는 상으로 기술 혁신의 실용적인 성과에 대해 표창한다.

8.4.2. 차별화와 촉진 전략

차별화 전략을 수행하는 기업들은 제품이나 서비스의 우수한 품질을 고객들에게 효과적으로 알리기 위해 광고와 같은 촉진 수단을 적극 활용할 필요가 있다. 그 이유는 소비자들이 제품의 품질에 대해 미리 알 수 없는 경우 수인의 딜레마, 즉 비협조적 게임으로 인해 이익이 감소할 가능성이 커지기 때문이다. 특히 구매 후 사용을 통해서만 품질을 확인할 수 있는 경험재(Experience Goods)의 경우 기업의 품질 전략과 소비자의 구매 전략 간에 수인의 딜레마가 발생하기 쉽다. 따라서 기업이 소비자에게 경험재의 우수한 품질이나 기능 등에 대한 정보를 미리 알려주지 않는다면, 결국 게임의 균형점이 기업의 저품질 제품 생산과 고객의 저가 구매로 이동하면서 기업과 고객 모두 이익이 감소하게 되는 비협조적 게임이 되어버린다.

		기업	
		고품질 생산	저품질 생산
고객	고가 구매	10 10	15 -5
	저가 구매	-5 15	5 5

그림 8.1. 경험재의 게임이론

일반적으로 신제품을 출시하는 기업들은 수인의 딜레마를 극복하기 위해 다양한 촉진 수단을 동원하여 소비자들에게 품질에 관한 정보를 제공한다. 차별적 내용의 광고 외에도 무료 샘플이나 체험단과 같은 촉진 수단들은 소비자에게 제품에 대한 확신을 심어줌으로써 기업과 고객이 각각 고품질 생산과 고가 구매의 상호 이익 상태가 될 수 있도록 해준다. 예를 들어 딤채는 경험재의 문제점 중 하나인 수인의 딜레마를 고객 품질 평가단의 사전 체험이라는 판촉 방법을 통해서 해결하였다. 6개월간 무료로 제품을 사용한 여성 오피니언 리더 대부분이 품질에 만족함으로써 소비자에게 품질에 대한 확신을 심어주었고, 이로 인해 높은 가격 프리미엄을 형성할 수 있었다. 이처럼 차별적이고 공격적인 촉진 방법은 소비자에게 제품의 우수성을 효과적으로 알리고 제품의 차별적 이미지를 더욱 강화시키는 촉진제 역할을 한다. 따라서 기업이 혁신적인 제품 개발을 통해 차별화를 추진하는 경우 소비자들이 품질을 사전에 확인할 수 있도록 차별화된 촉진 방법을 잘 활용할 필요가 있다.

8.4.3. 차별화와 유통 전략

기업들이 차별화 우위를 가질 수 있는 방법은 완벽한 제품의 생산과 효과적인 촉진 활동 외에도 강력한 유통망을 활용하는 방법이 있다. 일반적으로 많은 생산업체들이 소비자에게 제품을 직접 판매하지 않고 도매상 및 소매상을 통해 판매한다. 이처럼 제품이 생산업체로부터 소비자까지 도달하는 유통 과정에서 기업들이 경쟁 기업보다 더 큰 경쟁 우위를 확보하기 위해 수립하는 전략을 유통 전략이라고 한다.

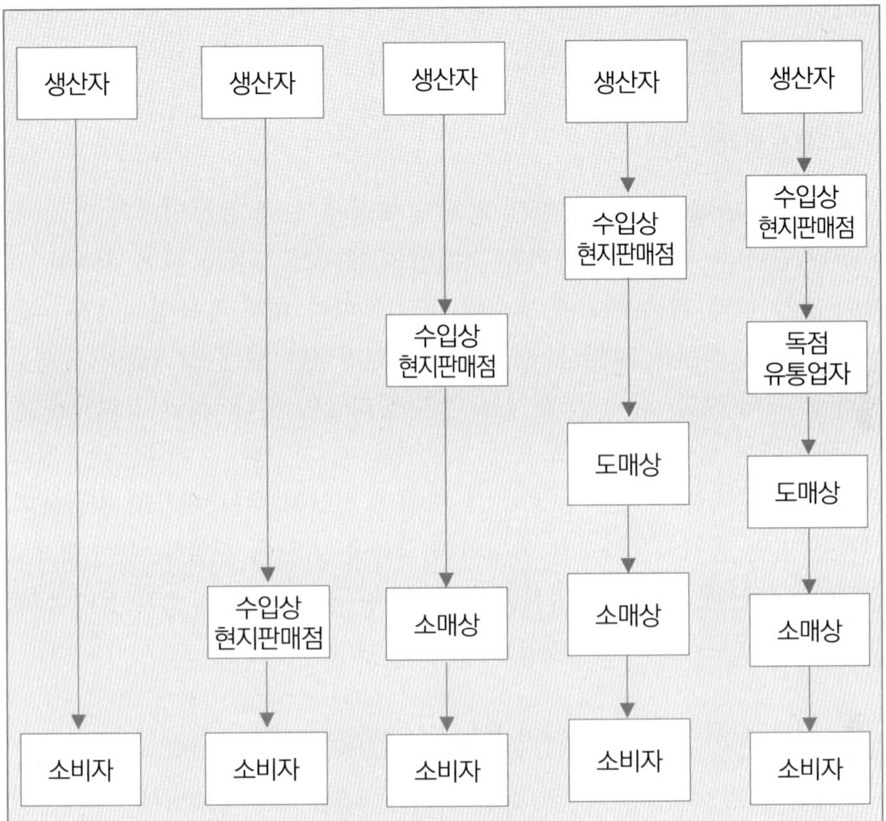

출처: 반병길·이인세(2008), 글로벌마케팅, 박영사.

그림 8.2. 소비재의 유통경로

유통 전략이 성공하기 위해서는 기업이 가장 효율적이고 효과적인 유통 경로를 선택하고 확보하는 능력을 보유해야 한다. 결국 효율적이고 효과적인 유통 경로란 기업이 제품에 가장 잘 어울리고 경쟁력 있는 유통망을 확보함으로써 고객이 원하는 시간에 보다 더 저렴한 비용으로 소비자에게 제품을 전달할 수 있는 과정을 의미한다. 예를 들어 코카콜라와 펩시는 일반 유통 경로와 달리 '보틀러(Bottler)'라는 지역 유통 기업을 이용해 제품을 유통시킨다. 코카콜라나 펩시가 원액을 보내면 그들은 이것을 탄산수와 함께 병이나 캔으로 포장해서 유통권이 있는 지역 내 점포에 유통시킨다. 지역 유통 기업은 완제품 생산뿐만 아니라 자동판매기의 보수·유지·판매 권리도 가지고 있다. 일반적으로 생산업체는 경쟁력 있는 유통업체를 확보하기 위해 다음과 같은 방법들을 활용한다.

■ 유통업체 지원

기업들은 판매 장려금과 같은 경제적 보상을 통해 유통업체의 판촉 활동을 지원한다. 판매 장려금이란 직매입 거래에서 상품의 판매 촉진을 위하여 연간 거래 기본 계약에 명시된 조건에 따라 대형 유통업체에게 지급하는 경제적 지원을 말한다. 합법적으로 인정되는 판매 장려금에는 성과 장려금, 매대(진열) 장려금, 신제품 입점 장려금이 있다. 성과 장려금은 전년 동기 대비 납품액 신장 목표에 도달했을 때 지급하고, 매대(진열) 장려금은 상품을 매출 증가 가능성이 큰 매대에 진열해 주는 대가로 지급하며, 신제품 입점 장려금은 6개월 이내의 신상품을 매장에 진열해 주는 대가로 지급한다. 한 때 관례적으로 지급했던 무반품 장려금·재고 소진 장려금·폐점 장려금 등은 모두 불법에 해당한다.

■ 재판매 가격 관리(Resale Price Management)

기업은 희망 소비자 가격과 같은 가격 관리를 통해 소매상에게 높은 마진을 보장하고 소매 단계에서의 가격 경쟁을 사전에 방지한다. 하지만 재판매 가격 유지 행위는 유통업체의 참고용이 아닌 강제성을 띨 경우 법적 제재를 받을 가능성이 크다.

8.5 차별화 마케팅 사례

8.5.1. 딤채

혁신 제품의 개발과 성공적 마케팅으로 높은 가격 프리미엄을 받았던 성공 사례로 딤채를 꼽을 수 있다. 딤채는 기존 냉장고의 속성을 차별화하여 김치 냉장고라는 새로운 시장 영역을 개척하였다. 출시 초기인 1995년 4,000대 판매에서 10년 만에 누적 판매량 400만대의 높은 성과를 기록하였다. 딤채의 성공 요인은 소비자의 충족되지 않은 니즈를 찾아 제품 속성을 일치시킨 마케팅 믹스 전략에서 찾을 수 있다. 당시 생산업체인 만도기계는 수요 분석을 통해 30대부터 50대까지의 중상류층 주부를 타깃으로 선정하였다. 이들 고객의 특성과 제품 속성에 어울리는 포지셔닝을 구축한 후, 다음과 같이 차별적인 마케팅믹스전략을 실행하였다.

- 제품

딤채는 추가 익힘 및 자가 진단 기능, 저장실 온도 편차 1도 이내 유지, 천연 황토 재질의 고급 용기, 우수한 디자인 등으로 제품 차별화에 성공하였다. 또 가전제품 브랜드로서의 낮은 인지도를 해결하기 위해 기업명을 감추고, 대신 김치의 옛말인 딤채를 브랜드로 사용하면서 김치전용 냉장고라는 차별성을 부각시켰다.

- 촉진

지금처럼 디지털 매체가 발달하지 않았던 출시 초기에는 제품의 차별성과 기능을 알리기 위해 홍보 우편물, 제품 설명회, 품질 평가단, '딤채계'를 이용한 구전 마케팅 등을 적극 활용하였다.

- 유통

초기에는 제품에 대한 차별화와 소비자 의견 수렴 등의 효과를 높이기 위해 자체 전문점을 전국적으로 확대해 활용하였다. 제품 보급이 확산되면서 할인점·양판점·백화점·온라인 등으로 유통망을 늘리고 글로벌 영업망도 구축하였다.

■ 가격

발효 과학이라는 기술력을 바탕으로 제품의 이미지를 고급화하고 고가격정책을 유지함으로써 경쟁사보다 10%-20%의 높은 가격 프리미엄 혜택을 받을 수 있었다.

8.5.2. Blue Bottle Coffee

차별화는 서비스 산업에서도 매우 중요한 성공 요인이다. 미국의 커피 전문 체인점 'Blue Bottle Coffee(이하 블루보틀 커피)'는 한국 시장 진출 초반 고객의 매장 대기 시간이 몇 시간이나 걸릴 정도로 큰 인기를 얻었다. 스타벅스가 효율적인 커피 유통과 안락한 제3의 공간 제공에 집중한다면, 블루보틀 커피는 스페셜티 커피라는 명목 하에 커피 애호가들을 타깃으로 커피 맛에 모든 역량을 집중시킨다. 다시 말해 블루보틀 커피는 타깃 고객들이 커피 본연의 맛과 향에 집중할 수 있도록 공간보다는 커피 자체를 차별화하는 마케팅으로 성공하였다. 한국에서 크게 성공한 블루보틀 커피는 경쟁 브랜드보다 더 비싼 가격 프리미엄 혜택을 누리고 있다.

■ 제품

블루보틀 커피의 맛과 품질은 경쟁업체의 일반 커피나 에스프레소 음료보다 더 뛰어나다는 평가를 받는다. 스페셜티 등급 기준을 충족시키기 위해 유기농 생두 구입부터 블렌딩·로스팅·핸드드립 추출까지 생산 프로세스를 철저하게 통제하는 제품 전략을 수행하고 있다. 제품군은 단순하지만 '제주 카페'에서만 마실 수 있는 독창적인 '제주 블렌드'를 출시하는 등 지역별로 차별화된 음료를 판매하기도 한다. 커피 품질 외에도 고객의 이름을 불러주고 제품에 대해 자세히 설명하는 방식의 환대(Hospitality)를 중시하는 서비스 전략을 펴고 있다. 브랜드의 경우, 중유럽 최초의 비엔나 커피하우스 상호였던 'The Blue Bottle'을 사용함으로써 신생 기업이지만 역사성과 스토리가 더해지는 효과를 가질 수 있었다.

■ 촉진

한국에 매장을 오픈하기 전부터 티저 광고를 통해 커피 애호가들의 기대감을 높였다. 그 후 인스타그램이나 페이스북 등 SNS와 블로그를 활용해 촉진 활동을 하고 있다. 또 브랜드파워를 강화하기 위해 자신의 철학과 유사한 기업이나 유명인과의 협업을 통한 촉진 활동도 진행하고 있다. 예를 들어 일본의 유명 도자기 장인 '아이호시 유미코'와의 컵 세트 제작 제휴, 사회적 기업 Miir(이하 미르)와의 기부 제휴, 고급 수제 초콜릿 'Dick Taylor Craft(이하 딕테일러 크래프트)'와의 공동 판매 등을 들 수 있다.

■ 유통

커피 품질의 철저한 관리를 위해 모든 매장을 직영으로 운영하는 유통 전략을 취하고 있다. 2017년 네슬레가 블루보틀 커피 지분 68%를 인수하면서 해외 시장 진출을 적극적으로 추진하고 있다. 2022년 기준 해외 진출 시장은 일본·한국·홍콩 3국이며, 현지에서도 매장을 계속 확대하는 공격적 마케팅을 펼치고 있다.

V

기업 수준의 전략

제9장 전략적 제안

9.1. 안정 전략과 손익분기점
9.2. 안정 전략 성공 사례
9.3. 성장 전략
9.4. 내적 성장과 외적 성장
9.5. 성장 전략의 추진 단계

기업이 경영 활동을 하는 목적은 궁극적으로 이윤 극대화에 있다. 수익(Revenue)과 비용(Cost)의 차액인 이윤을 극대화하기 위해서는 기업이 수익을 높이거나 아니면 비용을 줄여야만 한다. 결국 기업이 이윤 극대화라는 목적을 달성하려면 수익을 높이기 위해 매출액을 늘리거나 비용을 줄이기 위해 매출 원가를 최소화시키기 위한 두 가지 전략적 대안, 즉 성장 전략과 안정 전략을 고려해야 한다.[1] 5부에서는 기업 전략의 전개 방향을 성장과 안정의 두 가지로 구분한 후, 각각에 해당되는 전략 기법들을 사례와 함께 살펴보고자 한다.

9.1 안정 전략과 손익분기점

외부적으로 확장 기회를 추구하는 성장 전략과 달리, 안정 전략은 불경기에 기업이 비용의 최소화를 위해 내부적으로 기업의 체질을 강화하는 전략을 의미한다. 따라서 안정 전략은 매출액의 증감과 관계없이 매출 원가를 줄여 이윤이 발생하면 기업이 계속 존속할 수 있다는 가정 하에 손익분기점의 하락을 목표로 한다.

손익분기점이란 기업의 생산 및 판매 활동에서 총수입과 총비용이 같아지는 지점으로, 순이익이 0이 되는 점을 말한다. 기업의 매출액이 손익분기점 이하이면 기업은 손실을 보고, 손익분기점 이상이면 이익을 보게 된다. 총비용은 고정비와 변동비로 구성된다. 만약 기업에서 발생하는 비용이 모두 변동비라면 손익분기점의 문제가 발생하지 않는다. 따라서 안정 전략의 목표인 손익분기점을 하락시키기 위해서는 총비용 가운데 고정비 비율을 낮추는 전략, 즉 기능 부문별로 고정비를 변동비로 대체하는 전략이 필요하다. 예를 들면 생산 부문에서 중간재를 자체적으로 생산할 것인지 또는 외부로부터 조달받을 것인지 여부는 안정 전략에 따라 결정될 수 있다.

경기가 호황기일 때는 손익분기점에 해당하는 생산량 또는 매출량 달성

1) 조동성, 전게서. pp.296-321.

이 쉽다. 또 생산량이 일단 손익분기점을 넘어서면 고정비가 지렛대 역할을 하여 이익이 더욱 커진다. 다시 말해 매출액이 증가할 때 이익의 증가 폭이 더욱 확대되는 영업 '레버리지 효과(Leverage Effect)'에 의해 고정비 수준이 높을수록 이익의 증대 폭이 더 커지기 때문에 기업은 중간재를 자체 생산하는 것이 유리하다.

그러나 경기가 악화되었을 때는 중간재를 외부에서 조달받는 것이 더 유리하다. 쉬운 예로 공유 경제를 들 수 있다. 공유 주방과 같이 한 사람이 소유한 주방과 조리 기구들을 여러 사람이 함께 공유해서 사용하는 공유 경제는 고정비 절감 효과가 크다. 초기 고정비가 높은 상태에서 경기 불확실성으로 사용 횟수가 많지 않은 경우라면 고정비를 변동비로 대체하는 것이 유리하다.

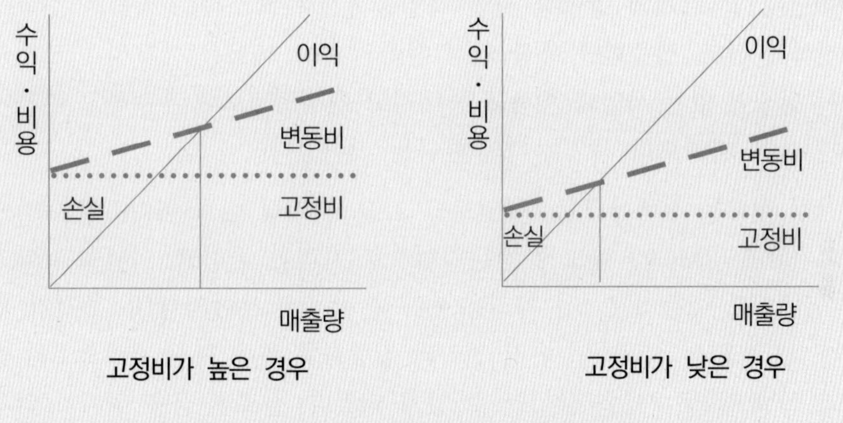

출처: 조동성(1998), 21세기를 위한 전략경영, 서울경제경영, p.322.

그림 9.1. 고정비와 손익분기점의 관계

기업이 원가 절감을 일시적 또는 단속적으로 실행한다면 그 효과를 기대하기 어렵다. 따라서 기업은 기존의 원가 체계를 변경하거나 조직과 인사 및 프로세스 차원에서 원가를 근본적으로 절감할 필요가 있다. 이를 위해 기업이 선택할 수 있는 대표적인 안정 전략으로 리스트럭처링이나 아웃소싱(Outsourcing)을 고려할 수 있다.

9.2 안정 전략 성공 사례

9.2.1.텍사스 인스트루먼트

텍사스 인스트루먼트(Texas Instruments: 이하 TI)는 1930년 석유 개발 회사로 출발하였고, 1958년에 세계 최초로 집적회로(IC)를 발명하면서 반도체 기업으로 변신하였다. 휴대용 전자계산기를 세계 최초로 개발한 TI는 자신의 막강한 기술력을 바탕으로 11개의 다양한 사업 계열을 거느리면서 반도체 업계의 거대한 공룡으로 성장하였다.

그러나 TI는 내외적 경영 환경의 어려움으로 새로운 전략을 시도하게 된다. PC 부문에서 IBM을 상대로 한 정면 공격이 실패하고, 더구나 1990년대에 세계 경제가 불황에 빠지면서 성장을 최우선 목표로 삼았던 TI는 1990년대 말 11개의 방만한 사업 계열을 4개로 축소하는 집중화 전략을 추진하게 된다. 집중화를 통한 안정 전략의 주요 내용은 메모리 반도체와 같이 경쟁력 없는 사업과 제품들을 버리고 경쟁업체보다 우수하고 부가가치가 높은 비메모리 사업에 집중한다는 것이었다.

안정 전략을 선택한 TI는 아날로그 기술, 디지털 신호 처리(DSP), 마이크로컨트롤러(MCU) 반도체 전문기업으로 자리를 굳히고, 아날로그/디지털 임베디드 애플리케이션 처리용 반도체 솔루션 분야의 선두 주자가 되었다. 결국 TI는 성공적인 안정 전략과 집중화를 통해 혁신 기업으로의 발전과 함께 높은 수익을 달성할 수 있게 되었다. 글로벌 금융 위기가 닥친 2008년 TI는 125억 달러의 수익을 올리는 실적을 달성하였다.

9.2.2. 일본항공

일본항공(Japan Airline: 이하 JAL)은 1951년 국영과 민영 혼합 방식의 항공사로 설립되었다. 1987년 민영화가 되긴 했지만, 자민당 의원들의 지역 이기주의로 수익성 없는 지방 공항에 취항하며 적자를 감수해야 했다. 이뿐만 아니라 지방 공항 유지 및 관리라는 명분으로 과도한 공항 사용료를 지급해야만 했다. 국제선에도 문제가 많았다. 대표적인 예로 상파울루행 노선을 LA와 뉴욕 경유로 나눠 운행했다. 심지어 하와이 호놀룰루행 비행기가 출항하는 공항이 8개 도시에 산재할 정도로 운영이 비효율적이었다. 민영화 이후 자회사가 늘고, 여기에 전직 국토운수성 관료와 퇴직자들까지 자리를 차지하면서 도덕적 해이가 심각한 지경에 이르렀다. 2002년 일본항공시스템(이하 JAS)과의 무리한 합병도 부실을 키웠다. 인수 당시 JAS는 인건비도 높았고 구형 항공기의 비중이 높았으며 경쟁력 있는 노선도 별로 없는 상태였다. 2008년 글로벌 금융위기로 항공 수요가 급감하자, JAL은 2조 3,000억 엔의 부채를 안게 된다. 결국 도덕적 해이와 무리한 사업 확장 등으로 부실기업이 되어버린 JAL은 2010년 1월 법정 관리에 들어가게 된다.

일본 정부는 경영의 신이라고 불리는 이나모리 가즈오(稻盛和夫) 교세라 명예 회장을 JAL 회장에 임명하고 경영 혁신을 단행했다. 그는 과거 교세라의 경영 원칙이었던 아메바 경영을 도입하였다. 아메바 경영이란 기업을 작은 조직으로 세분화해 인사·자금·기술 등 자원 배분 결정권을 맡기는 분권형 경영 시스템이다. 10명 이내로 구성된 아메바는 하나의 작은 회사처럼 운영되면서 직원들의 책임감이 높아지고 효율적 의사결정이 용이한 장점을 가지고 있었다.

회장 교체와 함께 JAL은 구조 조정을 단행했다. 자회사의 절반 정도를 매각하고, 인건비와 퇴직금을 각각 20%와 30%씩 줄이는 안정 전략을 통해 연간 800억 엔의 비용을 절감할 수 있었다. 법정 관리에 들어간 지 1년 2개월 만인 2012년 3월 기업 회생에 성공했다. 2009년 영업 손실이 1,337억 엔에 달했던 JAL은 2010년 이후 영업 흑자를 이어갔고, 코로나 위기가 오기 전인 2017년도에 1,745억 엔의 영업 이익을 달성하는 성과를 올렸다.

9.3 성장 전략

성장 전략이란 기업이 수익 또는 매출의 극대화를 위해 고도의 매출액 성장률이나 시장점유율 등의 양적 목표를 설정한 후 기업의 자원을 배분하는 전략을 말한다. 총매출액은 제품 단가와 판매 수량에 따라 결정되기 때문에 기업이 매출액을 높이고 성장세를 유지하기 위해서는 제품의 품질 혁신을 통해 단가를 높이거나 또는 새로운 시장 개척 및 용도 개발 등을 통해 판매 수량을 늘려야 한다.

Igor Ansoff는 제품과 시장을 기준으로 기업의 성장 전략을 다음과 같이 네 가지 유형으로 구분하였다.[2)]

시장 \ 제품	기존제품	신제품
기존시장	기존 시장 침투 전략	신제품 개발 전략
신시장	신 시장 개척 전략	다각화 전략

출처: Ansoff, I. H.(1965), *Corporate Strategy*, McGraw-Hill.

그림 9.2. Ansoff의 성장 전략 매트릭스

- **기존 시장 침투 전략**

기존 시장에서 경쟁 기업의 시장점유율을 축소시키거나 기존 고객의 제품사용 비율을 증대시키는 전략

- **신제품 개발 전략**

기존 제품을 대체할 신제품을 개발하여 기존 시장에서의 시장점유율을 확대시킴으로써 매출액을 증가시키는 전략

2) Ansoff, I. H. *op. cit.*

■ 신규 시장 개척 전략

판매 지역을 새로 개척하거나 고객층을 다양화함으로써 기존 제품의 새로운 수요를 창출하는 전략

■ 다각화 전략

신제품 개발과 신규 시장 개척을 동시에 추구하는 전략으로, 성장 전략 가운데 가장 성장 지향적인 전략

9.4 내적 성장과 외적 성장

성장 전략은 기업이 누구의 경영 자원을 활용하는가에 따라 같이 내적 성장과 외적 성장으로 구분한다.

9.4.1. 내적 성장

내적 성장(Internal Growth)이란 기업이 자사가 보유한 다양한 자원과 내부 역량을 활용하여 신제품을 개발하거나 업무를 혁신시킴으로써 점진적인 성장을 추구하는 것을 의미한다. 내적 성장은 신기술과 노하우가 사내에 축적되고, 혁신 기업으로서의 이미지와 이득을 얻을 수 있다는 장점이 있다. 반면 외적 성장에 비해 많은 자원과 시간이 소요된다는 단점을 가지고 있다.

내적 성장의 대표적인 성공 사례로 Walt Disney(이하 월트 디즈니)를 들 수 있다. 애니메이션에서 출발한 월트 디즈니는 미키마우스와 같은 캐릭터를 산업화하여 새로운 사업 영역을 개척하였을 뿐만 아니라 애니메이션 기술을 핵심 역량으로 발전시켜 만화영화·캐릭터·비디오·음반·테마파크 등을 수직적으로 연결시키는 성장 전략을 지속적으로 추구하였다. 결국 월트 디즈니는 애니메이션이라는 내부의 핵심 역량과 토털 마케팅 전략을 통해 다양한 영역으로 사업을 확장시키는 데에 성공하였다.

9.4.2. 외적 성장

외적 성장(External Growth)이란 기업이 전략적 제휴나 인수·합병 등과 같은 방식으로 다른 기업의 경영 자원을 활용하여 급진적인 성장을 추구하는 것을 의미한다. 외적 성장은 타사의 경영 자원을 신속하게 확보함으로써 내부 역량을 강화할 수 있고, 또 신규 또는 비관련 사업에 진출할 때 리드타임(lead Time)을 단축할 수 있다는 장점을 가지고 있다. 반면, 지나친 외적 성장은 사내 연구개발 의욕을 저하시키고, 자사 개발 시 보다 수익성이 떨어질 수 있다는 단점이 있다.

전형적인 외적 성장의 사례로 삼보컴퓨터의 한글과컴퓨터 인수 사례를 들 수 있다. 2009년 컴퓨터 제조업체인 삼보컴퓨터는 기업 성장을 위해 소프트웨어 전문업체인 한글과컴퓨터를 인수하였다. 삼보컴퓨터는 한글과컴퓨터 인수를 통해 공공부문 PC시장의 점유율을 30%까지 확대하고 2010년부터 디지털교과서 사업을 본격적으로 진행하면서 교육서비스에 특화된 신제품을 개발하였다. 이처럼 삼보컴퓨터는 인수·합병 방식에 의한 관련 및 비관련 사업 다각화를 통해 신제품 개발과 신시장 개척을 동시에 추진함으로써 기업의 급진적인 성장을 도모할 수 있게 되었다.

9.5 성장 전략의 추진 단계

성장 전략에 성공한 기업들은 전략을 3단계로 구분하여 거의 동시에 추진하는 특징을 가지고 있다.[3] 기업이 성장 전략을 효과적으로 추진하기 위해 1단계에서 비용 절감이나 현금흐름 확보를 위한 구조 조정 등의 안정 전략을 먼저 단행한다. 이후 단계에서 사업 다각화, 전략적 제휴, 인수·합병 등의 기법을 통해 신규 사업이나 유망 사업에 투자하는데, 이러한 전략들은 대부분 해외 유망 시장이나 사업들을 대상으로 글로벌하게 추진되는 경우들이 많다. 성장 전략의 추진 3단계는 다음과 같다.

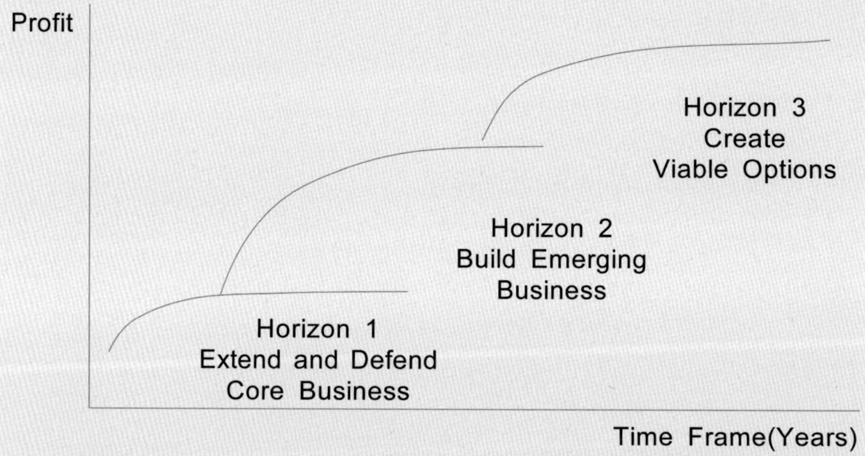

출처: 이승주(2006), 경영 전략 실천 매뉴얼, Sigma Insight Group. p.215

그림 9.3. 성장 전략의 3단계

■ 1단계

기존 핵심 사업의 경쟁력 강화와 수익성 개선을 통해 미래 성장을 위한 수익 기반을 강화하는 단계이다. 이 단계에서는 사업의 구조 조정, 원가 절

3) 이승주, 전게서. p.215.

감, 현금흐름 창출 등이 주요 과제이다.

■ 2단계

신규 사업에 대한 과감한 투자를 통해 시장 지위를 구축하고 경쟁력을 확보하는 단계이다.

■ 3단계

잠재적으로 유망한 신규 사업에 실행 가능한 옵션을 창출한 후, 지속적인 탐색을 통해 미래 성장의 기반을 구축하는 단계이다.

제10장 리스트럭처링

10.1. 리스트럭처링의 개념
10.2. 리스트럭처링의 특성
10.3. 포트폴리오 관리 모델
10.4. 리스트럭처링의 가치 추정

10.1 리스트럭처링의 개념

10.1.1. 리스트럭처링의 의미

리스트럭처링은 기업들이 수익성을 높이기 위해 추상적인 기업 비전을 사업 구조 차원에서 구체화시키는 경영 혁신 기법이다. 기업들은 리스트럭처링을 통해 유망 신규 사업에 진출함으로써 기업의 성장을 도모할 수도 있고, 경쟁력이 없는 부실 사업을 정리하거나 중복 사업을 통합함으로써 기업의 안정을 도모할 수도 있다. 따라서 기업이 추진하는 전략의 성격에 따라 다음과 같이 적극적 리스트럭처링과 소극적 리스트럭처링의 두 가지 유형으로 구분할 수 있다.

■ 적극적 리스트럭처링

적극적 리스트럭처링이란 기업이 환경 변화에 적극 대응하기 위해 미래 지향적 유망 사업으로 다각화하거나 또는 인수·합병을 이용하여 경쟁력 있는 기업이나 사업부를 인수하는 방식으로서 사업의 구조를 공격적으로 개혁하는 성장 전략을 의미한다.

■ 소극적 리스트럭처링

소극적 리스트럭처링이란 다각화 기업이 주력 사업의 경쟁력을 더욱 강화하기 위해 경쟁 우위를 상실한 사업들을 축소 또는 철수시키고, 유사 및 중복 사업들을 통폐합하는 것을 의미한다. 따라서 공장 폐쇄, 인원 감축, 시설 합리화 등의 구조 조정이 동반된다. 소극적 리스트럭처링의 구체적 방법은 다음과 같다. 첫째, 경쟁력을 상실한 비관련 또는 비핵심 사업을 매각한다. 둘째, 한계 사업을 아웃소싱함으로써 불필요한 기능과 인력을 감축시킨다. 셋째, 유사 및 중복 사업들을 통폐합한다. 넷째, 유휴 생산시설을 축소하거나 경쟁력을 상실한 공장을 폐쇄함으로써 시설의 합리화를 이룬다. 다섯째, 조직의 단순화를 통해 효율성을 높일 수 있도록 조직 구조를 개편한다.

10.1.2. 리스트럭처링의 성공 사례(1)

사실 리스트럭처링은 성장보다는 안정을 위한 사업 재구축, 즉 소극적 리스트럭처링의 성격이 더 강하다. 그 이유는 1980년대 이후 글로벌 기업들 간의 경쟁이 치열해지자 미국과 유럽의 많은 복합 기업들이 수익성이 떨어지는 비관련 사업들을 매각하거나 청산하는 현상이 확산되면서, 리스트럭처링이 기업의 비효율성과 저생산성을 탈피하고 비용을 절감함으로써 수익성을 높이고자 하는 구조 조정의 의미로 사용되었기 때문이다.

소극적 리스트럭처링의 대표적인 사례로 GE를 들 수 있다. GE는 1981년 Jack Welch 회장이 취임한 이후, 대대적인 사업 구조 조정을 통해 초우량 글로벌 기업으로 성장할 수 있었다. 당시 약 350개의 사업부를 거느린 GE는 미국의 대표적인 '콩글로머릿(Conglomerate)'이었다. 하지만 1980년대 이후 글로벌 경쟁의 심화와 경기 침체가 지속되면서, GE는 방만하게 운영되는 사업들 가운데 전 세계적으로 시장점유율이 1위나 2위를 차지하지 못한 사업부들을 과감하게 정리하기 시작하였다. GE는 대폭적인 리스트럭처링을 통해 350개 사업 분야를 13개 사업부로 대폭 축소하였다.

한편 GE는 구조 조정과 동시에 기업의 경쟁력을 더욱 강화시키기 위해 금융 등 미래 유망 사업을 인수하는 적극적 리스트럭처링도 함께 추진하였다. 리스트럭처링을 통한 사업구조 재편은 기업의 생산성 상승 등 긍정적 성과로 연결되었다. Welch 취임 후 그가 퇴임할 때가지 20년 동안 GE의 시장가치는 30배 이상 증가하였다.

10.2 리스트럭처링의 특성

리스트럭처링은 다른 전략들과의 연계성이 높다는 특성을 가지고 있다. 리스트럭처링은 먼저 기업 비전과 관련되어 있다. 그 이유는 리스트럭처링이 사업부 차원의 비즈니스 프로세스나 공정을 개혁하는 것이 아니고, 전사적 차원에서 미래 환경 변화에 적극 대응하기 위해 사업을 재구축하는 중장기적 혁신 전략이기 때문이다. 앞에서 설명한 것처럼, 리스트럭처링은 기업 비전을 사업 구조 차원에서 구체화하는 것이라고 할 수 있다.

비전과 관련된 대표적인 사례로 두산의 리스트럭처링을 들 수 있다. 두산은 2000년대에 들어서면서 기업 비전을 새롭게 구축하고 이를 실현하기 위해 사업 구조를 기존의 소비재 중심에서 중공업 중심으로 바꾸기 시작했다. 1996년 한국 네슬레 매각을 시작으로 2012년 버거킹 매각까지 15년 이상의 구조 조정을 통해 사업 구조를 바꿨다. 코카콜라·오비맥주·종갓집 김치 등을 매각해 현금흐름을 창출하였고, 2001년 한국중공업, 2003년 고려산업개발, 2005년 대우종합기계, 2007년 Bobcat(이하 밥캣) 등을 인수해 중공업 기업으로의 변신에 성공했다. 두산은 리스트럭처링을 통해 매출이 1996년 3조 9,000억 원에서 2012년 24조 6,000억 원으로 증가하는 성과를 거두었다.

리스트럭처링은 인수·합병과도 관련성이 높다. 적극적 리스트럭처링의 경우 두산 사례와 같이 우량 기업을 인수하기도 하고, 소극적 리스트럭처링의 경우 GE처럼 경쟁력이 떨어지는 사업들을 인수·합병을 통해 매각하기 때문이다. 또 경쟁력 있는 기업들이 부실기업을 인수한 후 리스트럭처링을 통해 수익을 올리는 경우도 많다. 예를 들면 1980년대 중반 미국에서는 기업들이 LBO(Leveraged Buyout: 부채 발행을 통한 적대적 기업 인수 방법)와 같은 인수·합병 기법을 이용해 수익률이 낮은 콩글로머릿을 인수한 후 무능한 경영자를 퇴출시키고 비관련 사업을 매각함으로써 기업의 가치를 높이는 리스트럭처링이 성행하였다.

리스트럭처링은 전략적 제휴나 아웃소싱과도 밀접한 관계가 있다. 그 이유는 사업 다각화로 비대해진 복합 기업들이 구조 조정을 통해 사업과 기능을 축소한 후, 필요한 기능이나 자원은 아웃소싱을 통해 조달받는 사례들이 많기 때문이다. 또 전략적 제휴를 통해 외부 자원과 역량을 통합함으로써 기업의 자원 부족 문제를 해결하는 경우들도 많기 때문이다.

리스트럭처링이 리엔지니어링과 연계되는 경우도 많다. 안정의 목적으로 리스트럭처링을 선택한 기업들은 비용 절감을 위해 전략적으로 주력사업에 대한 리엔지니어링을 바로 추진하는 경우가 많기 때문이다. 리스트럭처링의 방향이 결정되고 나면 기업이 곧바로 사업부 전략 가운데 하나인 리엔지니어링을 통해 비즈니스 프로세스나 공정 등을 혁신시킴으로써 리스트럭처링의 성공 가능성을 높일 수 있다. 그래서 1990년대 중반 수많은 글로벌 기업들이 리엔지니어링을 도입했다. 하지만 리엔지니어링은 비용의 부담뿐만 아니라 난이도가 높아서 이를 성공적으로 추진한 기업들이 기대만큼 많지 않았다.

10.3 포트폴리오 관리 모델

다각화 기업이 리스트럭처링을 효과적으로 추진하기 위해서는 먼저 포트폴리오 관리 모델을 이용하여 다각화 기업의 사업 구조를 분석해야 한다. 포트폴리오 관리 모델은 하나의 그림을 통해 기업의 포트폴리오와 각 사업의 전략적 포지셔닝을 간단하게 분석할 수 있는 분석 도구를 말한다. 포트폴리오 관리 모델은 분석 대상을 사업·제품·국가·유통망 등에 유연하게 적용할 수 있는 장점을 가지고 있다. 하지만 변수의 결정요인이 단순하고 사업 간 상호 의존성에 의한 시너지 효과를 규명하기 어렵다는 단점이 있다. 그래도 관리 모델이 포트폴리오의 객관적 분석을 통해 사업 단위 간 투자 우선순위와 효율적 자원 배분의 기준을 제공하기 때문에 다각화 기업에게는 유요한 전략 분석 도구라고 할 수 있다. 대표적인 포트폴리오 관리 모델에는 BCG 매트릭스·GE/맥킨지 매트릭스·ADL 매트릭스 등이 있다.[1)]

10.3.1. BCG 매트릭스

'성장·점유율 매트릭스' 또는 '제품 포트폴리오 관리(PPM)'라고도 불리는 BCG 매트릭스는 1969년 BCG의 Richard Lockridge에 의해 개발되었다. 당시 Union Carbide Corporation(이하 유니언 카바이드)의 의뢰를 받고 만들어진 매트릭스는 수많은 사업들을 하나의 그림만으로 경쟁업체들과 쉽게 비교할 수 있도록 만들어졌다. 2×2의 단순한 매트릭스는 자금의 투입과 산출 면에서 사업이 처한 상황을 파악하고, 이에 맞는 처방을 내리는데 활용될 수 있다.

1) Grant, R. M., *op. cit.*, p.320.

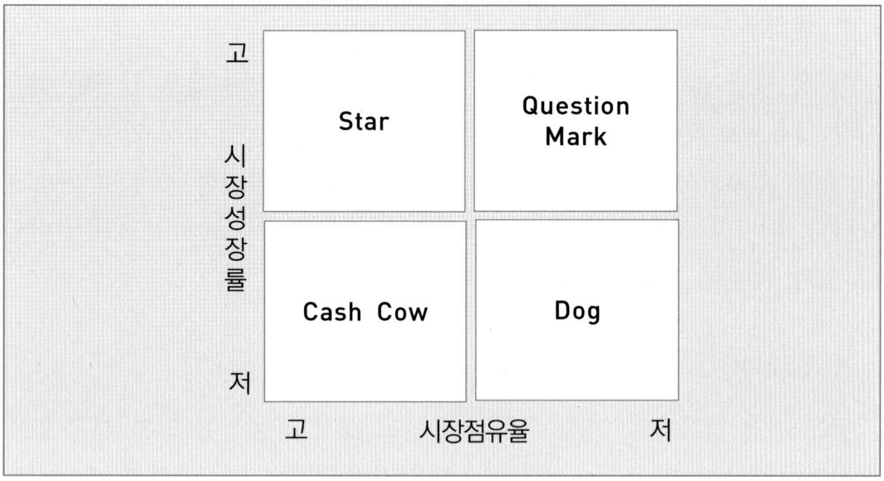

그림 10.1. BCG 매트릭스

BCG 매트릭스에서는 기업의 다양한 사업들을 전략적 사업 단위(SBU)로 간주한다. 전략적 사업 단위란 기업들이 다양한 상품 및 서비스에 대해 각각 독자적인 외부 시장과 목적을 가지고 다른 사업들과는 독립된 전략을 추진하는 하나의 사업 분야를 의미한다. BCG 매트릭스는 시장 성장률과 시장 점유율의 상대적 크기로 각 전략적 사업 단위나 제품의 위치와 매력도를 파악할 수 있기 때문에 정량 분석이 가능한 최초의 기업 전략 도구라고 할 수 있다. 기업들은 상대적인 시장 점유율을 기준으로 수익 규모나 경쟁적 지위를 평가할 수 있고, 시장 성장률을 기준으로 미래 비용의 크기를 예측할 수 있다. 이처럼 수익과 비용을 측정할 수 있는 두 변수를 이용하여 전략적 사업 단위를 다음과 같이 네 가지 유형으로 구분한다.

- 캐시 카우(Cash Cow)

비교적 높은 시장 점유율로 인해 안정적인 현금흐름을 창출하고 있는 사업 분야이다. 하지만 산업 성장률이 낮아 수요가 정체되고 시장의 매력도가 떨어지기 때문에 투자는 최소 수준으로 억제한다. 대신 창출된 현금을 별이나 성장성 있는 문제아 사업에 공급하는 역할을 한다.

■ 물음표(Question Mark)

이 쪽 사업 분야는 신규 사업과 같이 미래 성장 가능성은 있지만 낮은 시장 점유율로 인해 수익성이 떨어지는 분야이다. 만약 성장 가능성이 커서 차후 별(star)사업이 될 가능성이 있다면 이를 뒷받침할 자금 유입이 필요하다. 하지만 성장 가능성이 상대적으로 적다면 개(dog)사업으로 전락할 수 있기 때문에 더 이상 투자를 해서는 안 된다.

■ 별(Star)

높은 시장 점유율로 인해 수익성이 높고 성장 가능성이 크기 때문에 매력적인 사업에 해당된다. 성장을 지속시키기 위한 자금 투자가 필요하지만, 높은 수익성으로 인해 현금흐름이 균형을 유지한다.

■ 개(Dog)

기업의 수익성과 시장의 매력도가 떨어지는 한계 사업으로 철수 대상에 해당된다.

10.3.2. GE/맥킨지 매트릭스

GE는 맥킨지와 함께 BCG 매트릭스보다 더 정교한 포트폴리오 관리 모델을 개발하였다. GE/맥킨지 매트릭스는 시장 및 산업 매력도와 시장에서의 경쟁적 지위라는 두 변수를 고·중·저로 구분하여 전략적 사업 단위를 평가하는데, 이들 두 변수는 다양한 세부 변수들을 포함하고 있다. 시장 매력도는 시장의 규모, 시장의 성장률, 산업 수익률, 경기 변동에 대한 민감성, 자본 집약도, 경쟁 강도, 인플레이션 가능성, 기술 수준, 정부 규제 등의 환경적 기회 및 위협 요인들을 포함하여 측정한다. 경쟁적 지위는 시장 점유율, 상대적 수익률, 생산성, 가격 경쟁력, 시장 정보 및 지식, 기술력, 경영 능력 등과 같은 기업의 강점 및 약점 요인들을 포함한다. GE/맥킨지 매트릭스는 시장의 매력도와 기업의 경쟁적 지위를 고려하여 각 전략적 사업 단위의 위치를 파악한 후 자원 배분의 우선순위를 다음과 같이 결정한다.

■ 높은 시장 매력도와 높은 경쟁력

기업의 성장을 위해 과감한 투자가 필요하기 때문에 경영 자원을 우선적으로 배분한다.

■ 낮은 시장 매력도와 낮은 경쟁력

이 영역에 해당되는 사업들은 철수 대상으로, 기업이 추가적 자원 배분을 중단한다.

■ 기타 수준의 시장 매력도와 경쟁력

이 영역의 사업에서는 선택적 투자와 함께 소득 관리를 하게 된다. 유지 전략이 필요한 사업은 현행대로 사업을 진행하고, 수확 전략의 경우에는 현금 회수를 위해 추가 투자를 하지 않거나 최소화한 채 사업이 마무리될 때까지 진행한다.

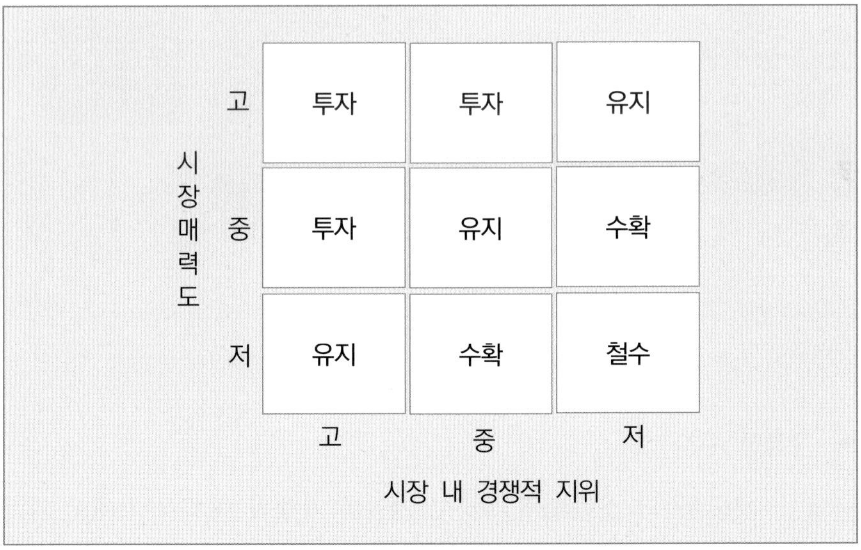

그림 10.2. GE/맥킨지 매트릭스

10.3.3. ADL 매트릭스

Arthur D. Little, Inc. (이하 ADL)은 기업의 경쟁적 위치와 수명주기 단계(시장의 성숙도)의 두 변수를 이용하여 수명주기 포트폴리오 매트릭스를 개발하였다. 시장의 수명주기는 도입기·성장기·성숙기·쇠퇴기의 네 단계로 구분하고, 기업의 경쟁적 위치는 지배적(Dominant) 위치, 강력한(Strong) 위치, 양호한(Favorable) 위치, 방어 가능(Tenable) 위치, 약한(Weak) 위치, 생존 불능(Nonviable) 위치 등 여섯 단계로 구분하였다. ADL 매트릭스는 두 변수를 기준으로 다음과 같이 세 영역으로 구분한 후, 각 영역에 적절한 투자 전략을 제시한다.

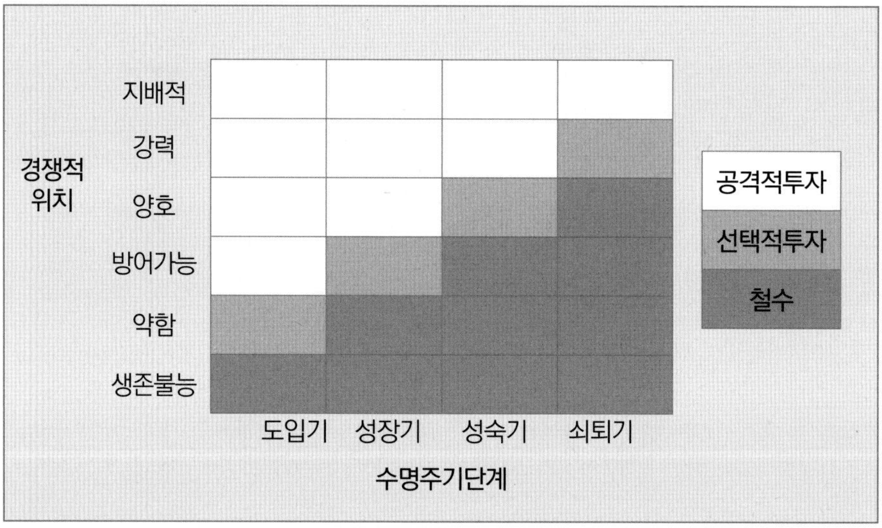

그림 10.3. ADL 매트릭스

■ 공격적 투자

산업이 수명주기의 전반부에 속하고 기업의 경쟁적 위치가 지배적 위치로 올라갈수록 적극적이고 공격적인 투자 전략이 가능하다.

■ 철수

시장의 수명주기가 후반부에 속하고 기업의 경쟁적 위치가 생존 불능의 위치로 내려갈수록 기업들은 철수 전략을 선택하는 것이 좋다.

- **선택적 투자**

중간 영역, 즉 시장 수명주기가 전반부에 속하고 기업의 경쟁적 위치가 낮거나 또는 시장 수명주기가 후반부에 속하고 기업의 경쟁적 위치가 높을 때는 시장의 상황에 따라 기업이 투자를 선택적으로 할 필요가 있다.

10.3.4. 애쉬리지 포트폴리오 디스플레이

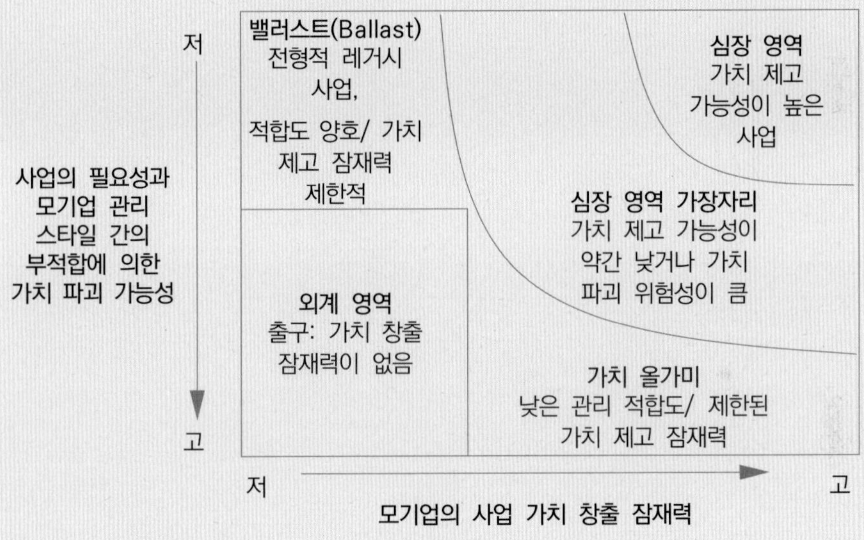

출처: Ashridge Strategic Management Centre.

그림 10.4. 애쉬리지 포트폴리오 디스플레이

애쉬리지 포트폴리오 디스플레이(Ashridge Portfolio Display)는 모기업의 관리 지원의 장점을 개념적 기반으로 한다. 이 매트릭스는 사업의 가치 창출 잠재력이 사업의 특성뿐만 아니라 기업에도 달려 있다는 것을 보여주면서, 사업과 모기업 간의 적합성에 초점을 맞추고 있다. 매트릭스의 수평축 변수는 사업의 가치를 올릴 수 있는 모기업의 잠재력을 나타낸다. 사업에 대한 포지셔닝은 기업 수준의 관리 능력을 적용하거나, 자원과 능력을 다른 사업과 공유하거나 또는 거래 비용을 절약함으로써 사업의 이익을 창출할 수 있는 모기업의 잠재력에 달려 있다. 수직축은 사업 관리의 필요성과 모기업의 관리 시스템/스타일 간의 불일치로 인해 발생하는 비용의 발생에 따라 모기업의 가치가 파괴될 가능성을 측정한다.[2)]

2) Ibid., p.320.

10.4 리스트럭처링의 가치 추정

10.4.1. 가치 추정 단계

기업이 리스트럭처링을 성공적으로 단행하기 위해서는 전략 실행으로 인한 기업 가치를 사전에 추정해야 한다. 기업은 '맥킨지 펜타곤(McKinsey Pentagon)'을 이용해 리스트럭처링에 의해 창출될 수 있는 최적의 기업 가치를 단계별로 추정할 수 있다.[3)]

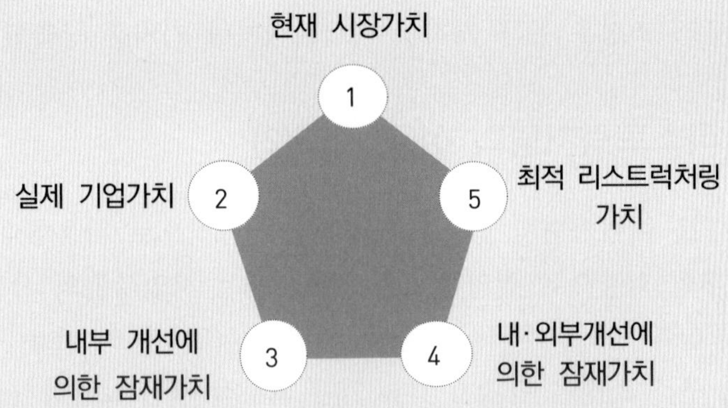

출처: Copeland,T. E., Koller, T., and Murrin, J.(1990), *Valuation, measuring and managing the value of companies*, John Wiley & Sons.

그림 10.5. 맥킨지 펜타곤

리스트럭처링의 가치 추정 단계는 다음과 같다.

■ 1단계

먼저 기업의 현재 시장 가치와 실제 기업 가치를 비교한 후 차이가 발생하는 원인을 규명한다.

3) Copeland,T. E., Koller, T., and Murrin, J.(1990), *Valuation, measuring and managing the value of companies*, John Wiley & Sons.

■ 2단계

만약 실제 기업 가치가 현재 시장 가치보다 더 낮을 경우, 내부적인 업무 개선을 통해 잠재 가치를 높일 수 있도록 한다.

■ 3단계

이 단계에서는 내부적인 업무 개선 외에 사업 처분이나 인수 등의 외부적인 개선을 통해 기업의 잠재 가치를 높일 수 있다.

■ 4단계

기업은 내부적 업무 개선과 외부적 경영 개선 외에 기업 전체 차원에서의 사업 구조 조정을 통해 최적의 리스트럭처링 가치를 창출할 수 있다.

10.4.1. 리스트럭처링의 성공 사례(2)

GE는 대를 이어가면서 리스트럭처링을 전략적으로 활용했다. 2001년 Welch의 후임 회장으로 취임한 Jeffrey Immelt는 사업부들의 시장 점유율은 높지만 상대적으로 수익성이 높지 않았던 사업부들의 비용 지출을 줄이기 위해 구조 조정을 단행하였다. 일단 외부적 개선으로 당시 13개였던 사업부를 5개 사업 부문으로 축소하였다. 그리고 내부적 업무 개선으로 6시그마의 추진 초점을 비용 절감 외에 프로세스 시간 단축으로까지 확장하였다. 그 결과 엔진 개발 기간을 5년 만에 60개월에서 24개월로 단축시킬 수 있었다.

또한 GE는 적극적 리스트럭처링을 통해 전사적 차원에서 최적의 가치 창출을 위해 장기적으로 성장 가능성이 큰 분야에 투자하기 시작하였다. 대표적인 것이 환경 관련 비즈니스이다. GE는 'Ecomagination'을 슬로건으로 선언하였다. 이는 산업 시장에 신기술을 도입해 환경과 연계된 과제들, 예를 들면 온실효과 가스 증가, 오존층 파괴, 물 부족 등을 해결하기 위해 제시된 개념이다. 당시 GE는 환경 관련 비즈니스 매출이 2004년 100억 달러에서 2010년 이후 200억 달러까지 증가할 것으로 추정하고, 내부적 업무 개선과 외부적 경영 개선을 통한 리스트럭처링을 공격적으로 추진하였다.

GE는 리스트럭처링의 성공적 추진으로 다양한 성과를 올릴 수 있었다. Welch 회장의 마지막 결산년도인 2000년과 비교할 때, GE는 2004년 매출액이 17.2%, 순이익은 32.1% 더 증가하는 경영 성과를 거두었다. Immelt는 2003년 Financial Times의 'Man of the Year'로 선정되었다. 또한 GE는 2005년 Fortune에서 선정하는 'Global Most Admired Companies' 1위에 선정되면서 기업 이미지를 더욱 강화할 수 있었다.

제11장 아웃소싱

11.1 아웃소싱의 개념

아웃소싱(Outsourcing)이란 기업이 경영 효율성을 극대화하기 위해 비즈니스 프로세스 자체 또는 일부 주변 기능이나 프로젝트를 해외의 전문 업체에게 위탁하여 처리하는 외부 조달을 의미한다. 글로벌 경쟁이 심화되고 기술 진부화의 속도가 빨라지면 한정된 자원을 가진 기업들이 모든 사업과 기능에서 경쟁력을 유지하기가 쉽지 않다. 이때 기업들이 글로벌 아웃소싱을 통해 경쟁력이 떨어지는 분야를 해외 전문 업체에서 조달받고 핵심 부문에 자원을 집중함으로써 비용 절감과 수익 증가를 달성할 수 있다.

아웃소싱은 다른 전략 수단이나 기법의 효과를 높이는 데도 중요한 역할을 한다. 예를 들어 기업이 인수·합병이나 비즈니스 프로세스 리엔지니어링 등을 추진할 때 아웃소싱을 함께 시도함으로써 기업의 유연한 전략적 대응을 가능하게 해준다.

아웃소싱은 다음과 같은 특징을 가지고 있다. 첫째, 업무의 전문성과 효율성 제고를 위해 핵심 부문에 기업의 자원을 집중한다. 둘째, 비용 절감과 위험 분산을 위해 모든 기능을 아웃소싱 대상에 포함시킨다. 과거에는 경비와 같은 단순 업무나 회계와 같은 전문 업무가 아웃소싱 대상이었지만, 지금은 전략적으로 중요한 IT와 R&D까지 그 범위가 무제한적으로 확대되고 있다. 셋째, 아웃소싱은 단기적이고 임시적인 컨설팅이나 하청과 달리 기획 및 설계부터 운영까지 전 과정을 포함하기 때문에 외부 조달업체와의 장기적이고 동반자적인 네트워크 구축이 필수적이다.

11.2 아웃소싱의 유형

11.2.1. 아웃소싱의 목적

아웃소싱은 크게 전략적 목적과 전술적 목적을 가지고 추진된다. 아웃소싱의 가장 중요한 목적은 전술적 목적의 비용 절감이다. 따라서 아웃소싱은 대표적인 안정 전략에 해당한다. 하지만 많은 기업들이 핵심 사업에 집중하고 핵심 역량을 획득하기 위한 전략적 목적을 위해 아웃소싱을 활용한다. 단순히 비용 절감을 목적으로 아웃소싱을 하는 기업들도 있겠지만, 궁극적으로는 비용 절감을 통해 세계적인 수준의 핵심 역량을 창출하고 유지하면서 기업의 자원을 핵심 사업에 집중하고자 하는 전략적 목적의 달성이 아웃소싱의 주요 목적이라고 할 수 있다.

11.2.2. 아웃소싱의 유형

아웃소싱은 목적 등을 기준으로 다음과 같이 네 가지 유형으로 구분할 수 있다.[1)]

■ 전술형 아웃소싱

전술형 아웃소싱이란 기업들이 인건비 등의 비용 절감을 통해 내부 운영의 효율성을 제고하기 위해 단순 및 비핵심 업무를 외부로부터 조달받거나 또는 확보가 불가능한 자원이나 관리가 어려운 기능을 보완하기 위해 아웃소싱하는 형태를 말한다. 과거 (주)태평양이 비용절감을 위해 핵심 역량이 없는 사내 IT시스템 부문을 구조 조정한 후 한국IBM으로부터 아웃소싱한 사례가 전형적인 전술형 아웃소싱이다.

■ 전략형 아웃소싱

전략형 아웃소싱이란 기업이 제한된 자원을 핵심 기능에 집중하거나 또는 외부의 뛰어난 기능을 활용함으로써 기업의 핵심 역량을 강화하는 동

1) 김길성(2009), 전게서, pp.201-202.

시에 핵심 사업의 경쟁력을 높일 목적으로 비핵심 기능을 아웃소싱 하는 형태를 말한다. 대표적인 사례로 HUMAX가 핵심 역량이 있는 디지털 셋톱박스의 연구개발에만 집중하기 위해 생산 부문을 국내 생산업체에 아웃소싱한 사례나 LG전자가 IMF 외환위기 때 수익이 낮은 디지털 카메라와 비디오테이프 사업을 매각한 사례를 들 수 있다.

■ 분사형(Spin-off) 아웃소싱

기업의 조직을 슬림화하거나 또 다른 이익센터를 창출할 목적으로 전문성과 경쟁력을 확보하고 있지만 기업 내에서의 상대적 중요도 및 종속성이 낮은 기능이나 사업을 별도의 회사로 분사시킨 후 이들로부터 아웃소싱하는 형태를 말하며, 대표적인 사례로 1990년대 말 대규모 분사화를 추진했던 삼성코닝의 경우를 들 수 있다.

■ 네트워크형 아웃소싱

나이키와 같이 핵심 기능이나 활동을 제외한 모든 부문을 외부의 전문업체로부터 아웃소싱 하는 형태로 단기적이고 임시적인 하청이나 외주 등과 달리 공급업체와 장기적인 수평적 네트워크를 형성하거나 '가상기업(Virtual Corporation)'을 설립함으로써 양 주체가 서로의 경영 자원을 상호보완적으로 공유하는 아웃소싱을 의미한다.

11.3 아웃소싱의 장단점

11.3.1. 아웃소싱의 장점

아웃소싱의 가장 큰 장점으로 비용 절감, 핵심 사업의 집중화, 외부의 전문적 노하우와 기술 활용 등을 들 수 있다. 기업들은 아웃소싱을 통해 절감된 비용을 신규 유망 사업이나 시장에 신속하게 접근할 수 있는 핵심 역량을 확보하는 데에 투자할 수 있다. 뿐만 아니라 기술의 변화가 심하고 고객 욕구가 복잡한 경영 환경 속에서 기업들은 아웃소싱을 통해 체질적 유연성을 강화하고 핵심 사업에 집중할 수 있다.

유연성 강화를 위해 아웃소싱을 잘 활용하고 있는 사례로 나이키와 IBM을 들 수 있다. 의류나 신발 등 패션 제품들은 유행의 변화 속도가 빠르다. 컴퓨터와 같은 제품들은 기술 진부화가 빠르고 구성 부품이 복잡하다. 따라서 이런 제품들은 유연성의 확보가 무엇보다 중요하다. 나이키나 IBM은 일찍부터 글로벌 아웃소싱을 통해 기업의 유연성을 강화하고 있다. 대신 핵심 역량을 가진 기능이나 활동에 집중적인 투자를 하면서 기업의 체질을 더욱 강화할 수 있었다.

11.3.2. 아웃소싱의 단점

아웃소싱이 전략적으로 기업에게 항상 유리한 것만은 아니다. 1970년대 이후 미국을 중심으로 연금기금 등 기관 투자가들이 기업의 주식을 소유할 수 있게 되었는데, 그들은 단기적인 이익 창출이나 주가 상승에만 관심이 있었다. 경영자 역시 주식을 보수로 받게 되면서, 주가 상승을 위한 재무적 지표의 개선이 경영자의 최고 목표가 되었다. 경영자들은 기업 발전을 위한 새로운 전략을 개발하기 보다는 쉽게 주가를 올릴 수 있는 아웃소싱을 선호했다. 아웃소싱을 통해 인원을 감축함으로써 단기적 수익을 올리거나 유망 사업을 매각해 현금화함으로써 주가를 쉽게 올릴 수 있었기 때문이다. 이처럼 아웃소싱이 개인적 목적에 이용되면서 아웃소싱의 전략적 가치가 크게 상실되기도 했다. 전략적 목적을 벗어나거나 또는 너무 의존도가 큰 아웃소싱은 다음과 같은 단점 또는 문제점을 야기할 수 있다.

- **핵심 역량의 상실**

비용 절감을 목적으로 기업의 핵심 사업이나 미래 핵심 사업으로 발전 가능성이 있는 분야까지 외부로부터 조달받다 보면, 기업의 핵심 기능이나 기술을 상실할 수도 있다.

- **아웃소싱 공급업체에 대한 통제력 상실**

공급업체와 장기적이고 긴밀한 수평적 네트워크가 아니고 일방적인 의존 관계가 형성되는 경우, 공급업체에 대한 통제력 상실로 인해 가격 교섭력이 떨어지거나 품질 불량과 납기 지연 등으로 인한 비용 상승이 발생할 수도 있다.

- **비즈니스 프로세스의 기능 간 상호 협력 관계의 붕괴**

기업이 제품을 생산하는 일련의 과정인 비즈니스 프로세스는 일반적으로 개별 기능 간에 상호 협력 관계가 형성된다. 예를 들면 마케팅 활동을 통해 조사된 고객의 니즈는 제품 디자인에 반영되고, 또 디자인에 따라 적절한 가격과 품질을 갖춘 제품의 생산이 이루어지는 것과 같다. 따라서 일련의 프로세스 중 일부 기능을 외부에서 조달하는 경우, 기능 간 상호협력 관계의 붕괴로 기업이 고객의 욕구를 제대로 충족시키지 못하는 부작용이 발생할 수도 있다.

- **구성원의 불안감 증대**

기업의 모든 기능을 대상으로 너무 적극적인 아웃소싱을 추구하다 보면 구성원들의 고용 불안감이 확대되면서 노사 간의 불화가 발생할 수 있고, 또 업무에 대한 의욕 상실로 인해 기업의 수익이 감소할 수도 있다.

11.4 아웃소싱 성공 사례[2)]

초우량 기업으로 성장한 나이키의 성공에는 아웃소싱이라는 경영 전략이 있다. 일반적으로 운동화를 비롯한 스포츠 관련 제품들은 수명주기가 짧기 때문에 기업들이 유행의 변화에 신속하게 대응할 수 있는 유연성을 확보하거나 더나가 고객의 니즈를 리드할 수 있는 핵심 기능을 강화하기 위해 아웃소싱을 전략적으로 활용할 필요가 있다.

운동화·스포츠의류·스포츠장비를 취급하는 나이키는 사업의 핵심 기능인 제품의 디자인과 마케팅은 본사가 직접 담당하고 '에어졸(Airsol)'과 같은 핵심 기술은 자회사인 나이키 IHM, Inc.가 담당하고 있다. 반면 생산부문은 전 세계 운동화 생산업체들과 글로벌 아웃소싱 네트워크를 구축한 후 이들로부터 완성품을 공급받고 있다. 2009년 나이키의 생산 파트너는 무려 52개국에 700개나 되었다. 이와 같이 나이키는 글로벌 아웃소싱을 통해 핵심 역량을 강화하고 핵심 기술의 누출을 방지할 수 있었다. 뿐만 아니라 고품질의 운동화를 저렴한 가격에 조달받음으로써 비용 절감 효과까지 누릴 수 있었다.

나이키가 아웃소싱을 효과적으로 수행할 수 있는 가장 큰 성공 요인은 국제적으로 분업화된 생산 네트워크를 효율적으로 구축하고 관리할 수 있는 능력 덕분이다. 나이키는 운동화 생산업체에 본사 감독관을 파견하여 철저한 품질 관리를 하고 있다. 이와 함께 전 세계에 분산된 생산 파트너들의 효율적 관리를 위해 'GPIN(Global Production Information Network)'과 같은 정보 인프라를 구축하여 공급업체와 장기적이고 안정적인 네트워크를 구축하였다. GPIN은 전 세계 나이키 직원들이 제품의 최신 디자인부터 판매 실적과 같은 재무 정보까지 인터넷을 이용해 공유할 수 있도록 만든 정보 시스템이다. 특히 콘텐츠를 업무가 아닌 제품 중심으로 구축함으로써 직원들의 활용도가 높다.

2) 상게서, pp.205-206.

11.5 다운사이징[3)]

IBM 왓슨연구소의 Henry Downsizing의 이름에서 유래된 '다운사이징(Downsizing)'은 기업의 효율성을 향상시키기 위해 조직을 야위게 만드는 기법을 말한다. 다운사이징은 비용 절감이라는 측면에서 아웃소싱과 유사한 전략 기법이라고 할 수 있다. 아웃소싱이 자본 운영 측면에서 비용을 절감하기 위한 안정 전략이라면, 다운사이징은 노동 측면에서 비용을 절감하기 위한 기업 생존 전략이라고 할 수 있다.

다운사이징은 다음과 같이 두 가지 유형으로 구분된다.

■ 비즈니스 다운사이징

비즈니스 다운사이징이란 비대해진 조직의 비생산적인 부서나 지점을 제거함으로써 간접비용을 줄이고, 관료화된 계층 구조를 축소함으로써 조직의 유연성을 강화시키기 위한 슬림화를 의미한다.

■ 정보 시스템 다운사이징

정보 시스템 다운사이징이란 대형 컴퓨터를 통한 정보 시스템의 중앙 집권화와 폐쇄화를 탈피함으로써 정보 시스템을 현장에서 PC를 다루는 최종 사용자 중심으로 개방하고, 시스템의 보수 유지와 보안 등만 중앙에서 처리하는 슬림화를 말한다.

다운사이징은 슬림화를 통해 간접비용의 절감, 조직의 효율성 증대, 신속한 의사결정, 의사소통의 활성화 등 여러 가지 장점도 가지고 있지만 기업의 사회적 책임 결여, 인원 감축에 따른 종업원의 불안감 증대 및 애사심 결여, 자발적 퇴직제도의 시행에 의한 우수 인력의 이직 등 부정적인 측면도 만만치 않다.

---

3) 상게서, pp.207-208.

제12장 전략적 제휴

12.1. 전략적 제휴의 개념
12.2. 전략적 제휴의 유형
12.3. 전략적 제휴의 특성
12.4. 전략적 제휴의 동기
12.5. 제휴의 실패 요인과 성공 요인
12.6. 가상기업

12.1 전략적 제휴의 개념

전략적 제휴(Strategic Alliance)란 경쟁 관계에 있거나 상호 무관한 둘 이상의 독립된 기업들이 특정 사업 또는 기능별 활동 부문에서 상호 간의 경쟁 우위를 활용하기 위해 일정 기간 동안 협력 관계를 맺는 것을 의미한다. 일반적으로 기업들은 현재의 경영 성과를 개선하거나 또는 새로운 시장 기회 등을 잡기 위해 전략적 제휴를 선택한다. 따라서 전략적 제휴는 안정보다는 글로벌 시장 등 더 큰 시장 기회를 추구하고자 하는 성장전략의 성격이 강하다고 할 수 있다.

1990년대 초반까지도 전략적 제휴는 경쟁업체와의 협력 관계라는 모순적 성격 때문에 몇몇 산업을 제외하고는 그 사례를 찾아보기 어려웠다. 하지만 1990년대 이후 글로벌 경쟁이 치열해지고 고객 니즈가 복잡해지면서 기업들이 유연성과 민첩성을 향상시키기 위해 전략적 제휴를 비롯한 네트워크나 가상기업과 같이 협력 관계를 강화하기 위한 기법들이 전략적으로 활용되기 시작했다.

가상기업이란 기업이 특정 사업을 효과적으로 추진하기 위해 ICT 등을 바탕으로 경쟁업체나 협력업체 등의 자원과 역량 등을 공유하는 일시적 네트워크형 기업 형태를 말한다. 자동차와 같은 전통 제조업뿐만 아니라 애플과 MS와 같은 디지털 산업에서도 가상기업이 전략적으로 활용된다. 이에 관한 내용은 뒤에서 설명하고자 한다.

12.2 전략적 제휴의 유형

전략적 제휴는 글로벌 여부와 관계없이 제휴의 대상과 방식에 따라 다음과 같이 비지분 제휴, 지분 제휴, 합작투자로 구분할 수 있다.

■ 비지분 제휴

비지분 제휴는 지분 투자가 아닌 다양한 종류의 계약을 통해 이루어진다. 예를 들면 협력 관계를 맺은 기업들 간의 공동 연구개발, 라이센싱 협정, 공동 마케팅, 공동 판매, 장기 조달 협정, 산업표준의 확립 등 다양한 형태들이 있다. 비지분 제휴 사례로 경쟁 관계인 델·삼성전자·이스트먼코닥·후지제록스가 2004년에 체결한 프린팅 관련 제품의 공동 개발 및 생산 협정과 2010년 맥도널드와 소셜 게임 개발사인 Zynga(이하 징가) 간의 공동 마케팅 제휴 등을 들 수 있다.

■ 지분 제휴

지분 제휴는 기업들이 협력적 계약과 함께 파트너 기업에 대해 지분을 투자하는 강도가 높은 제휴 유형을 의미한다. 지분 투자는 상호 주식 보유를 통한 지분 교환이나 파트너의 기존 사업에 지분을 투자하는 지분 참여 등의 형태가 있다. 지분 제휴 사례로 GM이 Isuzu(이하 이스즈)의 소형차를 미국으로 수입하기 위한 제휴를 맺으면서 이스즈 지분 34.2%를 인수한 사례를 들 수 있다. 또 2004년 GE소비자금융이 제휴를 통해 현대캐피탈 지분 38%를 인수한 사례도 있다.

■ 합작투자

합작투자는 기업들이 상호 지분 투자를 통해 자회사 형태의 독립된 합작투자 법인을 설립하는 제휴 방식이다. 다른 유형의 제휴들과 달리 제휴 관계가 지속적으로 이어진다는 차이가 있다. 경쟁사 간 합작투자의 대표적인 사례로, 1990년대 초 GM과 토요타가 설립한 미국 현지 합작회사, NUMMI(New United Motor Manufacturing Incorporated)를 들 수 있다.

NUMMI는 이곳에서 생산된 소형차를 GM의 유통망을 통해 판매할 목적으로 설립되었다. 또 다른 사례로 월마트와 멕시코 유통업체인 Cifra 간의 합작투자를 들 수 있다. 이들은 1991년 합작투자를 통해 멕시코시티에 Sam's Club을 오픈하였다.

상호 무관한 업체들 간의 합작투자 사례도 많다. 2002년에 가전업체인 필립스와 나이키는 운동하면서 노래를 감상할 수 있는 오디오 스포츠 제품을 생산하기 위해 합작투자 법인, Nike-Philips를 설립한 적이 있다. 또 GM은 전기 자동차 사업의 경쟁력을 강화하기 위해 배터리 생산업체인 Hitachi(이하 히타치)와 함께 합작법인, Hitachi Vechile을 설립하였다.

12.3 전략적 제휴의 특성

전략적 제휴는 안정 전략이라기보다는 더 큰 시장 기회를 추구하는 성장 지향적 성격이 강하다. 따라서 전략적 제휴는 성장 전략으로서의 성공을 위해 다음과 같은 실천적 특성을 가지게 된다.

■ 책임 공유

경쟁 기업 간의 제휴일지라도 제휴 부분에 대해서는 성과와 위험을 공유해야 한다. 특히 성공적인 제휴를 위해서는 제휴 사업의 관리에 대한 책임을 공유할 필요가 있다.

■ 정체성 유지

전략적 제휴는 제휴 파트너들이 각각의 독립성을 유지한 채, 일부 사업 또는 기능별로 협력 관계를 맺게 된다. 따라서 기업들은 각각의 정체성을 그대로 유지하면서 제휴에 동참한다는 특성을 가지고 있다.

■ 자원의 지속적 이전

전략적 제휴에 참여하는 기업들은 제휴 사업을 종료할 때까지 필요한 기술·자금·인력 등 기업 자원을 상호 지속적으로 투입하게 된다. 따라서 기업들은 제휴 사업에 투입될 자원의 유형·규모·사용처 등을 사전에 합의하게 된다.

■ 시너지 창출

전략적 제휴는 파트너 기업들 간의 자원 공유와 역량 보완을 통해 보다 더 큰 시너지를 창출함으로써 고객과 주주 가치를 높이는 데에 전략적 의의가 있다. 따라서 시너지 창출은 전략적 제휴의 중요한 특성이자 목적이라고 할 수 있다.

12.4 전략적 제휴의 동기

기업들은 경영 환경이 불확실할 때 전략적 제휴를 선호한다. 그 이유는 인수·합병과 같은 전략에 비해 시장 기회의 확보와 유연성 측면에서 상대적으로 유리하기 때문이다. 일반적으로 전략적 제휴는 다음과 같은 동기 및 목적을 가지고 추진된다.[1]

■ 위험 분산

불확실한 글로벌 경영 환경 속에서 기업들의 독자적 경영 활동은 위험 부담이 클 수밖에 없다. 특히 신제품을 개발하거나 새로운 시장에 진입할 때 기업들은 전략적 제휴를 통해 새로운 시도에 수반되는 위험을 분산시킬 수 있다.

■ 자원 공유

모든 시장에서 항상 유리한 경쟁을 할 만큼 충분한 경영 자원이나 능력을 가진 기업은 존재하지 않는다. 따라서 기업들은 전략적으로 중요한 시장에 진입하거나 신제품을 개발할 때 제휴를 통해 자신이 보유하지 못한 기술 또는 추가적 비용 등을 효율적으로 보완하고 공유할 수 있다. 대표적인 사례로 탄산 냉커피 등 신제품 개발과 슈퍼마켓 진입 등 시장 확대를 위해 스타벅스와 펩시가 체결한 제휴를 들 수 있다. 이 제휴를 통해 스타벅스는 'RTD(Ready to Drink)' 관련 신제품 개발과 함께 펩시의 유통망을 활용할 수 있었다.

■ 산업표준의 확립

최근 많은 기업들이 새로운 산업표준을 확립하기 위해 전략적 제휴를 시도하고 있다. 특히 기술 개발이 빠르고 산업표준이 중요한 비중을 차지하는 산업에서 전략적 제휴는 매우 중요한 역할을 한다. 2011년 삼성전자

1) Bleek, J. and Ernst, D.(1993), *Collaborating to Compete*, John Wiley & Sons.

와 IBM이 상호 보유한 특허를 공동 사용하기로 하는 제휴를 체결했다. 이 제휴의 주요 목적 중 하나는 차세대 제품 개발을 위한 소모적 경쟁을 지양하면서 세계 산업표준을 주도하는 것이었다.

■ 유연성 확보

기업들은 전략적 제휴를 통하여 기존의 사양 산업을 효율적으로 운영할 수 있다. 예를 들면 사양 산업에서 다른 기업과의 합작투자를 통해 공장 및 설비의 활용도를 높일 수 있다. 또 경쟁이 치열하고 성숙기에 접어든 사업에서 완전한 철수보다는 합작투자와 같은 제휴를 맺음으로써 미래의 사업 전망에 따라 옵션을 행사할 수 있는 것과 동일한 효과의 유연성을 확보할 수 있다. 대표적인 예로 GM과 크라이슬러가 체결한 수동 변속기어의 공동 생산 제휴를 들 수 있다. 제휴를 통해 GM은 수요가 줄어든 수동 변속기어 공장을 유지할 수 있었고, 크라이슬러는 구조 조정과 함께 비용을 대폭 절감할 수 있었다.

■ 신제품 개발과 시장 진입의 신속성

속도 경영은 기업의 경쟁력을 좌우하는 중요한 요소이다. 그래서 많은 기업들이 속도 경영을 위한 목적으로 전략적 제휴를 선택하기도 한다. 특히 신제품의 개발 속도 단축을 위해 전략적 제휴가 활용되는 경우가 많다. 예를 들어 현대차는 개인용 비행체(UAM) 모델의 신속한 개발을 위해 2020년 1월 우버와의 전략적 제휴를 발표했다.

또한 기업들은 특정 시장 진입 시, 시장 및 고객 정보 부족이나 문화적 차별 등에 의한 진입 지체를 해소하기 위해 전략적 제휴를 이용하기도 한다. 대표적인 예로 2017년 Gilead Science(이하 길리어드 사이언스)와 유한양행 간의 판매 제휴를 들 수 있다. 이 제휴의 주요 목적은 길리어드 사이언스의 신약, 'Genvoya'의 신속한 한국 시장 판매였다. KDB대우증권도 2012년 터키 시장으로의 신속한 진출을 위해 현지 기업, IS(이쉬) Investment와 전략적 제휴를 맺기도 했다. 이 제휴의 주요 목적도 문화적 차이 해소를 통한 신속한 시장 진입이었다.

12.5 제휴의 실패 요인과 성공 요인

12.5.1. 실패 요인

맥킨지를 비롯한 여러 컨설팅 기업들의 조사에 의하면, 전략적 제휴를 체결한 많은 기업들이 제휴의 성과에 만족하지 못하는 것으로 나타나고 있다. 전략적 제휴가 글로벌 경쟁 환경 하의 불확실성에 대응할 수 있는 전략적 대안으로서 기업들의 주목을 받고 있지만, 제휴를 계획하고 실행하는 과정에서 막상 제휴 목표의 불일치나 기업 간 문화적 차이 등 다양한 이유로 인해 실패하는 경우들이 많기 때문이다. 전략적 제휴의 일반적인 실패 원인들은 다음과 같다.

■ 전략적 목표의 불일치와 불분명

전략적 제휴가 파트너 간의 전략적 목표가 상이하거나 또는 공통의 목표가 있다고 할지라도 구체적이지 못하고 불분명한 경우에는 실패 가능성이 커진다. 미국 기업인 Alcoa(이하 알코아)는 일본의 NEC와 인공위성 TV수상기를 개발하기 위해 전략적 제휴를 맺었다. 하지만 두 기업의 전략 목표가 일치하지 않으면서 제품 개발 시 주요 부품인 Feed Horn을 누락하는 실수를 범하기도 하였다. 따라서 제휴 전에 구체적인 목표를 설정한 후 양측의 전략적 목표와 일치하는지 확인할 필요가 있다.

■ 핵심 역량의 부재

파트너 상호 간에 공헌할 수 있는 핵심 역량이 과장되었거나 없는 경우, 또는 자신의 이익만을 생각하여 핵심 역량 공유에 소극적인 경우 제휴의 실패 확률은 커진다. 따라서 전략적 제휴를 체결하기 전에 파트너가 자신의 약점을 보완해줄 수 있는 핵심 역량을 보유하고 있는지, 또 양측이 각각 보유하고 있는 핵심 역량을 기꺼이 제공할 의사가 있는지 사전에 분명히 확인할 필요가 있다.

■ 문화적 갈등

제휴 기업 간의 문화적 차이로 구성원들이 조화를 이루지 못하고 상호 간의 갈등이 심화되는 경우 제휴의 성공 확률은 낮아진다. 따라서 제휴 파트너 간의 기업 문화와 의사 결정 시스템 등이 상호 융화될 수 있는지 미리 점검할 필요가 있다. 삼성전자와 인도 기업 Videocon(이하 비디오콘) 간의 합작투자 청산도 결국은 문화적 갈등이 주요 원인이었다.

■ 전략적 선택의 오류

기업이 전략적 제휴보다는 다른 방식의 경영 전략을 선택하는 것이 더 유리한 상황에서 제휴를 선택할 경우 실패 확률은 더욱 커진다. 예를 들면 제휴 기업들이 동일한 지역에서 모두 높은 시장 점유율을 가지고 경쟁하는 경우 양측은 제휴와 경쟁에 따른 갈등을 겪을 수밖에 없다. 따라서 제휴 기업들이 기존에 경쟁하던 지역 시장이 많이 중복되는 경우라면 제휴보다는 인수·합병이 더 효과적인 전략이라고 할 수 있다.

그러나 인수·합병이 전략적 제휴를 대신하지 못하는 경우들이 있다. 첫째, 인수·합병이 법적으로 규제되는 경우이다. 인수·합병으로 특정 산업이 소수 기업에 집중되어 독점 가능성이 커지거나 국가 안보에 위기가 초래될 수 있다면 법적인 제약을 받을 수밖에 없다. 둘째, 인수 대상 기업에 불필요한 자산이 많을 경우이다. 인수·합병은 인수와 동시에 대상 기업의 모든 자산을 획득하게 되기 때문이다. 마지막으로, 경영 환경이 매우 불확실한 경우이다. 일단 인수·합병을 통해 어떤 사업이 결정되면 유연성이 제한될 수밖에 없다. 이때는 전략적 유연성을 가질 수 있는 전략적 제휴가 선호된다.

12.5.2. 성공 요인

기업이 전략적 제휴에 성공하기 위해서는 시작부터 끝까지 다음 활동들을 명확하게 해둘 필요가 있다.[2)]

2) 이승주, 전게서, p.247.

■ 명확한 목표 설정

전략을 실행하기 전에 전략적 제휴의 목적을 명확하게 설정하고, 다른 전략적 대안들과의 장단점을 비교·분석한 후 전략적 제휴를 통한 가치 창출의 가능성을 평가한다.

■ 올바른 파트너의 선정

제휴 파트너를 선정할 때는 당사자 간의 전략적 목표의 양립성, 경영 자원의 보완성, 그리고 조직 문화의 융화 가능성을 고려한다.

■ 구조 및 책임에 관한 협상

협상 단계에서는 사업의 범위(제품·지역·자산 등), 법률적 형태, 의사결정 구조, 파트너의 공헌 및 책임 관계 등을 명확하게 해야 한다. 제휴 계약의 내용은 사례별로 다르지만, 일반적으로 적용되는 공통 항목들에 대한 계약 조항을 분명하게 할 필요가 있다(표 12.1 참조).

■ 제휴 과정의 관리

상호 신뢰에 입각하여 상호 학습이 이루어질 수 있도록 노력하며, 제휴의 만료에 대비해 합리적인 대안을 미리 합의할 필요가 있다.

표 12.1. 전략적 제휴 시 일반적 명시 조항

구분	조항	내용
제휴 성립 요소	지분	제휴 성립 시 각 기업이 구매하는 지분 규모
	의결권	각 기업의 의결권 수로, 지분 규모와 반드시 일치하지 않음
	배당률	제휴의 이익 배분율로, 지분 규모와 반드시 일치하지 않음
	소수 지분 보호	소수 지분 보유 기업의 의결권 종류에 대한 기술
	이사회	최초 이사회 구성, 그 외 이사 선임과 해임에 대한 규정
	조직 관련	의사결정 과정, 주식 발행, 주식 소각
	기업 위치	합작투자의 경우 기업의 지리적 위치
	조언자	변호사, 회계사, 기타 조언자들
	이해관계자	제휴와 직접 관련이 있는 법적 단체들
운영적 요소	성과 조항	보장 기간과 최저 기대성과를 포함하는 파트너의 책임과 의무
	경쟁 배제 조항	파트너들은 제휴의 핵심 사업에 진입 불가
	스카우트 배제 조항	파트너들은 상대 기업의 종업원 고용 불가
	비밀 유지 조항	제휴나 파트너로부터의 정보는 제휴 외 목적으로 사용 불가
	지적 재산권	제휴로부터의 지적 재산권 소유주 결정과 타인에 대한 허가 방법
	책임	제휴에 대한 책임과 협력 기업들의 책임
	계약 변경	계약 변경에 따른 필요 절차
	분쟁 해결	파트너 간 분쟁 시 해결 절차
제휴 중단 요소	지분 구입 우선권	한 파트너의 지분 매각 시 다른 파트너에게 지분 구입 우선권 부여
	지분 구입 우선권 확대 조항	다른 파트너에게 지분 구입을 제안하기 전 타 기업에게 지분 매각 의도에 대한 표현 금지
	구입 옵션 조항	한 파트너가 다른 파트너에게 지분 매각을 요구할 수 있다는 조항. 지분 평가 방법과 구입 옵션 행사 조건 포함
	판매 옵션 조항	한 파트너가 다른 파트너에게 지분 구입을 요구할 수 있다는 조항
	공동 매각 조항	한 파트너가 자기 지분을 외부 기업에 매각할 수 있으며, 이때 파트너 기업의 지분에 대한 공동 매각을 요구할 수 있는 조항
	매각 제한 조항	파트너 기업이 지분을 외부 기업에 매각할 때, 우리 기업의지 분도 구입하지 않으면 지분 매각을 제한할 수 있다는 조항
	기업 공개	기업 공개를 하는 조건
	1제휴 중단	계약이 중단되어 파트너 관계가 중단될 수 있는 조건

출처 : Barney, J. B. & Hesterly, William S.(2010). 전략경영과 경쟁 우위: 개념과 사례 (신형덕 옮김), 시그마프레스.

12.5.3. 파트너 선정의 3C

전략적 제휴의 성공을 위해 필요한 조건들 가운데 가장 중요한 것은 올바른 제휴 파트너의 선정이다. 그 이유는 전략적 제휴가 혼자가 아닌 경쟁기업 등과 같은 다른 파트너와 함께 추진하는 전략이기 때문이다. Cauley de la Sierra는 파트너를 선정하는 데 가장 중요한 기준으로 다음과 같이 3C를 강조하였다.[3)]

■ 양립성(Compatibility)

파트너의 양립성은 기업 전략, 기업 문화, 경영관리 시스템 측면에서 고려되어야 한다. 어느 것 하나라도 양측이 융화를 이루지 못한다면 상호 불신과 함께 갈등의 소지가 커질 수밖에 없다.

■ 역량(Capability)

제휴 기업들이 전략적 제휴를 통해 자신의 약점을 보완할 수 있도록 제휴에 참여하는 파트너들은 사업에 필요한 경영 자원과 핵심 역량을 상호 보유하고 있어야 한다.

■ 실행성(Commitment)

제휴 파트너가 전략적 제휴를 성공적으로 추진하기 위해서는 자신의 역량을 아낌없이 투입하는 실행성과 함께 최선을 다해 노력하는 책임감이 있어야 한다.

파트너 선정의 성공적 사례로 애플과 나이키의 제휴를 들 수 있다. 애플이 애플워치와 같은 혁신 제품의 개발과 마케팅에 성공할 수 있었던 배경에는 나이키와 같은 훌륭한 파트너가 있었기 때문이다. 50명의 인원으로 8개월 만에 아이팟을 개발함으로써 혁신 기업의 진면모를 보여주었던 애플은 나이키와의 전략적 제휴를 통해 'Nike$^+$ iPod Sport Kit'이라는 혁신 제품을 개발하는데 성공했다.

3) Cauley de la Sierra, M.(1995), *Managing Global Alliance: Key Steps for Successful Collaboration*, Addison Wesley.

디지털 기업 애플과 스포츠 기업 나이키는 전혀 관련성이 없다. 하지만 전략적 제휴와 가상기업이라는 혁신 기법을 통해 새로운 제품을 개발하였고, 또 공동 마케팅을 통해 높은 성과를 달성할 수 있었다. 애플과 나이키의 성공적 전략적 제휴에는 무엇보다도 두 기업이 제휴 파트너로서의 차별적 핵심 역량을 보유하고 있었다는 점이 크게 작용했다. 또 이들은 제휴의 공동 목표를 향해 상호 적극적인 마케팅 기능을 수행하는 등 제휴 파트너 선정의 3C를 제대로 충족시켰기 때문에 전략적 제휴에 성공할 수 있었던 것이다.

12.6 가상기업

12.6.1. 가상기업의 개념

시간이 흐를수록 어느 한 기업이 비즈니스 시스템 상의 모든 가치 활동을 완벽하게 수행한다는 것이 불가능해지고 있다. 그 이유는 기술 혁신의 가속화, 제품 수명주기의 단축, 글로벌 경쟁의 심화와 같은 경영 환경의 급격한 변화 때문이다. 기업들이 이러한 경영 환경의 변화에 효율적으로 대응하기 위해 전략적으로 활용하고 있는 조직 형태가 바로 가상기업이다.

가상기업의 개념은 기업의 규모가 커지면 환경 변화에 신속하게 대응하기 어렵고, 역으로 기업 규모가 작으면 자원과 역량 부족으로 인해 새로운 사업을 효과적으로 추진하기 어렵다는 인식으로부터 형성되었다. 가상기업은 개인이나 기업이 인터넷과 ICT 등을 바탕으로 특정 사업을 효과적으로 추진하기 위해 외부의 자원·정보·역량 등을 공유하는 일시적 네트워크형 기업 형태라고 정의할 수 있다.

다시 말해 가상기업은 협력업체·경쟁업체·고객들과의 정보나 자원 등의 교류를 통해 협업 네트워킹이 이루어지는 것을 말한다. 따라서 기업들은 가상기업을 통해 파트너 간의 상호 보완성과 자원의 최적화를 이룰 수 있다는 장점이 있다. 이 밖에도 여기에 참여하는 기업들 모두 환경 변화에 신속하게 대응할 수 있는 유연성 확보와 같은 이점을 얻을 수 있다.

그러나 지나치게 긴밀한 네트워크형의 가상기업은 자칫 기업의 기술과 기밀이 누설될 위험성이 커진다. 따라서 가상기업을 전략적으로 활용할 때는 신뢰할 수 있는 파트너의 선정이 무엇보다 중요하다. 가상기업의 성공을 위해서는 신뢰도가 높고 최상의 핵심 역량을 제공할 수 있는 파트너를 선정하는 것이 필수적이라고 할 수 있다.

가상기업의 간단한 예로 중복 업무의 통합 네트워크를 들 수 있다. 예를 들어 자동차 회사의 구매부서와 부품 공급업체의 영업부서는 한 회사의 입장에서 보면 동일 업무를 중복 수행하고 있는 것이다. 이 때 공급업체의 영업사원이 자동차 회사에 상주하면서 자재 수급 계획을 수립하고 주문

등 관련 업무를 처리함으로써 비용 절감과 동시에 업무의 효율성을 높일 수 있다(그림 12.1. 참조)[4]

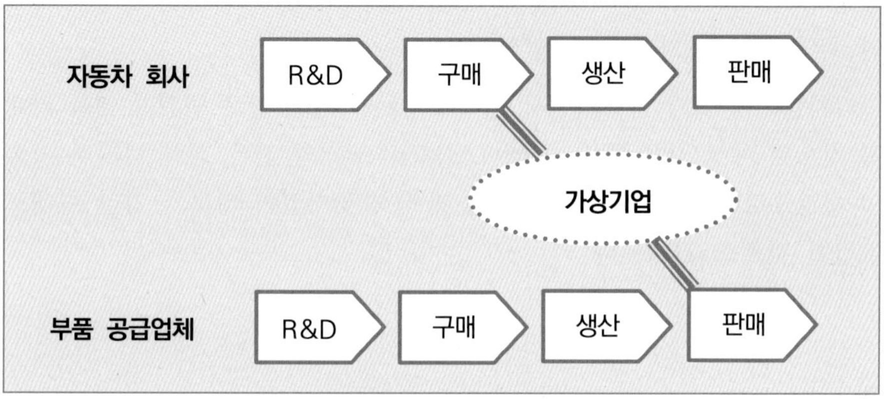

그림 12.1. 가상기업

12.6.2. 가상기업 사례

1990년대부터 디지털 기술의 급진적 발전으로 기업들의 시간적·공간적 한계가 무너지기 시작했다. 이때부터 가상기업이 기업들 간에 전략적으로 본격 도입되었다. 가상기업은 특히 글로벌 경쟁업체 간의 협업 네트워킹에 큰 역할을 하고 있다. 대표적인 사례로 SONY(이하 소니)가 추진했던 가상기업을 들 수 있다. 소니는 애플과의 협력 네트워킹인 가상기업을 이용해 신형 노트북 생산에서 협업을 성공적으로 수행할 수 있었다. 소니는 2019년에 게임 콘솔 경쟁업체인 MS와 가상기업을 통해 MS의 'Azure' 클라우드를 기반으로 한 클라우드 게이밍 플랫폼을 개발하는 네트워킹 제휴를 체결하였다.

기술의 발전으로 가상기업은 다양한 형태로 운영될 수 있다. 2010년 맥도널드는 소셜 게임 개발사, 징가의 자원과 정보를 마케팅에 활용하기 위해 공동 마케팅 제휴를 맺었다. 맥도널드는 징가의 유명 게임 팜빌(FarmVille) 내에 맥도널드 농장을 구축했다. 팜빌은 가상공간에 고객이 농

4) 김길성(2009), 전게서, p.221.

장을 만들고 다른 유저와 소통하는 온라인 게임으로 한 달에 수억 명이 이용하는 인기 게임이다. 맥도널드는 징가의 핵심 역량을 이용해 팜빌이 보유한 전 세계 소비자를 대상으로 자사 브랜드의 광고 효과를 크게 얻을 수 있었다. 징가도 맥도널드 고정 고객의 이용에 따른 트래픽 증가로 추가적인 수익 창출을 기대할 수 있었다.

디지털 기술이 첨단화되면서, 앞으로 가상기업의 활용 범위가 더욱 확대될 것으로 예상된다. 특히 '메타버스(Metaverse)'와 같은 첨단 디지털 기술의 등장으로 인해 글로벌 경쟁업체 간의 가상기업이 더욱 다양한 형태로 발전될 것으로 기대된다.

제13장 다각화

13.1. 다각화의 개념
13.2. 다각화의 유형
13.3. 수직적 통합
13.4. 다각화의 동기와 사전 테스트
13.5. 다각화의 성공 요인과 사례

13.1 다각화의 개념

다각화(Diversification)란 기업이 제품과 시장의 확장을 통해 기업의 성장을 도모하는 전형적인 성장 전략을 말한다. 한 기업이 여러 개의 제품에서 동시에 사업을 영위할 때 그 기업은 제품 다각화 전략을 실행하는 것이고, 만약 지리적으로 다양한 시장에서 동시에 사업을 추진한다면 지리적 시장 다각화를 실행하는 것이다. 기업은 이러한 두 가지 형태의 다각화를 동시에 실행할 수도 있다. 앞에서 살펴본 바와 같이, Igor Ansoff는 기업이 신제품 개발과 신규 시장 개척 두 가지를 동시에 추구하는 전략을 다각화 전략이라고 명명하였다.

기업은 수직적 통합을 위해 다각화 전략을 실행하기도 한다. Alfred Chandler에 의하면, 미국 기업들의 다각화는 수직적 통합을 포함해 다음과 같이 단계별로 추진되었다.[1)]

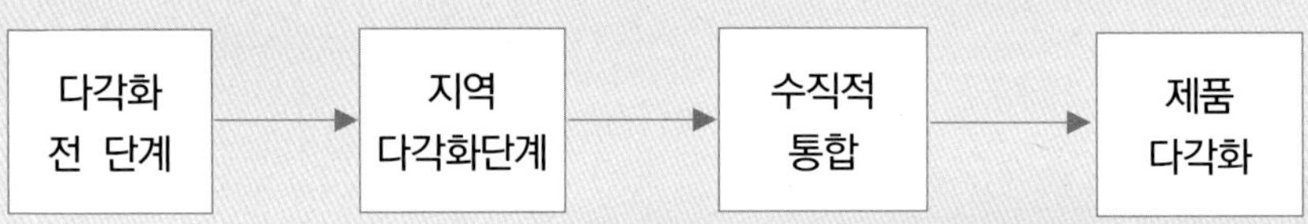

출처: Chandler Jr., A. D.(1977), *The Visible Hand: The Managerial Revolution in American Business*, MIT Press.

그림 13.1. Chandler의 다각화 단계

■ 1단계

한정된 지역에서 단일 품목을 생산하는 다각화 전 단계

1) Chandler Jr., A. D.(1977), *The Visible Hand: The Managerial Revolution in American Business*, MIT Press.

■ 2단계

통신과 운송 수단이 발달함에 따라 기업이 판매망을 전국으로 확대하는 지역 다각화 단계.

■ 3단계

특정 산업 내에서 마케팅과 유통 부문 등으로 수직적 통합이 이루어지는 단계

■ 4단계

마케팅과 유통 부문의 유휴 설비를 활용하기 위해 생산 품목을 다양화하는 제품 다각화 단계

13.2 다각화의 유형

기업은 다양한 형태의 다각화 전략을 추진한다. 다각화의 차이를 평가하는 가장 단순한 기준으로 사업의 관련성을 들 수 있다. Richard Rumelt는 기업이 제품 계열을 확장하여 새로운 사업 분야로 진출하는 것을 다각화로 보았다. 그리고 다각화를 기업이 보유하고 있는 사업 분야의 관련성 정도에 따라 다음과 같이 다섯 가지 유형으로 구분하였다.[2)]

- 단일 사업 기업(Single Business)

단일 또는 주력 사업에서 매출의 95% 이상을 달성하는 기업

- 지배적 사업 기업(Dominant Diversifier Firm)

주력 사업에서 70-95%의 매출을 얻는 기업

- 수직적 통합 기업(Vertically Integrated Firm)

수직적으로 통합된 기업에서 매출의 70% 이상을 얻는 기업

- 관련 다각화 기업(Related Diversifier)

관련성이 높은 사업에서 매출의 70% 이상을 얻는 기업

- 비관련 다각화 기업(Unrelated Diversifier)

관련 사업의 매출이 전체 매출의 70% 이하인 기업

2) Rumelt, R.(1982), Diversification Strategy and Profitability, *Strategic Management Journal*, 3, 1982.

13.3 수직적 통합

'수직적 통합(Vertical Integration)'이란 한 기업이 특정 산업에서 수직적으로 연결된 가치 활동을 동시에 소유 및 통제하는 것을 의미한다. 일반적으로 수직적 통합은 매력도가 높은 특정 산업에서 강한 경쟁력을 보유하고 있는 기업이 추진하기에 적합한 성장 전략이다. 수직적 통합의 수준은 특정 산업의 가치 사슬 내 활동들 가운데 기업 영역 안에서 실행되는 활동의 수로 평가할 수 있다.

기업들이 전략적으로 수직적 통합을 선택하는 주요 이유는 다음과 같다. 첫째, 기회주의로 인해 발생하는 원가를 절감할 수 있기 때문이다. 기회주의는 기업이 거래 파트너의 이기주의나 속임수 등으로 이용당할 때 존재한다. 기업은 수직적 통합을 통해 원료나 부품의 구입 과정을 효율화함으로써 시장 거래에서 발생하는 거래 비용을 줄일 수 있다. 둘째, 기업이 수직적 통합을 통해 지속적 경쟁 우위를 창출할 수 있기 때문이다. 기업은 수직적 통합을 통해 필요한 마케팅이나 유통 등의 기능 및 자원을 획득하고 통제함으로써 경쟁에 필요한 우위를 확보할 수 있다.

수직적 통합에는 공급자의 기능을 흡수하는 '후방 수직 통합(Backward Vertical Integration)'과 유통과 같은 수요자의 기능을 흡수하는 '전방 수직 통합(Forward Vertical Integration)'의 두 가지 유형이 있다. 그리고 소유 형태에 따라 완전 통합과 부분 통합으로 구분된다. 완전 통합의 경우 기업이 100% 소유권을 통해 수직적 거래 관계에 대한 강력한 통제를 행사할 수 있다. 하지만 환경 변화 등의 이유로 기업이 통합을 다른 형태로 변경하고자 할 때 유연성이 떨어진다. 반면 합작투자나 장기 공급 계약을 통한 부분 통합은 상대적으로 유연성이 높은 편이다. 여기에서 유연성이란 기업이 전략이나 조직 차원의 의사결정을 얼마나 쉽게 변경할 수 있는가를 의미한다.

13.4 다각화의 동기와 사전 테스트

13.4.1. 다각화의 동기

글로벌 기업들은 다양한 동기로 다각화 전략을 추진한다. 여기에서는 주주의 가치 창출을 위한 다각화의 명목적 동기들을 중심으로 살펴보고자 한다.

■ 수익률 향상

다각화의 가장 중요한 동기 중 하나는 기업이 다양한 사업들을 공동 소유 하에 놓고 수익률을 향상시킴으로써 주주의 가치를 창출하는 것이었다. 하지만 다각화 기업들의 경영 성과는 전반적으로 저조했고, 1980년대 이후 많은 다각화 기업들이 집중화로 회귀하였다.

많은 연구들이 기업의 다각화 유형에 따른 수익성의 차이를 분석하였는데, 비관련 다각화 기업들의 경영 성과가 관련 다각화 기업들의 경영 성과보다 더 낮은 것으로 나타났다.[3] 실제로, 비관련 다각화를 추진했던 많은 기업들이 1980년대 이후 탈(脫)다각화를 위해 리스트럭처링을 통한 구조조정을 전략적으로 추진하였다. 그 이유가 바로 무리한 비관련 다각화로 인해 조정 비용이 상승하면서 기업의 경쟁력 상실과 함께 재무적 성과가 악화되었기 때문이라고 할 수 있다. 따라서 기업들의 무리한 다각화 추진은 수익률 향상을 통한 주주의 가치 창출 동기보다는 오히려 경영자 개인의 욕구 만족을 위한 동기들이 더 강했다고 판단할 수 있다.

■ 성장 추구

미국이나 유럽 등 서구권의 기업들은 침체기에 접어든 사양 산업에서도 기업의 외적 성장을 추구하기 위해 다각화를 적극적으로 추진하였다. 하지만 주주를 위한 성장이 아니라, 기업 규모의 확장을 통한 조직 구성원의 승진 기회 확대와 최고 경영자의 성취욕 충족을 위한 성장 전략이 더 많았

3) Grant R. M., *op. cit.*, pp.308-309.

다. 따라서 다각화를 통해 오히려 주주들이 손실을 부담하게 되는 경우도 발생하였다.

한국에서도 재벌 기업들이 수익 창출보다는 최고 경영자의 개인적 만족감 충족이나 금융 시장에서의 용이한 자본 조달을 위해 다각화 전략을 추진하다가 부도를 맞는 등 큰 피해를 입은 사례들이 있다. 대표적인 예로 1994년 해태의 인켈 인수를 들 수 있다. 해태는 전자 산업으로의 다각화를 위한 최고 경영자의 성취욕으로 30%의 프리미엄까지 지급하면서 인켈을 인수하였다. 하지만 통합 기업으로부터 그 이상의 가치를 창출하지 못하면서 결국 부도를 맞게 된다.

■ 위험 분산

일반적으로 다각화는 기업의 전반적인 수익 흐름을 안정적으로 만들기 때문에 특히 불경기와 호경기가 주기적으로 반복되는 산업에서 경기 순환에 따른 위험을 감소시킬 수 있다. 하지만 위험 분산을 위한 다각화 역시 주주의 위험 감소보다는 경영자의 개인적 목적이 더 강했다고 볼 수 있다. 그 이유는 주주들이 단순히 위험 감소의 목적이라면, 기업의 다각화를 통하기보다는, 자신들의 포트폴리오를 개인적으로 안전하게 구성함으로써 위험을 충분히 줄일 수 있기 때문이다.

다각화를 선택했던 미국과 유럽의 많은 기업들이 탈(脫)다각화 현상을 보였던 것은 최고 경영자 개인의 지나친 욕심이 기업의 능력을 앞서면서 경영 성과가 크게 악화되었기 때문이다. 특히 위험을 분산시킨다는 목적으로 인수를 통해 비관련 다각화를 추구했던 기업들은 주주의 가치를 높여주기보다는, 오히려 핵심 역량의 분산으로 주주의 이윤을 감소시키는 결과를 초래하였다. 따라서 기업이 다각화를 추진할 때는 개인적 욕구보다는 기업 성장을 위한 전략적 목적에 맞춰 사전 분석을 철저히 한 후 실행할 필요가 있다.

13.4.2. 다각화 사전 테스트

기업들이 다각화 전략을 통해 새로운 가치를 창출하기 위해서는 핵심 역량의 이전과 경영 자원의 공유가 필수적이다. 특히 다각화 전략을 통해 주주의 가치를 높이기 위해서는 기업들이 전략을 수립하기 전에 다음과 같은 세 가지 테스트를 반드시 만족시켜야 한다.[4)]

- 매력도 테스트(The Attractiveness Test)

다각화를 위해 진입하고자 하는 산업은 반드시 구조적으로 매력적이거나 아니면 매력적으로 발전될 가능성을 가지고 있어야 한다.

- 진입 비용 테스트(The Cost of Entry Test)

진입하고자 하는 산업이 매력적일지라도 진입 비용이 미래의 모든 수익을 상회해서는 안 된다.

- 호전 테스트(The Better-Off Test)

새로운 사업이 기존 사업과의 연계를 통해 경쟁 우위를 얻든지, 아니면 기존 사업이 새로운 사업으로부터 경쟁 우위를 창출할 수 있어야 한다. 결국 다각화를 통해 기존 사업과 신사업 간의 시너지 효과가 반드시 발생해야 한다.

4) Porter M. E.(1987), From Competitive Advantage to Corporate Strategy, *Harvard Business Review*, 65, pp.43-59.

13.5 다각화의 성공 요인과 사례

13.5.1. 다각화의 성공 요인

기업이 다각화 전략에 성공하기 위해서는 시너지 효과의 창출과 함께 자본 비용보다 더 큰 수익을 올려야만 한다. 이를 위해 기업이 다각화를 통해 확보할 수 있는 경쟁 우위는 다음과 같다.5)

■ 시장 지배력(Market Power)

다각화를 통해 특정 산업에서 시장 지배력을 확보한 기업은 그 사업에서 나온 수익으로 경쟁이 치열한 사업에서 '약탈적 가격(Predatory Pricing)', 즉 비용 이하의 가격을 설정하여 경쟁자를 물리치고 신규 기업의 진입도 막을 수 있다. 아니면 시장 지배력을 이용해 콩글로머릿 간 상호 구매를 통해 암묵적 담합을 할 수도 있고, 상호 경쟁을 자제함으로써 안정적인 경쟁 관계를 유지할 수도 있다.

■ 범위의 경제(Economies of Scope)

다각화 전략에서 범위의 경제는 운영의 관련성과 전략적 관련성으로부터 발생한다. 먼저 운영 측면에서 보면, 다각화된 사업들 간에 연구실이나 물류 시스템과 같은 유형 자원과 유명 브랜드나 기술과 같은 무형 자원을 공유하고, 마케팅이나 제품 개발과 같은 기능적 역량들을 여러 사업들 간에 이전시킴으로써 시너지 효과가 발생한다. 전략적 측면에서는 기업의 일반적인 관리 역량을 다른 사업에 적용시킴으로써 기업 수준에서 시너지 효과가 발생하게 된다.

■ 내부 거래의 경제(Economies of Internalizing Transactions)

범위의 경제가 다각화의 필요조건이라면 내부 거래를 통한 거래 비용 절감은 다각화의 충분조건이다. 특히 자본 시장이나 인력 시장이 비효율적

5) Grant R. M., *op. cit.*, pp.301-305.

인 경우에 다각화 기업은 내부 자본 시장 또는 내부 인력 시장을 통해 필요한 자본이나 인력을 저렴한 비용으로 조달할 수 있다. 뿐만 아니라 다각화된 기업은 내부 시장을 통해 다양한 정보를 쉽게 수집할 수 있다는 장점도 가지고 있다.

13.5.2. 다각화의 성공 사례

13.5.2.1. 필립 모리스

기업이 다각화에 성공하기 위해서는 다각화를 통한 경쟁 우위 확보가 필수적이다. 경영 환경의 변화로 비관련 다각화를 불가피하게 추진했던 기업들 가운데 대표적인 성공 사례로 필립 모리스와 Siemens(이하 지멘스)를 들 수 있다. 먼저 글로벌 담배 브랜드로 유명한 필립 모리스는 담배 사업에 대한 부정적 이미지의 확산과 함께 잦은 법률 소송 등으로 장차 담배 사업의 매력도가 떨어질 것을 예상하고 비관련 다각화를 계획하였다. 필립 모리스는 기업 이미지를 변신하면서 유통망 등의 활용으로 비용 절감과 함께 시너지 효과를 높일 수 있는 식품 사업으로의 다각화를 추진하기 시작하였다.

1969년 밀러 맥주의 인수를 시작으로, 필립 모리스는 1985년에 맥스웰 하우스 커피로 유명한 General Food(이하 제너럴 푸드)를 인수했고, 1988년에는 치즈와 비스킷으로 유명한 크래프트를 인수하였다. 2000년 Nabisco Holdings(이하 나비스코 홀딩스)를 인수한 후, 2003년에 기업명을 필립 모리스에서 Altria Group(이하 알트리아 그룹)으로 개명하면서 변신에 성공하였다.

수많은 콩글로머릿들이 다각화에 실패하고 구조 조정을 하는 동안 다각화를 통해 기업 이미지 변신에 성공한 알트리아 그룹은 2006년 Fortune 500대 기업 서열에서 20위를 차지하는 등 성공적인 경영 성과를 달성하였다. 필립 모리스가 다각화에 성공할 수 있었던 가장 큰 요인은 다각화를 통해 범위의 경제와 내부 시장 활용과 같은 경쟁 우위를 창출할 수 있었기 때문이다. 또 자신의 핵심 역량을 새로운 사업에 성공적으로 이전하면서 범위의 경제를 통한 시너지 효과를 더욱 상승시킬 수 있었기 때문이다.

필립 모리스의 핵심 역량은 세계적으로 유명한 브랜드와 글로벌 유통망, 그리고 마케팅 관리 노하우에 있다. 특히 필립 모리스는 세계적인 담배 유통망을 다른 사업에 효과적으로 적용시키면서 범위의 경제를 더욱 효과적으로 창출할 수 있었다. 그리고 아시아와 동유럽에 진출하면서 현지 시장에 관한 다양한 정보를 내부 시장을 통해 확보할 수 있었을 뿐만 아니라 내부 자본 시장 등을 통한 거래 비용 절감으로 풍부한 현금흐름을 확보하면서 위험 분산에도 성공할 수 있었다.

13.5.2.2. 지멘스

독일의 글로벌 복합기업 지멘스도 다각화를 통해 경쟁 우위를 확보함으로써 비관련 다각화에 성공한 대표적 사례 중 하나이다. 지멘스는 1879년 세계 최초로 전기철도를 개발하는 등 엔지니어링 기업으로서 입지를 구축하기 시작했다. 2000년대 초반 정보통신 분야가 유망 사업으로 부상하자, 지멘스는 통신·PC·가전 분야 등으로 사업을 확장하면서 정보통신 사업에 주력했다. 2001년 지멘스의 매출액 중 31%가 정보통신 사업에서 발생할 정도로 다각화를 적극 추진하였다.

그러나 정보통신 사업에서 업체 간 경쟁이 치열해지면서 지멘스는 새로운 사업으로의 다각화를 추진하기 위해 정보통신 분야의 합작 사업을 정리하기 시작했다. 가전은 합작 파트너인 Bosch(이하 보쉬)에게 매각했고, 통신은 노키아에게, PC는 후지쯔에게 사업 지분을 모두 매각하였다. 대신 에너지와 도시 인프라, 헬스 케어 등 비관련 사업으로의 다각화를 진행하기 시작했다. 그 결과, 기업 총 매출액에서 정보통신 사업이 차지하는 비중은 2001년 31%에서 2014년 3%로 떨어졌다.

반면 새로운 사업의 매출액이 2-3배씩 성장하면서 2014년 총 매출액은 24%, 영업 이익률은 2001년 -1%에서 10%로 증가하는 성과를 달성했다. 지금도 지멘스는 스마트 인프라, 모빌리티, 고압 모터와 인버터, 헬스 케어, 금융 등 다양한 사업을 수행하고 있으며, 전 세계 지점에서 30만 명이 넘는 직원이 근무하는 글로벌 기업으로서 경쟁력을 유지하고 있다.

제14장

글로벌 인수·합병

14.1. 글로벌 인수·합병의 개념
14.2. 글로벌 인수·합병의 유형
14.3. 글로벌 인수·합병의 장·단점
14.4. 인수·합병의 실패 원인
14.5. 인수·합병 절차
14.6. PMI 관리

14.1 글로벌 인수·합병의 개념

글로벌 인수·합병(Global M&A)은 기업 간의 합병(Merger)과 인수(Acquisition)가 국제적으로 추진되는 것을 말한다. 일반적으로 인수·합병이란 기업이 외적 성장을 목적으로 다른 기업 자산의 일부 또는 전부를 취득하거나, 아니면 주주로부터 주식을 취득해 경영권을 획득함으로써 통합된 단일 기업이 되는 과정과 결과를 의미한다.

글로벌 인수·합병은 인수 대상이 외국 기업이기 때문에 문화적 차이 등 고려 사항이 많아지지만, 절차나 유형 등에서는 글로벌 여부와 관계없이 동일하다. 인수는 크게 주식 인수와 자산 인수의 두 가지 방법이 있다. 주식 인수는 주식 자체만 인수 대상이고 채권자들의 동의를 구할 필요가 없기 때문에 시간과 비용을 절감할 수 있다. 반면 자산 인수는 양측이 계약을 통해 주식이 아닌 유형 자산과 영업권을 양수·양도하는 방식이다. 합병은 신설 합병과 흡수 합병으로 구분할 수 있다. 신설 합병은 인수 이후 기존 기업들은 소멸되고 새로운 기업이 설립되는 형태이다. 흡수 합병은 기존의 한 기업이 다른 기업을 흡수하는 방식으로 이루어지는 합병 형태이다.

인수·합병은 기업이 내적 성장의 한계를 극복하고 기업 성장을 단기간에 도모할 목적으로 외부 기업이 보유한 자원과 능력을 구매하는 전략으로서, 기업 차원의 적극적인 성장 전략의 성격이 강하다. 따라서 인수·합병은 국내 기업을 대상으로 하는 경우보다 국제적으로 추진되는 경우가 더 많다. 그 이유는 시장 확대나 신기술 습득 등의 측면에서 인수의 대상 범위가 넓어 그만큼 더 유리하기 때문이다. 1998년부터 2007년까지 10년 동안 Fortune 글로벌 500에 속한 기업들을 대상으로 M&A 활용률을 조사한 한 보고서에 의하면, 글로벌 초우량 기업의 지위를 유지하고 있는 기업들의 M&A 활용률은 58%로 나타났다. 반면 같은 기간 순위에서 탈락한 기업들의 M&A 활용률은 27%에 그쳤다.[1]

한편 국내 기업을 인수하는 경우, 자칫 독점 등의 오해로 기업 이미지만

1) 서영우 외(2008), M&A와 PMI, Sigma Insight Group.

실추하게 될 위험성도 있다. 대표적인 사례로 플랫폼 기업인 카카오의 인수·합병 사례를 들 수 있다. 2021년 카카오는 국내 기업들을 대상으로 추진한 공격적 인수·합병으로 인해 공정거래위원회의 규제와 함께 주가 하락의 타격을 받기도 했다.

14.2 글로벌 인수·합병의 유형

14.2.1. 결합 형태에 따른 분류

■ 수직적 인수·합병

수직적 인수·합병(Vertical M&A)은 동일 산업 내에서 생산 단계가 서로 다른 기업 간에 이루어지는 결합 형태로 전방 통합(Forward Integration)과 후방 통합(Backward Integration)으로 다시 구분할 수 있다. 전방 통합은 피인수 기업이 수요자일 때 제품의 안정적인 판매를 목적으로 이루어진다. 반면 후방 통합은 피인수 기업이 공급자일 때 생산에 필요한 원자재의 안정적 공급을 위해 이루어진다. 전형적인 사례로 펩시의 펩시보틀링 인수를 들 수 있다.

■ 수평적 인수·합병

수평적 인수·합병(Horizontal M&A)은 동일 산업 내에서 동일한 제품을 가지고 영업 활동을 하는 기업 간의 결합 형태를 말한다. 인수 기업이 시장 점유율 확대를 통해 규모의 경제를 달성하고 시장 지배력을 강화하거나 제품 및 서비스의 이미지를 강화할 목적 등으로 인수·합병을 추진한다. 대표적인 예로 삼익악기의 독일 기업인 SEILER(이하 자일러) 인수를 들 수 있다.

■ 다각적 인수·합병

다각적 인수·합병(Conglomerate M&A)은 인수 기업이 현재 추진 중인 사업과 무관한 분야로 진출해 결합을 시도하는 형태를 의미한다. 기업이 자사나 외부의 핵심 역량을 활용해 범위의 경제를 달성하거나 또는 위험 분산을 목적으로 추진하는 다각화 전략의 주요 수단으로 다각적 인수를 활용한다.

외부 역량을 활용한 다각적 인수·합병의 대표적인 사례로 아마존을 들 수 있다. 온라인 서점으로 출발했던 아마존은 스마트 홈 시장으로의 다각화를 위해 관련 업체들에 대한 인수·합병을 전략적으로 활용하였다. 아마존은 2011년 음성 인식 전문 업체인 Yap을, 2012년에 지식 기반 시멘틱 검색엔진 기업인 Evi를, 2013년에는 문자·음성 변환 전문 업체인 Inova를 인수하였다. 2014년 말 인공지능 플랫폼인 Alexa와 함께 스마트 스피커 '아마존 에코'를 출시하면서 인공지능 음성 비서 사업으로의 다각화에 성공하였다. 이후에도 아마존은 음성 비서 사업의 역량 강화를 위해 2016년 자연어 이해 전문 업체인 Angel.ai를 인수하였다.

14.2.2. 인수 대상 기업의 동의 여부에 따른 분류

■ 우호적 인수(Friendly Acquisition)

우호적 인수는 인수 대상 기업의 경영진이 인수 기업의 주식 인수에 동의하거나, 자산 인수처럼 양측 간의 계약과 합의를 통해 이루어지는 인수 방식을 말한다. 따라서 우호적 인수는 인수 대상 기업이 인수를 원하는 경우에 발생한다.

■ 비우호적 인수(Unfriendly Acquisition)

비우호적 인수는 인수 대상 기업이 인수를 원하지 않는 경우에 발생하기 때문에 '적대적 인수(Hostile Takeovers)'라고도 말한다. 적대적 인수는 인수 기업이 인수 대상 기업 경영진의 동의 없이 강압적인 수단을 이용하여 기업을 인수하는 방식을 의미한다. 적대적 인수는 주식을 장외에서 불특정 다수의 주주로부터 직접 매수하여 경영권을 약탈하는 '공개 매입(Tender Offer)'과 주주로부터 의결권을 위임받아 주주총회에서 투표를 통해 경영권을 확보하는 '위임장 대결(Proxy Fight)'이 있다.

공개 매입의 경우, 인수 대상 기업 경영진의 동의하에 이루어진다면 우호적인 기업 인수에 해당된다. 국경을 초월해서 이루어지는 국제적 공개매입에 대한 규제 조약은 없다. 한국 등 많은 국가들이 비우호적인 공개매입을 포함해 외국 기업의 적대적 인수·합병을 허용하고 있다.

14.3 글로벌 인수·합병의 장·단점

14.3.1. 글로벌 인수·합병의 장점

초우량 글로벌 기업들은 기업 성장을 위해 인수·합병을 전략적으로 잘 활용한다. 구글은 2006년 약 2조 원에 인수했던 유튜브가 2020년 약 200조 원의 가치를 가진 자회사로 성장하였다. 구글은 2013년 보스턴 다이나믹스 인수부터 2017년까지 5년 동안에만 약 240개 업체를 인수하였다. 그 후에도 애플 스마트워치와의 경쟁을 위해 헬스케어업체인 Fitbit(이하 핏빗)을 21억 달러에 인수하는 등 성장 목적의 인수·합병을 지속적으로 추진하고 있다.

국내 글로벌 기업들도 예외는 아니다. 2012년 재벌닷컴의 조사에 의하면, 국내 30대 재벌 기업들이 2009년부터 2011년까지 3년 동안 211개 기업을 인수하였다. 이것은 같은 기간 신규 편입한 계열사 442개의 47.7%로, 재벌 계열사의 절반이 인수·합병을 통해 늘어난 것이다.[2] 규모가 큰 기업들이 인수·합병을 전략적으로 활용하는 이유는 다음과 같은 장점들 때문이다.

■ 신속성

인수·합병의 가장 큰 장점으로 해외 시장 진출과 투자 자본 회수의 신속성을 들 수 있다. 기업이 국제화 과정에서 조직적 능력에 한계가 있거나 또는 신속한 현지 진출이 필요할 경우, 기업은 인수·합병이 가진 신속성을 이용해 글로벌화나 다각화와 같은 전략을 용이하게 추진할 수 있다.

■ 시너지 효과

기업은 인수·합병을 통해 보완적 자산을 효율적으로 활용할 수 있다. 또 범위의 경제를 활용함으로써 시너지 효과를 극대화할 수 있다. 이처럼 인수 기업은 피인수 기업이 가진 자원이나 능력을 활용해 시너지 효과를 창출함으로써 경쟁업체와의 글로벌 경쟁에서 유리한 경쟁 우위를 확보할 수

2) https://www.chaebul.com, 2012.January.20.

있게 된다.

■ 불확실성 감소

기업이 자회사 신설의 형태로 해외에 진출하는 경우, 현지에 대한 정보 부족이나 외국 기업 차별 등 적지 않은 문제에 직면할 수 있다. 반면 현재 운영 중인 현지 기업을 인수하는 경우, 초기 운영에서 발생할 수 있는 문화적·법률적·관리적 문제를 피할 수 있다. 특히 현지의 시장 환경과 인수 후 경영 성과에 대한 불확실성이 클 경우에 그 효과는 더욱 크다.

■ 우수 자원 및 제품 계열 확보

기업은 인수·합병을 통해 현지 기업의 기존 제품 계열과 유통 구조를 일거에 획득함으로써 현지 시장에 신속하게 침투할 수 있다. 특히 인수·합병은 피인수 기업의 인력, 기술, 경영 관리 노하우 그리고 새로운 제품 계열도 확보할 수 있다는 장점이 있다.[3)]

14.3.1. 글로벌 인수·합병의 단점

인수·합병이 가진 많은 장점에도 불구하고, 기업이 글로벌 인수·합병을 추진하는 것이 쉽지 않다. 바로 다음과 같은 단점들 때문이다. 먼저 인수대상 기업 선정의 어려움을 들 수 있다. 사실 기업이 글로벌 전략의 목표 달성을 위해 필요한 자원이나 능력 등을 보유한 인수 대상 기업을 선정하는 것 자체가 쉬운 일이 아니다. 추진 과정 중에 인수 대상 기업에 대한 평가를 잘못해서 부실기업을 인수할 수도 있고, 인수 경쟁이 치열할 경우 수준 이하의 기업을 오히려 과다한 프리미엄을 주고 인수함으로써 막대한 손실을 입을 수도 있다.

간혹 인수를 잘 못해서 피인수 기업의 기존 시설이나 설비 등을 현대화하는 데에 막대한 신규 투자가 요구되는 '브라운 필드(Brownfield)'가 발생하기도 한다. 브라운 필드란 인수 후 신설 또는 신설 후 인수와 같은 혼합 형태의 투자를 의미한다. 이에 관한 내용은 뒤에서 다시 설명하고자 한다.

3) Root, F. R.(1987), *Entry Strategies for International Markets*, Lexington Books.

인수·합병의 또 다른 단점으로 현지 정부의 간섭을 들 수 있다. 특히 국가 차원의 주요 전략 산업을 인수하는 경우에는 현지 정부의 간섭을 받을 가능성이 크다. 일반적으로 선진국들은 자국의 전략 산업에 대한 외국기업들의 글로벌 인수·합병에 대한 보호 장치를 갖추고 있다. 예를 들면 2005년 중국해양총공사(CNOOC)가 미국의 석유회사 UNOCAL을 인수하려다 실패했던 사례가 있다. 미국이나 일본 등 많은 선진국들이 자국의 안보를 지키고 주요 전략 산업의 기술 유출을 방지하기 위해 외국 기업의 인수·합병 계획을 사전에 철저히 심사한 후, 이를 거부할 수 있도록 제도화하고 있다. 따라서 인수 전 조사와 준비를 위한 노력이 한 순간에 수포로 돌아갈 수도 있다.

14.4 인수·합병의 실패 원인

국내외 많은 기업들이 기업의 장기 성장 등을 목적으로 글로벌 인수·합병을 추진한다. 하지만 맥킨지 등 여러 컨설팅 기관의 보고서에 의하면 인수·합병이 항상 좋은 결과만을 가져다주는 것은 아니다. 기업들이 인수·합병에 실패하는 주요 원인은 다음과 같다.

■ 피인수 기업의 잠재력에 대한 과대평가

인수 기업이 피인수 기업의 시장 잠재력을 지나치게 낙관적으로 평가하여 높은 프리미엄을 주고 인수하는 경우 실패 가능성이 커진다. 대표적인 예로 한국석유공사의 인수 실패 사례를 들 수 있다. 2009년 한국석유공사는 콜롬비아석유공사와 50대 50의 지분을 투자하여 페루의 석유회사, Savia Peru를 7억만 달러(한화 약 8,309억 원)에 인수했다. 당시 한국석유공사는 인수·합병을 통해 자원 자주개발률이 0.3% 상승할 것으로 기대했다. 하지만 석유 탐사의 실패와 유가 하락 등으로 계속 손실을 보다가, 결국 2021년 236만 달러(한화 약 28억 원)에 다른 기업에 매각하였다. 회수 금액은 약 1,000억 원으로, 투자 금액 대비 회수율은 13%에 그쳤다.

■ 시너지 효과의 과대평가

많은 기업들이 시너지 효과를 기대하고 인수·합병을 추진한다. 하지만 그 효과를 과대평가하여 높은 프리미엄을 지불함으로써, 오히려 역효과가 발생하는 경우도 있다. 2000년 미국의 인터넷 서비스업체, AOL은 오프라인 콘텐츠 그룹, Time Warner를 1,815억 달러가 넘는 비용을 지불하고 인수하였다. 이 사례는 온라인과 오프라인 그룹 간의 결합으로 세기의 이목을 집중시켰다. 하지만 시너지 효과는커녕 주가 대폭락으로 AOL은 큰 손실만 입었다.

■ 거래 성사의 압박으로 인한 과다 지급

인수 기업이 거래를 반드시 성사시켜야 한다는 심리적 압박으로 인해 피인수 기업에 가치 이상의 높은 프리미엄을 지급함으로써 손실을 입는 경우가 있다. 대표적인 사례로 미국 최대 통신업체인 AT&T의 인수 사례를 들 수 있다. AT&T는 향후 유선 전화 사업의 한계를 절감하고 이를 극복해야 한다는 강박증에 시달리고 있었다. 사업 다각화 차원에서 광역 케이블 사업에 진출하기로 결정한 AT&T는 1999년 미국 케이블업체 1위인 MediaOne을 620억 달러에, 2위인 TCI를 317억 달러에 각각 인수했다. 하지만 약 1,000억 달러의 과도한 인수 비용이 큰 부담이 되었고, 닷컴 산업의 거품까지 꺼지면서 AT&T의 가치는 크게 하락했다. 위기감을 느낀 AT&T는 케이블 사업을 경쟁사인 SBC에 매각하였다. 거래를 성사시켜야 한다는 압박감이 결국 과도한 프리미엄 지급으로 이어지면서 AT&T는 큰 손해를 보게 되었다.

■ 외부 전문가의 비효과적 활용

인수·합병의 복잡한 과정 때문에 기업들이 인수·합병의 진행을 외부 전문가에게 의존하는 경우가 적지 않다. 하지만 기업이 인수·합병에 대한 전문 지식의 부족으로 인해 외부의 전문가들에게 지나치게 의존하거나 또는 다양한 전문가들을 효과적으로 활용하지 못해 실패하는 경우도 많다. 따라서 SK그룹이나 CJ그룹 등은 글로벌 인수·합병에 외부 전문가를 이용하기보다는 외국계 투자은행 출신 전문가들을 영입하여 내부의 의사결정 속도와 투자 성과를 높이고 있다.

■ 인수 후 통합 실패

1998년 독일 Daimler Benz(이하 다임러벤츠)의 미국 크라이슬러 인수는 인수 후 많은 후유증으로 통합에 실패한 대표적인 사례이다. 특히 서열을 중시하는 독일의 기업 문화와 성과를 중시하는 미국의 기업 문화가 충돌하면서 직원 해고, 실적 악화, 주가 폭락, 소송 등 많은 후유증을 앓았던 다임러벤츠는 결국 400억 달러에 인수한 크라이슬러를 60억 달러에 다시 매각하면서 큰 손해를 볼 수밖에 없었다.

14.5 인수·합병 절차

글로벌 인수·합병의 절차가 정형화되어 있는 것은 아니다. 하지만 인수 대상 기업을 효율적으로 인수하기 위해서는 단계적인 절차를 밟아 추진하는 것이 바람직하다. 인수·합병의 절차는 다음과 같이 다섯 단계로 구분할 수 있다.[4)]

■ 1단계

인수·합병 전략을 수립하는 단계로, 주요 내용은 다음과 같다.

- 전담팀 구성 및 업무 추진 계획 수립
- 인수·합병의 명확한 목적 설정: 시너지 창출 목적의 전략적 인수·합병과 자본적 이익 목적의 재무적 인수·합병으로 구분한다.
- 인수 대상 기업의 특성 결정
- 여타 전략적 대안들과의 비교·분석

■ 2단계

목표 기업을 선정하는 단계로, 주요 내용은 다음과 같다.

- 인수 후보 기업들에 대한 평가 시스템 구축
- 포괄적이고 명확한 선정 기준 마련: 선정 기준은 인수·합병 동기와 관련하여 경영 전략 실행의 용이성, 기업 가치, 주식 취득의 용이성 등을 토대로 결정한다.
- 체계적인 분석 방법을 이용하여 후보 기업에 대한 매력도 평가

■ 3단계

인수 대상 기업 평가 단계로, 주요 내용은 다음과 같다.

- 인수 대상 기업 선정 후 인수 가격 책정을 위한 기업 가치 평가 : 기업

4) 서영우 외(2008), 전게서.

가치란 일반적으로 주식의 평가 가치를 의미하며, 자산이나 영업을 인수하는 경우에는 자산 및 부채 등의 평가 가치를 의미한다.

- 현금흐름 예상 및 투자 수익률 설정
- 다양한 시나리오별 '민감성 분석(Sensitivity Analysis)': 인수 결과에 대한 예상을 낙관·비관·중간으로 구분한 후, 여기에 사업 위험도를 감안한 확률을 적용하여 기대 수익이 허용 수준인 경우 인수·합병을 추진하는 기법이다.
- 조직 문화의 양립성 및 경영진의 능력 평가
- 인수 대상 기업의 현재 가치와 미래 가치 평가 후 프리미엄 결정

■ 4단계

인수 조건 협상 단계로, 주요 내용은 다음과 같다.

- 인수 대상 기업의 사업 내용과 재무 상태 등에 대한 구체적 파악
- 인수 후 성장 계획과 합리적 인수 가격 제시
- 인수 대금의 현실적 지급 방법 협의

■ 5단계

인수 후 통합(Post Merger Integration: 이하 PMI) 단계로, 인수 계약 체결 후 시너지 극대화를 통해 기업 가치를 창출하기 위한 핵심 단계이다. 주요 내용은 다음과 같다.

- 통합 추진 위원회 구성
- 명확한 통합 목표의 제시로 구성원 간의 불안감 해소
- 통합 조직의 융화와 가치 창출을 위한 과정 통합(경영 관리, 운영 과정 등), 유형적 통합(제품·부동산 등), 사회·문화적 통합(경영진 이동, 조직 구조의 변화 등)
- 통합 성과의 지표 설정 및 정기적 평가

14.6 PMI 관리

인수 계약이 체결되었다고 해서 인수·합병이 끝난 것은 아니다. 1999년 글로벌 컨설팅 기업인 AT Kearney가 인수·합병 경험을 가진 기업 CEO들을 대상으로 실시한 조사에 의하면, 실패 위험이 가장 큰 단계로 PMI 과정을 꼽았다. 다임러벤츠가 크라이슬러 인수에 실패한 주요 원인도 바로 기업 문화의 충돌 등 인수 후 통합에 실패했기 때문이다.

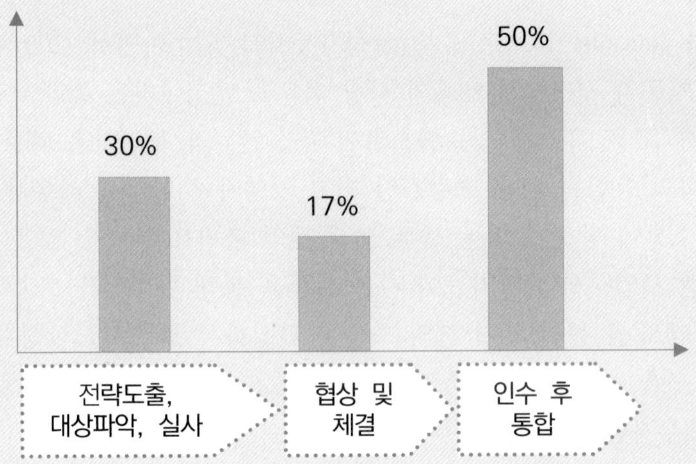

출처: 서영우 외(2008), M&A와 PMI, Sigma Insight Group.

그림 14.1. M&A 과정 중 리스크가 높은 단계

PMI의 리스크 요인은 다음과 같다.[5] 첫째, 통합 기업의 리더십 부재로 인한 효율성 저하와 내부 갈등 심화를 들 수 있다. 둘째, 피인수 기업의 핵심 인력 및 기술이 유출되는 것도 주요 리스크 요인이다. 통합을 통한 시너지 효과 창출을 위해 반드시 관리가 필요한 부분이다. 셋째, 가시적인 단기 원가 절감에 주력한 나머지 성장 잠재력을 상실하는 것도 경계해야

5) 상게서.

한다. 넷째, 통합 후 발견된 새로운 사실과 환경의 변화를 무시한 채 기존 계획을 무리하게 추진하는 것도 주의해야 한다. 환경 변화를 무시한 전략의 무리한 추진은 결국 생산성 저하로 이어질 가능성이 크다. 다섯째, 통합 발표 후 효과적인 의사소통의 실패로 근무 기강이 해이해지거나 불필요한 내부 경쟁이 확대되는 것도 경계해야 할 주요 리스크 요인이다.

따라서 인수·합병을 성공적으로 추진하기 위해서는 PMI 과정에서 인수기업이 구성원들의 불안감을 해소시킬 수 있는 구체적 통합 목표를 먼저 제시해야 한다. 또 기업 간의 문화 충돌을 방지하기 위해 조직 문화를 융합하는 관리도 지속적으로 시행할 필요가 있다. PMI에 성공한 대표적 사례로 르노삼성자동차를 들 수 있다.

2000년 Renault(이하 르노)가 삼성자동차를 인수하면서, 2001년 말까지 중형 자동차 시장에서 25%의 시장 점유율 달성이라는 통합 목표의 제시와 함께 고용 유지를 약속함으로써 구성원들의 불안감을 해소시켰다. 기업 문화의 융합을 위해 프랑스인 최고 경영자가 한글을 배우기 시작했고, 의사소통에 방해가 되는 사무 공간 등의 불필요한 벽을 없앴다. 프로젝트 관련 사업부서 담당자들이 자유 토론을 통해 합의점을 도출하는 '크로스기능제도'를 통해 부서 간의 소통을 활성화시켰다. 르노삼성자동차는 통합 후, 7년 연속 고객 만족도 1위 선정 등의 많은 성과를 달성하였다. GM의 대우자동차 인수가 실패했던 것과는 대조적이다.

제15장 글로벌 전략

15.1. 글로벌 기업의 전략
15.2. 해외 시장의 선택
15.3. 진입 방식의 선택
15.4. 전략의 글로벌화와 현지화
15.5. 본사와 자회사 간의 관계

15.1 글로벌 기업의 전략

1장에서 살펴본 바와 같이, 기업의 글로벌화와 글로벌 전략은 진입 시장의 범위, 핵심 활동의 배치, 자회사와의 관계, 활동의 현지화 등에 대한 의사결정과 관련되어 있다. Michael Porter는, 이들 변수와 유사하게, 가치 활동의 배치(Configuration)와 조정(Coordination)이라는 두 개의 변수를 이용해 글로벌 기업의 전략을 세 가지 유형으로 구분하였다.[1)]

출처: Porter, M. E.(1987), Changing Patterns of International Competition, In *The Competitive Challenge*, Edited by Teece, D. J., Ballinger.

그림 15.1. 글로벌 기업의 전략 유형

먼저 가치 활동의 배치는 집중과 분산으로 구분된다. 마케팅·판매·서비스와 같은 가치 활동들은 수요가 큰 시장이면 어느 곳이나 필요하기 때문에 대부분 분산된다. 반면 생산·구매·R&D와 같은 활동들은 산업의 특성에 따라 규모의 경제 효과를 제고하기 위해 한 곳에 집중되는 경우가 많

1) Porter, M. E.(1987), Changing Patterns of International Competition, In *The Competitive Challenge*, Edited by Teece, D. J., Ballinger.

다. 또는 기업의 전략적 유연성을 높이고 무역 장벽을 회피하며 환율과 정치적 위험으로 인한 비용과 운송비 등을 절감하기 위해 전 세계에 분산되는 경우도 있다.

조정이란 전 세계에 배치된 자회사에 대한 본사의 통제와 상호 간의 지식 공유를 의미한다. 글로벌 기업들은 전 세계에서 수행되고 있는 생산·판매·조달 등의 가치 활동을 어느 정도 어떻게 조정할 것인가를 결정해야 한다. 글로벌 전략을 추진하는 기업일수록 활동 간의 통합 정도가 강하고 지식과 정보를 공유하는 등의 긴밀한 조정이 이루어진다.

Porter는 가치 활동이 전 세계적으로 분산 배치되고 활동 간의 조정 수준이 강한 전략을 글로벌 전략으로 명명하였다. 일반적으로 초우량 글로벌 기업들은 주요 활동만 본국에서 수행하고, 대부분의 활동들을 전 세계에 분산 배치한 후 상호 긴밀하게 조정함으로써 글로벌 경영의 효율성을 높인다. 예를 들면 나이키는 제품의 디자인과 R&D는 미국에서 수행하고, 부품은 태국 등에서 조달하며, 중국이나 베트남 등에서 신발을 조립하고 북미와 유럽에서 마케팅 활동을 한다. 그리고 GPIN과 같은 정보 시스템을 이용하여 상호 간의 정보를 공유하는 방식으로 자회사 및 공급업체들과의 긴밀한 네트워크를 구축함으로써 효과적인 글로벌 전략을 수행하고 있다.

멀티도메스틱 전략은 글로벌 전략과 배치의 차이만 있을 뿐 내용은 동일하다. 멀티도메스틱 전략은 과거 일본 국적의 많은 기업들이 선호하였던 국제화 전략 유형이다. 기업의 규모와 산업의 성격에 따라 가치 활동을 분산하는 것보다 소수 국가에 집중시킨 후 강력한 조정과 통제를 필요로 할 때 기업들이 선택할 수 있는 전략이다.

국가별 전략은 기업이 여러 국가에 자회사를 설치하되, 기업의 운영을 각각의 자회사에게 일임하고 조정을 강력하게 하지 않는 국제화 전략을 의미한다. 국가별 전략은 산업의 특성과 시장별 경영 환경의 차이에 따라 국가별로 가치 활동의 차별화가 필요할 때, 즉 현지화의 압력이 강한 산업에서 기업들이 선택할 수 있는 전략이다. 이러한 전략은 주로 유통업·소매금융업·컨설팅·식품산업 등에서 효과적이라고 할 수 있다.

결국 글로벌 기업 전략의 주요 이슈나 내용은 글로벌 기업이 가치 사슬

내의 다양한 활동과 자원을 어디에 배치하고, 또 이들을 어느 정도 어떻게 조정할 것인가에 관한 것이라고 할 수 있다. 따라서 글로벌 전략에 관한 내용은 해외 시장의 선택, 진입 방식의 선택, 현지화 수준, 자회사와의 관계 등으로 구분해 살펴볼 필요가 있다.

15.2 해외 시장의 선택

15.2.1. 국가 경쟁 우위와 결정요인

기업이 글로벌 전략을 수립할 때 선택해야 하는 주요 의사결정 중 하나가 진입할 해외 시장의 선택에 관한 것이다. 그 이유는 국가마다 상이한 경영 환경으로 인해 국가 경쟁 우위의 결정요인이 다르고, 이에 따라 시장의 매력도도 달라지기 때문이다.

일반적으로 국제 시장에서 기업의 경쟁 우위는 기업의 자원과 능력, 산업의 환경과 주요 성공 요인, 그리고 국가 환경의 영향을 받는다. 특히 국가 차원의 환경은 천연 자원과 인적 자원, 교통과 통신 등의 하부구조, 국가 문화, 국내 시장 조건, 정부 정책, 환율, 관련 및 보조 산업 등을 포괄하는 국가 특유의 비교 우위 요인으로, 글로벌 기업의 경쟁력 창출과 유지에 중대한 영향을 미친다.

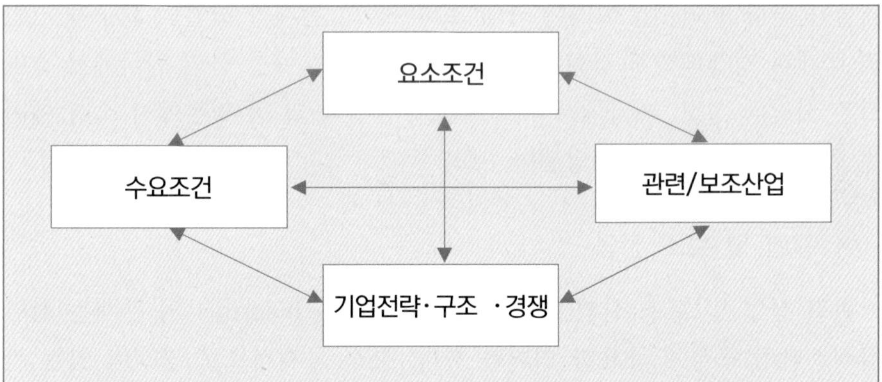

출처: Porter, M. E.(1990), *The Competitive Advantage of Nations*, The Free Press.

그림 15.2. Porter의 국가 다이아몬드 프레임워크

기업이 해외 시장을 선정할 때 해당 국가 및 시장의 경쟁 우위를 결정하는 요인들은 다음과 같다.[2] 기업들은 글로벌 전략의 성공적인 추진을 위해

2) Porter M. E.(1990), *The Competitive Advantage of Nations*, The Free Press.

진입 국가 선정 시 자신의 전략적 목표를 국가 경쟁 우위의 결정요인들과 일치시킬 필요가 있다.

■ 요소 조건

요소는 천연적 요소와 후천적 요소로 구분된다. 천연적 요소는 천연자원과 기후 등을 의미하고, 후천적 요소는 통신·숙련 노동·사회간접자본 등을 의미한다. Porter는 훈련·연구·혁신을 통한 요소 창출의 역할을 강조함으로써, 결국 후천적 요소가 천연적 요소보다 기업의 경쟁 우위 창출에 더 중요한 요소임을 강조하였다. 대표적인 사례로 당뇨병 연구에서 경쟁력을 확보한 덴마크와 꽃 연구로 성공한 네덜란드를 들 수 있다.

■ 수요 조건

국내 수요 조건은 국가의 경쟁 우위를 결정하는 주요 요소이다. 일반적으로 대규모의 까다로운 국내 소비자들은 기업들이 국내 시장에서의 지배적인 위치를 차지하기 위해 혁신 제품을 개발하고 공급하도록 자극하는 역할을 한다. Porter는 이러한 국내 소비자들의 존재와 그들의 요구가 기업의 국제적 경쟁력까지 강화시킨다고 주장하였다. 예를 들면 한국에서 스마트폰 시장의 성장, 미국에서 패스트푸드 산업의 발전, 일본에서 소형 에어컨 개발 등이 여기에 해당된다.

■ 관련 및 보조 산업

관련 산업 및 보조 산업(Related & Supporting Industries)의 존재는 산업 클러스터의 구성에 중요한 역할을 한다. 특히 국제적으로 경쟁력 있는 관련 및 보조 산업과 긴밀한 관계를 형성하고 있는 경우, 공급자와 소비자 간의 의사소통이 용이하고 비용 절감 및 부품 혁신이 촉진된다. 이탈리아에서 금은 세공이나 패션 산업 등이 발달된 배경에는 양적·질적으로 우수한 관련 산업 및 보조 산업들이 있다.

■ 기업 전략, 구조, 경쟁

기업의 전략과 조직이 국가의 다양한 특성과 어울릴 때 국가 경쟁력의 원천이 될 수 있다. 대표적인 예로 기술과 위계를 중시하는 독일의 광학과 기계 산업이나 가족 중심의 중소기업 운영 형태가 일반적인 이탈리아의 가구·조명·신발 산업 등을 들 수 있다.

한편 국내 시장에서의 치열한 경쟁도 기업 경쟁력 강화의 주요 원인으로 작용한다. 그 이유는 기업들이 국내 시장의 치열한 경쟁에서 살아남기 위해 원가를 지속적으로 절감하고 생산성을 향상시키며 혁신 제품을 개발하지 않으면 안 되기 때문이다. 대표적인 사례로 스위스 바젤(Basel)의 제약 산업, 독일 졸링겐(Solingen)이나 일본 세키(Seki)의 칼 산업 등을 들 수 있다. 바젤은 Novartis(이하 노바티스)나 Roche(이하 로슈) 등 거대 글로벌 제약사들의 본부가 있는 곳이다.

15.2.2. 문화적 차이

글로벌화 수준이 높아진다고 해도 국가 간에는 여전히 문화적 차이가 존재한다. 국가 문화는 기업 문화뿐만 아니라 글로벌 기업의 경영 활동에도 중대한 영향을 미친다. 따라서 글로벌 기업은 진입 국가 및 시장을 선정할 때 국가 간의 문화적 차이를 잘 이해하고, 전략 추진 시 이를 반영해야 한다.

Geert Hofstede는 IBM에 근무하는, 다양한 국적의 직원들을 대상으로 국가 간 문화적 환경의 동질성과 이질성에 대해 분석하였다. 분석 결과, 다음과 같이 네 가지 차원의 문화적 차이를 제시하였다.[3]

- 개인주의

개인주의(Individualism)란 사람들이 자신과 자신의 직계 가족에 대해서만 관심을 갖는 성향을 말한다. 개인주의가 강한 국가일수록 내부 집단과 외부 집단을 엄격하게 구분하며, 내부 집단에 대해서만 절대적인 충성심을 보인다. 미국이나 영국과 같은 국가들이 개인주의가 강한 반면, 한국이나 과테말라는 상대적으로 집단주의(Collectivism)의 성격이 강하다.

---

3) Hofstede G.(1991), *Culture's Consequences, International Differences in Work-Related Values.* Abridged Edition, SAGE. pp.65-210.

■ 권력 거리

권력 거리(Power Distance)란 어떤 기관이나 조직 내에서 불평등하게 분산되어 있는 권력을 사회가 받아들이는 정도를 말한다. 모든 사회가 다 평등하지는 않지만, 필리핀이나 말레이시아와 같은 국가들은 권력 거리 차원에서 다른 국가들보다 상대적으로 더 불평등하게 나타난다. 반면 독일과 오스트레일리아 등의 국가들은 가까운 권력 거리를 보인다.

■ 불확실성 회피

불확실성 회피(Uncertainty Avoidance)란 사회 구성원이 미래의 위험이나 불확실성을 회피하고자 하는 정도를 의미한다. 덴마크·스웨덴·미국 등과 같이 불확실성을 회피하려는 정도가 약한 국가는 국민들이 미래에 대해 큰 위협을 느끼지 않으며 의견 충돌에도 크게 신경 쓰지 않는 경향이 강하다.

■ 남성성 대 여성성(Masculinity-Feminity)

이것은 일국을 지배하는 가치관이 얼마나 남성적 또는 여성적인가를 나타내는 척도를 의미한다. 남성과 여성의 역할을 명확히 구분하면서 독단적이고 경쟁적이며 성차별이 심한 국가를 남성다운 국가로, 성을 명확하게 구분하지 않으면서 정중하고 조심스러우며 성차별이 심하지 않은 국가를 여성다운 국가로 분류한다. 스페인과 스칸디나비아 국가들이 여성성이 강한 반면, 일본과 남미권의 국가들은 상대적으로 남성성이 강하다.

Hofstede는 국가 문화에 대한 연구를 지속적으로 진행하면서, 문화적 차이가 기업의 국제 경영 성과에 미치는 영향력을 규명하였다. 그는 기존의 네 가지 차원 외에도 목표 지향성과 장기 대 단기 지향성 등 다른 차원들을 후속 연구에 추가하였다.

■ 장기 대 단기 지향성

시간에 대한 지향성은 한 나라의 문화가 미래에 중점을 두는 정도에 근거하여 장기 지향성과 단기 지향성으로 구분할 수 있다. 장기 지향성은 목표를 추구 과정에서 절약과 인내 등을 중요하게 고려하며, 홍콩·일본·한국 등 동아시아 지역의 유교 문화권 국가에서 높게 나타난다. 반면 단기 지향성은 전통에 대한 존중, 사회적 책임, 체면 유지 등을 중요하게 생각하며, 파키스탄이나 나이지리아 등의 국가에서 높게 나타난다.[4)]

■ 방종 대 절제

방종 대 절제(Indulgence versus Restraint) 차원은 한 사회가 욕망을 충족시키는 범위와 경향을 의미한다. 다시 말해 이 차원은 한 사회 구성원들이 충동과 욕망을 어떻게 통제할 수 있는 가와 관련되어 있다. 방종은 한 사회가 삶을 즐기고 재미를 추구하는 것에 상대적으로 더 큰 만족감을 갖는 것을 의미하는 반면, 절제는 한 사회가 욕구 충족을 억압하고 사회 규범을 통해 욕구를 규제하는 것을 의미한다. 남미·북미·서유럽·아프리카 일부 지역에서 방종 성향이 강한 반면, 절제 성향은 동유럽·아시아·이슬람교 국가 등에서 강하게 나타난다. 지중해 국가들은 이 차원에서 중간 정도의 성향을 보이는 것으로 나타났다.[5)]

15.2.3. 정치적 위험

국가 문화 외에도 글로벌 기업이 시장을 선택할 때 고려해야 할 주요 요인 중 하나가 정치적 환경이다. 정치적 위험이란 글로벌 기업의 자산이나 수익에 손실을 끼칠 수 있는 정치적 사건의 발생이나 정부의 규제 가능성을 의미한다. 현지의 갑작스러운 정치적 환경의 변화로 글로벌 기업들이 피해를 입는 사례들이 적지 않다. 예를 들면 2001년 11월 미국이 아프가니스탄에 보복 공습을 시작하였을 때 이슬람 문화권에서는 미국의 대표적 글로벌 기업인 맥도날드를 비롯해 피자헛과 던킨도너츠의 매장 및 광고판들이 시위대들의 공격 대상이 되었다.

정치는 거시적 측면과 미시적 측면에서 글로벌 기업에 영향을 미칠 수 있다. 거시적 측면은 현지의 정치적 상황 변화가 기업의 투자 가치에 영향을 미치는 것을 말한다. 예를 들면 쿠바의 카스트로 정부가 미국 기업들의

4) Hofstede G.(1994), The Business of International Business is Culture, *International Business Review*, 3(1), pp.1-14.

5) Hofstede G.(2021), Dimensionalizing Cultures: The Hofstede Model in Context, *Online Readings in Psychology and Culture*, 2(1). https://doi.org/10.9707/2307-0919.1014.

자산을 몰수한 경우를 들 수 있다. 칠레에 공산 정부가 수립되고 이란의 왕정이 전복되었을 때, 베네수엘라에 새 정부가 들어섰을 때도 외국 기업의 자산 몰수가 발생했다. 미시적 측면의 정치적 위험은 현지 정부의 과도한 행정 절차나 가격 통제 등 글로벌 기업의 경영 활동에 제약을 가하는 경우를 말한다. 대표적인 예로 미국 클린턴 행정부가 일본 고급차를 대상으로 '국내 수출 허가제'를 시행했던 사례를 들 수 있다.

정치적 위험을 관리하는 것은 쉽지 않다. 가장 좋은 방법은 정치적 위험이 거의 없는 국가로 진입하는 것이다. 하지만 진입 대상 국가의 정치적 위험에 대한 과대평가로 진입을 포기했다가 중요한 사업 기회를 놓치는 우를 범할 수도 있다. 따라서 시장 진입 전에 다양한 방법을 통해 정치적 환경을 정확하게 평가하는 것이 중요하다. 정치적 위험은 일반적인 불안정 위험(혁명, 체제 전복 등), 소유권 및 통제 위험(국유화, 계약 철회 등), 운영 위험(가격 통제, 외국 기업 차별 등), 이전 위험(과실 송금 제한 등) 순으로 구분해서 평가할 수 있다.

표 15.1. 현지 정부의 정치적 행위와 위험

위험 정도	현지 정부 등의 정치적 행위	정치적 위험 유형
고	혁명, 체제 전복, 정국 동요, 외부 침입	일반적인 불안정 위험
	국유화, 간섭, 징발, 강제 매각, 강제적 계약 재협상, 계약 파기	소유권/통제 위험
	수입 규제, 현지 부품 사용 요구, 조세, 가격 통제, 외국인 채용 제한, 노동법규/태업, 수출 의무 부과, 차별 정책	운영 위험
저	과실(배당 등) 송금 제한, 환율의 안정성	이전 위험

만약 기업이 대규모 자산 투자를 계획하고 있다면, 시장 진입 전에 정치적 위험을 회피하거나 최소화할 수 있는 방안을 강구하는 것이 좋다. 예를 들면 최혜국 대우나 국유화 금지 협정과 같이 투자에 대한 보증을 확보하거나 투자를 보장받는 협정을 체결하는 방법이 있다. 또는 '해외민간투자공사(OPIC)'나 '다자간투자보증협회(MIGA)' 등의 해외투자 보험이나 보증 제도를 활용하는 방법도 있다.

15.3 진입 방식의 선택

15.3.1. 진입 방식 유형

기업이 진입할 국가나 시장을 선택했다면, 이어서 자신의 전략적 목표를 효과적으로 수행할 수 있는 시장 진입 방식을 결정해야 한다. 시장 진입 방식은 수출·계약·직접투자의 세 가지 유형으로 구분할 수 있다.

15.3.1.1. 수출

수출(Exporting)이란 본국에서 생산된 제품을 해외 시장에서 판매하는 가장 기본적인 시장 진입 방식이다. 일반적으로 국제화의 초기 단계에 있는 기업들이 해외 시장에 대한 개입과 위험 수준이 비교적 낮은 방식을 이용하여 해외 시장에 진출하고자 할 때 주로 이용하는 방식이다. 수출은 다음과 같이 간접 수출과 직접 수출로 구분할 수 있다.

■ 간접 수출

간접 수출(Indirect Exporting)은 기업이 제품을 국내에 있는 중간 수출업자(외국 기업의 국내 바이어, 글로벌 기업의 조달 사무소, 무역 상사, 수출 관리회사, 협력업체 등)를 통해 해외에 수출하는 것을 의미한다. 일반적으로 수출 경험이 없거나 수출 전문 인력을 이용할 수 없는 경우에 활용된다. 간접 수출의 장점은 전문 무역회사의 지명도와 시장 정보를 활용할 수 있다는 점이다. 그리고 소유권이 판매 시점에서 수출 중간상에게 이전되기 때문에 클레임이나 환율 변동에 따른 위험을 피할 수 있다. 하지만 수출 마케팅에 대한 통제권이 없고, 해외 고객의 요구나 반응 등 시장 정보를 명확하게 파악할 수 없다는 단점도 있다.

■ 직접 수출

직접 수출(Direct Exporting)이란 제품을 생산한 기업이 다른 중간 수출업자를 거치지 않고 해외에 있는 대리점이나 유통업체 또는 자회사 등에게 제품을 직접 수출하는 경우를 말한다. 직접 수출의 경우, 제품을 생산한 기업이 시장 조사, 고객 접촉, 가격 결정, 물적 유통, 수출 서류 작성 등과 같은 제반 수출 마케팅 활동을 직접 계획하고 수행하게 된다.

15.3.1.2. 계약

계약에 의한 진입 방식은 일반적으로 기업이 일정한 대가를 받고 브랜드, 기술 및 경영 노하우 등의 무형 자산을 외국 기업에게 이전하기로 하는 장기 계약을 통해 해외 시장에 진입하는 방식이다. 최근 들어 계약은 장기적이고 긴밀한 파트너십 관계를 유지하는 전략적 제휴의 형태를 띠고 있다. 계약에는 다음과 같이 다양한 계약 방식들이 있다.

■ 글로벌 라이센싱

글로벌 라이센싱(Global Licensing)은 라이센서가 해외 라이센시로부터 로열티를 받고 특허·노하우·등록상표·기술공정 등의 상업적 자산을 라이센시에게 제공하는 계약을 체결함으로써 해외 시장에 진출하는 방식이다. 글로벌 라이센싱은 국내 생산 원가가 너무 높고 수출 운송비 부담이 큰 경우 또는 현지 정부의 규제 때문에 현지에서 자체 생산이 불가능한 경우 등에 주로 활용된다.

■ 글로벌 프랜차이징

글로벌 프랜차이징(Global Franchising)은 프랜차이저가 소유권이 독립된 해외 프랜차이지로부터 일정 수수료를 받고 브랜드·상호·노하우 등에 대한 사용권을 허가해주고, 기업 운영까지 계속 지원해주는 경영 방식이다. 프랜차이저와 프랜차이지는 양 기업이 서로 독립성을 유지하면서 최종 소비자에 이르는 재화 또는 서비스의 일부를 각기 생산한다는 점에서 수직적 통합과 유사하다.

■ 계약 생산

계약 생산(Contract Manufacture)은 기업이 수출 대신 생산 능력을 가진 현지 기업에게 자사 제품을 생산과 공급하도록 하고 제품에 대한 마케팅만 기업이 책임을 지는 진입 방식이다. 일반적으로 계약 생산은 기업이 제품을 직접 생산할 여력이 없거나, 또는 현지의 값싼 노동력 및 원자재를 이용하기 위해 아웃소싱 하는 경우에 활용된다.

■ 관리 계약

관리 계약(Management Contract)은 현지 파트너가 운영 시설을 소유하고, 외국 파트너가 경영을 담당하는 형태의 경영 방식이다. 경영을 담당한 파트너는 제품 생산과 관련된 관리 노하우를 제공하는 대가로 일부 소유권이나 로열티 등을 수수한다. 관리 계약은 합작투자에서 쉽게 찾아볼 수 있다.

■ 턴키프로젝트

턴키프로젝트(Turnkey Project)는 일종의 관리 계약으로 플랜트 수출(Plant Export)이라고도 불린다. 이 방식은 기업이 해외 발주자로부터 공장이나 산업 시스템을 발주 받아 이를 설계하고 건설해주는 방식이다. 여기에 경영 관리나 근로자 훈련 등과 같은 서비스를 추가로 제공하는 턴키플러스(Turnkey Plus)방식도 있다.

15.3.1.3. 해외직접투자

해외직접투자(Foreign Direct Investment: FDI)란 기업이 제품을 해외에서 직접 생산하고 마케팅하기 위해 자본을 현지에 투자하는 방식을 말한다. 현지에서의 제품 생산은 모든 부품을 본국에서 수입하여 현지에서는 단순히 조립 · 가공만 하는 방식부터 제품 전체를 완전히 현지 생산 요소를 사용하여 생산하는 방식까지 다양하다. 해외직접투자는 수출이나 계약에 의한 진입 방식보다 자원의 개입 정도가 크기 때문에 상대적으로 위험도가 높지만 사업과 제품에 대한 통제력이나 기대 이익은 더 커진다. 해외직접투자는 일반적으로 소유권의 정도에 따라 다음과 같이 단독투자와 합작투자로 분류된다.

■ 단독투자(Wholly Owned Subsidiary)

단독투자는 기업이 통상 의결권주의 95% 이상을 자사가 소유하는 형태로 해외에 진출하는 방식이다. 단독투자는 기업을 새롭게 설립하여 진출하는 신설 방식이나 기존 기업을 인수·합병하는 방식으로 이루어진다. 일반적으로 단독투자는 기업이 강력한 독점적 우위를 소유하고 있고, 제품 생산 과정에서 본사와 자회사 간에 원자재를 공급하는 관계가 성립되는 경우에 주로 이용된다.

■ 합작투자(Joint Ventures)

합작투자는 두 개 이상의 기업·개인·정부기관 등이 특정 기업체의 운영에 공동으로 참여하는 투자 방식이다. 합작투자는 사업에 참여하는 기업들이 소유권과 경영을 분담하며, 자본과 기술 등 파트너가 소유하고 있는 강점을 서로 이용하면서 위험을 분담할 수 있다는 장점이 있다. 하지만 문화적 차이로 파트너 간의 갈등 소지가 있고, 또한 파트너가 미래에 경쟁자로서 위협을 줄 수 있다는 단점도 있다.

한편 해외직접투자는 투자 방식에 따라 신설과 인수·합병으로 분류된다. 신설(Greenfield Investment) 방식은 기업이 직접 해외 법인을 새롭게 설립하기 때문에 시장 개입 규모, 생산 시설과 기술, 입지 등을 통제할 수 있다. 반면 인수·합병은 기업이 외부 경영 자원을 일시에 획득하고 현지 시장에 신속하게 진입함으로써 국제적 성장을 빨리 이루고자 할 때 활용할 수 있는 해외투자 방식이다.

15.3.1.4. 브라운필드

브라운필드(Brownfield)란 해외직접투자에서 신설 후 인수 또는 인수 후 신설과 같이 두 가지 방식이 혼합되는 경우를 의미한다. 예를 들어 기업이 현지 기업의 자원을 전략적으로 활용하기 위해 인수를 하였지만, 피인수 기업의 열악한 자원에 만족하지 못하고 대규모의 구조 조정을 단행하면서 마치 인수가 아닌 신설 방식의 투자를 한 것과 같은 경우가 있다. 브라운필드는 다음과 같이 현지 자원의 유용성, 거래 비용, 통합 비용과 적응 비용의 영향을 받는다.[6)]

6) Meyer, K. E. and Estrin, S.(2001), Brownfield Entry in Emerging Markets, *Journal of International Business Studies*, 32(3), pp.575-584.

■ 현지 자원

기업이 새로운 프로젝트를 추진하면서 현지 기업의 자원이 전략적으로 필요한 경우 인수를 선호하는 반면, 현지 시장에서 유용할 수 있는 자원이 필요할 때는 신설을 선호한다. 하지만 인수 기업이 투자 후 현지 기업의 자원에 만족하지 못하거나, 신설 기업이 현지 시장에서의 자원 획득에 어려움이 있다면 브라운필드가 발생할 가능성이 높다.

■ 거래 비용

해외 프로젝트에서 기업 내부의 자원보다 현지 기업이나 현지 시장이 제공해주는 자원이 전략적으로 더 중요할 때 거래 비용은 상승한다. 그리고 과도 경제 체제의 사회주의 국가나 개도국에서는 거래 대상의 탐색과 경제적 유용성 분석 외에 소유 기업이나 정부기관과의 협상으로 인해 상당한 거래 비용이 발생하기도 한다. 거래 비용이 증가할수록 브라운필드의 가능성은 더욱 커진다.

■ 통합 비용과 적응 비용

통합 비용과 적응 비용도 브라운필드의 발생에 영향을 미치는 주요 요인이다. 새로운 사업 단위가 성공적으로 운영되기 위해서는 현지 자원들이 투자 기업의 네트워크 내에서 순조롭게 통합되거나 적응되어야 한다. 하지만 인수의 경우 조직 간의 상이한 기업 문화의 차이 때문에 통합 비용이 발생할 수 있고, 신설의 경우 자원의 국제적 이동과 재배치에 따른 이전 비용이나 현지 문화에 적응하기 위한 적응 비용이 발생할 수 있다. 이와 같은 통합 비용과 적응 비용이 예상보다 커지는 경우 브라운필드의 가능성이 높아진다.

15.3.2. 산업과 진입 방식

해외 시장에 대한 진입 방식이나 개입 수준은 산업별 특성에 따라 달라질 수 있다. 일반적으로 국제무역과 해외직접투자가 모두 가능한 산업은 글로벌화 수준이 높은 편이다. 이와 같이 진입 방식의 적용 가능성을 기준으로 산업을 비호 산업(Sheltered Industries), 무역 산업(Trading Industries), 멀티도메스틱 산업(Multidomestic Industries), 글로벌 산업(Global Industries)의 네 가지 유형으로 구분할 수 있다. 각 유형별 특성은 다음과 같다.[7)]

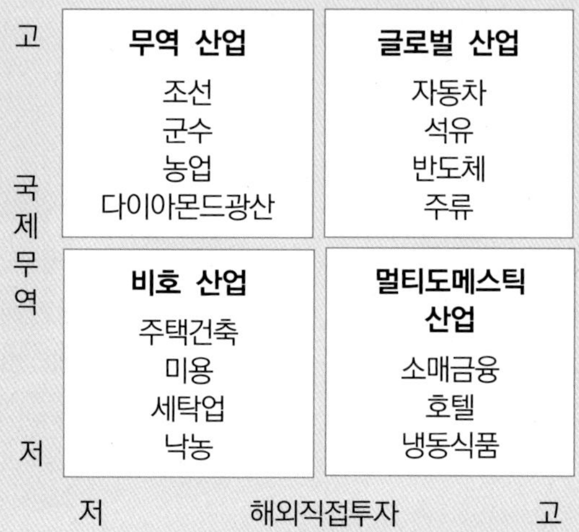

출처: Grant, R. M.(2018), *Contemporary Strategy Analysis(10th)*, WILEY, p.271.

그림 15.3. 산업과 진입 방식

■ 비호 산업

비호 산업은 정부로부터 지원 없이 허가제 등으로 보호를 받는 소규모 산업을 말한다. 대체로 주택건축·미용·낙농·세탁업 등이 여기에 해당된다. 산업 특성상 현지의 비교 우위를 활용하기 어렵고, 일부 산업에서는 현지 정부의 규제가 심해서 무역이나 해외직접투자가 용이하지 않은 전형적인 내수 지향적 산업의 특성을 가지고 있다.

■ 무역 산업

군수 산업처럼 제품 보안이 중요하거나 또는 농업과 같이 기후 조건 등에 민감한 산업의 경우는 해외직접투자가 쉽지 않고, 국제 무역을 통해 교

7) Grant R. M., *op. cit.*, p.271.

역이 활발하게 이루어진다. 중국의 희귀한 광물과 같이 소수 지역에서만 생산되는 제품들도 여기에 포함 된다

■ 멀티도메스틱 산업

금융·호텔·컨설팅 등 서비스 업종은 산업 특성상 국제 무역이 쉽지 않고, 또 냉동식품 등은 국가별 차별화가 심해서, 이들 산업은 주로 해외직접투자를 통해 여러 국가에서 국가별 특성에 따른 경영 활동이 이루어진다.

■ 글로벌 산업

자동차·석유·반도체·주류 등의 산업들은 시장 조건이 유사하고 규모의 경제 효과가 크기 때문에 국가 간의 무역이 활발하게 이루어진다. 아울러 현지의 저임 노동력과 우수한 기술 등의 비교 우위를 활용하고 고용 창출이라는 긍정적 효과로 인해 현지 정부의 다양한 인센티브를 받을 수 있기 때문에 해외직접투자도 활발하게 이루어진다.

15.3.3. 진입 방식 선택 지원 모델

Franklin Root는 국제 기업들이 점진적인 학습 과정에 따라 진입 방식을 고도화한다고 주장하였다. 예를 들면 기업이 국제화 초기에 위험이 가장 낮은 간접 수출로 출발해서 직접 수출, 라이센싱, 해외 판매 자회사, 합작투자, 단독투자 순으로 진입 방식을 고도화 한다는 것이다. 그 이유는 기업들이 해외 시장에 진출해서 시장 경험과 지식이 축적되면 더 강한 통제를 위해 고도의 위험이 수반되는 진입 방식을 선택하기 때문이다.[8)]

Alan Rugman의 단순 모델에 따르면, 기업이 진출 초기에 위험 수준이 낮고 자원 투입이 적은 수출을 수행하다가 무역 장벽으로 인해 수출이 불가능하게 되면, 다음 단계로 라이센싱이나 해외직접투자 중 한 가지 대안을 모색하게 된다. 이때 기업은 기술 유출로 자사의 경쟁 우위가 잠식당할 가능성이 크다고 판단되면 해외직접투자 방식을 선택한다. 그 이유는 직접투자의 경우 자원 투입이 많더라도 기술 유출을 피할 수 있기 때문이다.

8) Root, F. R.(1994), *Entry Strategies for Information Markets*, Lexington Books, p.18.

만약 기술이 유출되더라도 자사의 경쟁 우위가 잠식당할 가능성 크지 않다면 기업은 라이센싱을 선택하게 된다.9)

위와 같은 주장들처럼, 얼마 전까지도 많은 기업들이 단순히 통제와 위험 수준을 고려해 점진적 해외 시장 진입 방식을 선택하였다. 하지만 지금은 환경의 변화 폭과 불확실성이 커서 위험 요소 등을 정확하게 분석하는 것이 쉽지 않다. 또 진입 방식 선택에서 글로벌화의 시장 경험보다는 수익 요소들에 대한 분석이 매우 중요하게 되었다. 최근 시장 경험도 없이 차별화된 제품의 수익 분석만으로 급진적 글로벌화를 추구하는 '태생적 글로벌 기업(Born Global)'의 확산이 이를 증명한다. 따라서 글로벌 기업은 시장 경험도 중요하지만 목표 시장과 진입 방식에 따른 수익 요소들을 체계적으로 분석할 수 있는 평가 시스템을 잘 활용하는 것도 중요하다.

1998년 Jean-Pierre Jeannet과 Hubert Hennessey는 기업의 진입 방식 선택을 지원하기 위해 필요한 데이터들을 체계적으로 분석할 수 있는 복합 모델을 제시하였다. 이 모델은 다양한 진입 방식에 따른 비용과 수입 요소를 상호 비교한 후, 기업이 최적의 방식을 선택할 수 있도록 도움을 준다. 이 모델에서는 변수들 간의 관계를 먼저 명확히 이해하고, 선택된 진입 방식으로부터 발생된 수익과 기업이 기대하는 결과 간의 관계를 정확하게 평가하는 것이 중요하다.

모델에서 공헌이익(Contribution Margin)이란 고정비를 보상하고 순이익을 가져오는데 공헌하는 이익을 말한다. 다시 말해, 공헌이익은 고정비와 순이익의 합이다. 매출액은 변동비와 공헌이익의 합으로 표시할 수 있다. 한편 진입전략에서 변수들의 화살표는 머리 방향으로 갈수록 통제나 비용 등의 크기 또는 수준이 커지는 것을 의미한다.

---

9) Rugman, A. M., Lecraw, D. J. and Booth, L. D.(1986), *International Business: Firm and Environment*, McGraw-Hill.

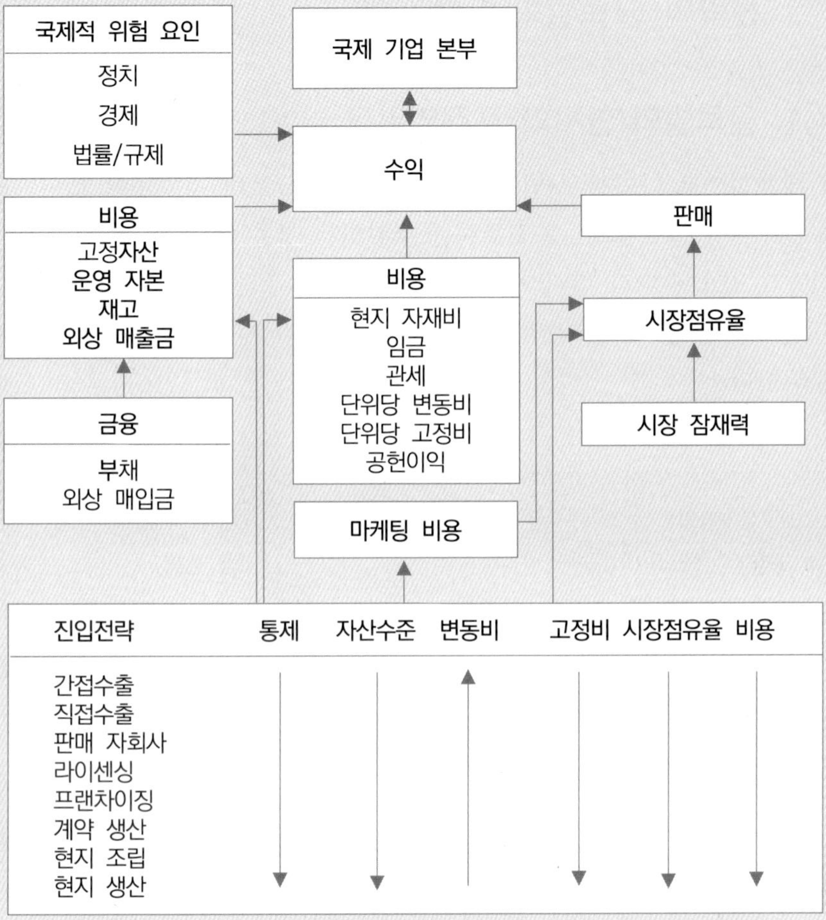

출처: Jeannet, J.-P. & Hennessey, D. H.(1998), *Global Marketing Strategies,* Boston: Houghton Mifflin.

그림 15.4. 진입 방식 선택을 위한 복합 모델

15.4 전략의 글로벌화와 현지화

15.4.1. 글로벌화/현지화 프레임워크

전 세계적으로 다양한 사업을 추진하고 있는 글로벌 기업들이 모든 사업과 활동에서 글로벌화, 즉 표준화를 추진하는 것은 아니다. 글로벌 기업은 전략적 필요에 따라 현지화, 즉 차별화도 함께 추진한다. 기업의 글로벌화와 현지화의 정도는 사업의 성격뿐만 아니라 기능과 과업에 따라 달라지기도 한다.

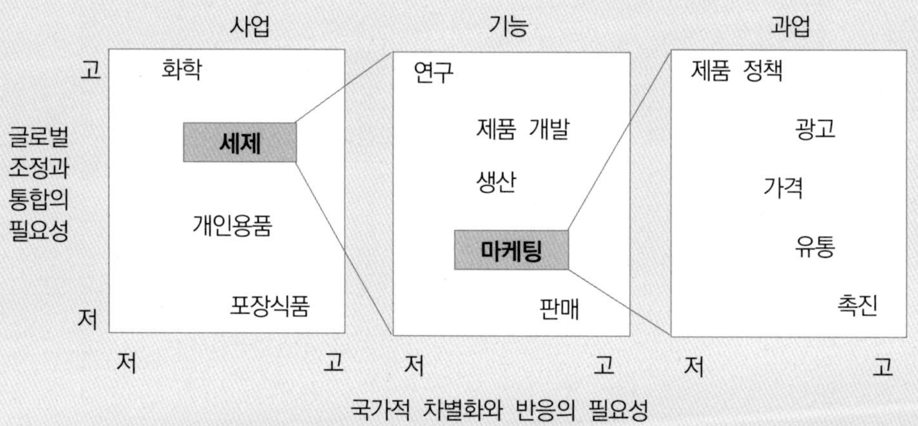

출처: Bartlett, C. A. and Ghoshal, S.(1989), *Managing Across Borders: The Transnational Solution*, Harvard Business School Press, p.96.

그림 15.5. 통합과 차별화(유니레버 사례)

Christopher Bartlett과 Sumantra Ghoshal이 제시한 '글로벌화/현지화 프레임워크'에 의하면, 유니레버의 경우, 세제 사업은 화학 사업보다 글로벌 조정 및 통합의 필요성이 작지만 포장 식품보다는 훨씬 크다. 세제 사업 내에서도 마케팅은 연구나 제품 개발에 비해 현지화의 필요성이 큰 기능이다. 마케팅 중에서도 가격·유통·판촉과 같은 업무는 제품 정책이나 광고

보다 현지화의 요구가 강한 편이다.[10] 따라서 글로벌 기업은 획일적 글로벌화가 아닌 사업·기능·업무별로 글로벌 통합과 현지 차별화 간의 균형을 이루는 초국적 전략의 성격을 갖는 것이 중요하다.

15.4.2. 글로벌화와 현지화의 결정요인

15.4.2.1. 글로벌화의 결정요인

일반적으로 기업의 글로벌화는 다음과 같이 시장·비용·경쟁 요인의 영향을 받는다.

■ 시장 요인

주요 시장 요인으로 글로벌 소비자, 소비자의 니즈, 국가 간 네트워크 효과 등을 들 수 있다. 특히, 글로벌 소비자는 기업의 글로벌화에 중대한 영향을 미친다. 그 이유는 글로벌 소비자들의 교육과 경제 수준의 향상 그리고 도시화 및 고급화 경향이 그들의 니즈나 소비 행태를 동질화시키고 있기 때문이다.

■ 비용 요인

주요 비용 요인에는 규모의 경제, 학습 효과, 국가 간 자원 부존의 차이, 글로벌 조달의 효율성 등이 있다. 규모의 경제는 기업 글로벌화의 가장 중요한 원인이라고 할 수 있다. 기업이 비용을 절감할 목적으로 규모의 경제 효과를 극대화화기 위해서는, 결국 시장을 확대하지 않으면 안 되기 때문이다. 규모의 경제는 기업의 다양한 경영 활동에서 나타난다. 예를 들면 기업은 글로벌화를 통해 여러 국가에서 제품 개발이 중복됨으로써 발생하는 막대한 비용을 절감할 수 있다.

■ 경쟁 요인

글로벌 기업은 전략적 경쟁을 위한 대비 차원에서 글로벌화를 추진한다. 또 전 세계 수출입 물량의 지속적인 증가는 기업의 글로벌화에 영향을 미

10) Bartlett, C. A. and Ghoshal, S. *op. cit.* pp.95-98.

친다. 그 이유는 무역 확대가 경쟁 기업과의 시장 점유율 확보를 위한 치열한 경쟁으로 이어지고, 이 때 기업은 글로벌 전략을 통해 경쟁력을 확보하려고하기 때문이다. 다양한 국적을 가진 경쟁 기업들이 많아질수록 기업 간 경쟁 또는 협력을 위한 글로벌화가 더욱 확산된다.

15.4.2.2. 현지화의 결정요인

글로벌 기업의 현지화 또는 차별화는 다음과 같이 시장·비용·정부 요인의 영향을 받는다.

■ 시장 요인

현지화의 주요 시장 요인으로 소비자의 선호도 및 기호 차이, 문화적 차이, 언어 차이 등을 들 수 있다. 시장 조건은 기업이나 제품에 따라 다양하지만, 대부분 국가의 주체성과 같은 이슈들이 포함된다. 따라서 글로벌 기업인 맥도날드도 국가별로 차별화된 제품들을 개발·판매하는 현지화 전략을 병행한다.

■ 비용 요인

주요 비용 요인에는 운송비, 거래 비용, 정치적 위험, 현지 시장에 대한 반응 속도 등이 있다. 시장 간의 다양한 비용의 차이는 제품이나 가격 등의 차별화에 영향을 미치는 주요 요인이다. 현지 시장에 대한 반응 속도도 차별화 정도에 중대한 영향을 미친다. 글로벌 제품일지라도 시장에 따라 소비자 반응이 다르게 나타나는 경우가 많다. 예를 들어 자동차도 시장마다 소비자 반응이 다르기 때문에 기업 역시 시장에 대한 반응 속도를 다르게 하며, 이로 인해 제품에 대한 차별화가 발생하게 된다. 차별화는 상대적으로 비용 발생이 크기 때문에, 차별화로 인한 수익과 비용에 대한 비교가 반드시 필요하다. 만약 수익이 더 크게 나타날 것으로 예상된다면 기업은 시장 반응 속도를 기준으로 적절한 차별화를 추진하게 된다.

■ 정부 요인

주요 정부 요인으로 무역 장벽이나 현지 정부의 다양한 규제 등을 들 수 있다. 일반적으로 각국 정부는 자국 산업이나 국민 보호를 위해 법률 등을 통해 특정 제품의 생산이나 수입을 통제한다. 예를 들어 의약품이나 식품과 같은 제품들은 안전 등의 문제로 현지 정부가 제품 성분이나 규격 등을 강력하게 규제하는 경우가 많다.

15.5 본사와 자회사 간의 관계

기업이 글로벌 전략을 수행하는 과정에서 자회사에 대한 본사의 통제와 조정은 중요한 문제이다. 글로벌 기업이나 초국적 기업은 대체로 해외 자회사의 독립성을 인정하면서도 통합과 조정을 통해 긴밀한 관계를 유지한다. 이러한 협력 관계 유지가 전략의 성공을 위해 반드시 필요하지만, 본사가 모든 자회사들에 대한 통합과 조정의 강도를 동일하게 적용할 수는 없다. 따라서 글로벌 기업들은 전략적 목적에 따라 전 세계 자회사들의 역할과 책임을 구분한 후, 각각의 역할에 맞게 조정하는 조직 시스템을 구축하는 것이 중요하다.

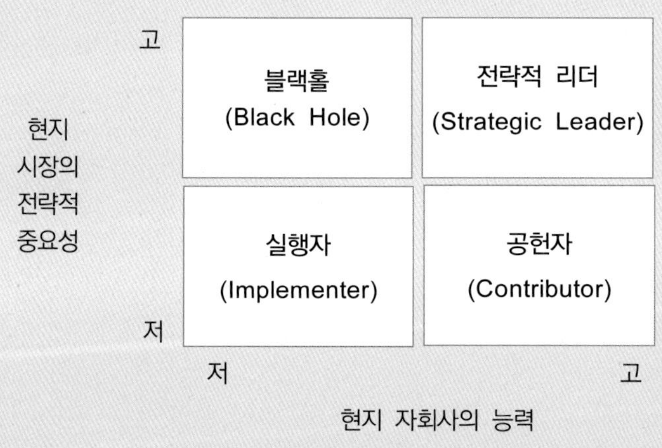

출처: Bartlett, C. A. and Ghoshal, S.(1989), *Managing Across Borders: The Transnational Solution*, Harvard Business School Press, p.106.

그림 15.6. 해외 자회사의 역할

Christopher Bartlett과 Sumantra Ghoshal은 두 개의 변수, 즉 현지 시장의 전략적 중요성과 현지 자회사의 능력을 기준으로 해외 자회사의 역할을 다음과 같이 네 가지 유형으로 구분하였다.[11) 자회사의 역할은 글로벌 기업의 전략 수행과 성과에 중대한 영향을 미치기 때문에 본사와 자회사 간의 관계를 그대로 반영한다고 할 수 있다.

■ 전략적 리더

전략적 리더(Strategic Leader)란 기술·생산·마케팅 등에서 우수한 경쟁력을 가지고 전략 시장에 진출한 해외 자회사의 역할을 의미한다. 전략 시장은 시장 규모가 크거나 경쟁 기업의 모국이며 기술 수준이 높은 시장을 말한다. 전략적 리더는 다양한 전략들을 자체적으로 개발하고 추진하는 전략 본부를 가진 독립 회사로서의 자율권이 부여된다. 이와 함께, 전략적 리더는 글로벌 시장에서 발생하는 다양한 변화를 탐지하고 분석해서 본사가 적절한 대응책을 수립할 수 있도록 지원하는 역할도 한다. 경우에 따라서는 전략적 리더가 신제품 개발과 마케팅 등의 활동에서 기업 전체를 선도하는 역할을 담당하기도 한다.

■ 공헌자

공헌자(Contributor)란 기업이 진출한 해외 시장이 전략 시장은 아니지만, 오히려 그곳에서 기업 내부의 우수한 경쟁력을 바탕으로 신기술 및 혁신 제품을 개발하여 기업의 글로벌 전략에 기여하는 해외 자회사의 역할을 의미한다. 공헌자의 역할은 현지 시장이 특정 부품이나 제품의 생산에 비교우위를 가지고 있거나 현지 정부가 그러한 생산을 지원하는 경우에 성공할 가능성이 커진다. 일반적으로 자회사의 자율권은 보장되지만, 소모적인 개발을 억제하면서 혁신 기술의 효율적인 글로벌화를 위해 본사의 적절한 통제가 요구된다.

■ 실행자

실행자(Implementer)란 전략적 중요성이 상대적으로 낮은 시장에서 활동하지만, 현지 시장을 운영할 정도의 충분한 경쟁력을 가지고 있는 해외 자회사의 역할을 말한다. 이들은 기업의 전략적 지식 창조에 큰 도움을 주지는 못하지만, 현지 시장에 대한 개척을 통해 기업 성장에 필요한 현금을

11) Ibid., pp.105-111.

전달하는 역할을 한다. 또 그들의 역할이 중요하지는 않지만, 가끔 혁신적 프로세스를 지원하는 기업 자원을 창출하기도 하고, 기업의 글로벌 전략에 중요한 규모의 경제와 범위의 경제를 촉진시키기도 한다. 이러한 이유 때문에 본사는 실행자의 역할을 수행하는 해외 자회사에 대해 강한 통제력을 발휘한다.

■ 블랙홀

전략적으로 중요한 시장에 진출했지만, 현지 자회사의 자원이나 능력이 경쟁 열위에 있는 경우를 블랙홀(Black Hole)이라고 한다. 전략 시장에서 기업이 글로벌 기업으로서의 지위를 유지하기 위해 반드시 자회사가 전략적 리더의 역할을 해야 하지만, 블랙홀의 상태에 있는 자회사는 그럴만한 경쟁력을 가지지 못한다. 예를 들면 과거 일본 시장에 진출했던 필립스나 유럽 시장에 진출했던 마쓰시다가 블랙홀의 전형적 사례이다. 이들 기업은 다른 시장에서 자신들의 글로벌 지위가 침식당하는 것을 막기 위해 전략 시장을 감시하고, 그곳에서 기술 변화에 관한 정보를 수집하는 소규모의 유연한 조직을 현지에 배치했었다.

그러나 해외 자회사들이 전략 시장에 깊숙이 침투하지 못하고, 단지 감시나 정보 수집의 창구 역할만 한다면 기업 목표를 달성하기가 쉽지 않게 된다. 결국 이들은 블랙홀의 탈출과 함께 전략 시장에서의 경쟁 우위를 확보하기 위해 현지의 틈새시장에 침투하게 된다. 또 인수·합병이나 전략적 제휴를 통해 대규모의 기업 자원을 현지 시장에 투입하면서 시장 개입을 적극적으로 추진한다. 블랙홀에 있는 자회사들은 본사의 지원이 없으면 현지 시장에서의 경쟁 우위를 확보하기 어렵다. 그래서 본사가 이들에게 기술과 자원을 적극 지원하면서 통제를 강화할 필요가 있다.

찾 아 보 기

■ 저자소개

김길성 교수는 현재 전남대학교 국제통상학전공 교수로 재직하고 있다. 조선대학교 경상대학 재학 중인 1985년 교수 요원 공채에 합격하면서 대학 근무를 시작했다. 재직 중 같은 대학원에서 경영학 석사학위를, 전남대학교에서 경영학 박사학위를 받았다. 전남대 문화사회과학대학장과 국제지역학회장 등 다양한 형태로 교내외 봉사 활동을 했고, 미국 센트럴플로리다대학교(UCF) 경영대학과 로젠칼리지에서 두 차례 객원교수로 연구 활동도 했다. 저서로 경영전략(2009), 국제마케팅전략(2013), 온라인 수출마케팅(2015)이 있고, 국내외 저널에 70여 편의 논문을 게재하였다.

글로벌 기업의 전략 경영

인 쇄 2022년 2월 22일
발 행 2022년 2월 28일

저 자 김길성
발행인 정성택

발행처 전남대학교출판문화원
등 록 1981. 5. 21. 제53호
주 소 61186 광주광역시 북구 용봉로 77
전 화 (062) 530-0571~2
마케팅 (062) 530-0573
팩 스 (062) 530-0579
홈페이지 http://www.cnup.co.kr
이메일 cnup0571@hanmail.net

값 18,000 원

ISBN 978-89-6849-864-0 (93320)